常用计量经济学软件教程

周 蓓 宋昱雯 编著

哈尔滨工业大学出版社

内 容 简 介

本书主要介绍了目前在计量经济学教学和实证研究中广泛使用的 3 种软件——EViews、Stata 和 RATS 的使用方法。全书共分为 6 章，第 1 章和第 2 章详细介绍国内外计量经济学教学、科研最为流行的软件 EViews 的基本操作及其在回归分析、时间序列分析中的应用；第 3 章和第 4 章重点阐述受到经济学实证研究人员喜爱的、在计量经济学中有着极为广泛应用的 Stata 软件的基本操作，以及该软件在回归分析、面板数据模型中的应用；第 5 章和第 6 章详细介绍在时间序列分析方面表现极为出色，并处于领先地位的计量经济学专用软件 RATS 的基本操作，以及该软件在单变量条件异方差 ARCH、GARCH 模型及多变量 GARCH 模型中的应用。

本书可作为高等院校经济学、管理学、统计学及数学等专业的本科生和研究生的计量经济学相关课程的实验教材，也可供在经济、管理、统计、金融以及自然科学领域从事定量分析的研究人员和工作者参考。

图书在版编目(CIP)数据

常用计量经济学软件教程/周蓓，宋昱雯编著. —哈尔滨：哈尔滨工业大学出版社，2021.5
ISBN 978 - 7 - 5603 - 9442 - 8

Ⅰ.①常… Ⅱ.①周… ②宋… Ⅲ.①计量经济学-应用软件-高等学校-教材 Ⅳ.①F224.0 - 39

中国版本图书馆 CIP 数据核字(2021)第 096442 号

策划编辑　王桂芝
责任编辑　苗金英　赵凤娟
出版发行　哈尔滨工业大学出版社
社　　址　哈尔滨市南岗区复华四道街 10 号　邮编 150006
传　　真　0451 - 86414749
网　　址　http://hitpress.hit.edu.cn
印　　刷　哈尔滨市颉升高印刷有限公司
开　　本　787mm×1092mm　1/16　印张 11.25　字数 271 千字
版　　次　2021 年 5 月第 1 版　2021 年 5 月第 1 次印刷
书　　号　ISBN 978 - 7 - 5603 - 9442 - 8
定　　价　48.00 元

(如因印装质量问题影响阅读，我社负责调换)

前　言

现代经济学研究的普遍趋势是采用经验分析方法，建立数理模型表达理论构想，然后通过统计数据或抽样调查数据对变量之间的关系做出推断，从而证实或证伪理论构想。计量经济学是从事经济学经验研究的方法论基础，目前已成为我国高等院校经管类专业的八大核心课程之一、"三大支柱"之一，越来越受到教师和学生的重视。由于计量经济学的建模过程要对大量样本数据进行复杂烦琐的数学运算，其运算的复杂程度、运算量之大是人工难以完成的，这就推动了计算机应用软件的发展；反过来说，也正是因为有了便捷的计算机软件，计量经济学才得以迅速发展，并得到非常广泛的应用。因此可以说，计量经济学学习和应用离不开计量经济学软件。近年来，国内不少高校相继开设计量经济学软件课程，作为计量经济学课程不可或缺的辅助和补充，各种关于计量经济学软件的教材也相继出版。

当前的计量经济学软件非常多，因此本书选取在教学和实际应用中广泛使用的3种软件，着重介绍它们的使用方法。这3种软件分别是EViews、Stata和RATS。本书的目标读者是高等院校经济学、管理学、统计学及数学等专业的教师和学生，也可供在经济、管理、统计、金融以及自然科学领域从事定量分析的研究人员和工作者参考。

本书由3部分组成。

第一部分介绍国内外计量经济学教学、科研最为流行的软件EViews。第1章主要讲述EViews软件中的一些基本概念，工作文件的基本操作，数列、组和方程对象的基本操作以及EViews常用的运算符和函数等。第2章主要介绍EViews软件在线性回归模型、非线性回归模型、异方差、序列相关的检验与修正，以及时间序列分析之平稳性检验、协整与误差修正模型、格兰杰因果关系检验及向量自回归模型中的应用。

第二部分介绍深受经济学实证研究人员及定量分析人员喜爱的、在计量经济学中有着极为广泛应用的Stata软件。第3章主要讲述Stata软件的基本操作，涉及Stata的文件和命令语句的使用、数据管理命令的使用以及Stata常用的运算符和函数等。第4章主要介绍Stata软件在线性回归模型、异方差、序列相关的检验与修正以及面板数据模型中的应用。

第三部分介绍在时间序列分析方面表现极为出色，并处于领先地位的计量经济学专用软件RATS。时间序列分析已成为经济、金融领域的主流研究方法之一。第5章详细介绍

RATS 软件的基本操作,涉及 RATS 的主界面窗口及各种类型窗口功能、RATS 常用指令的使用、程序文件的使用以及如何解释 RATS 的出错提示信息等。第 6 章详细介绍 RATS 软件在金融市场波动率模型参数估计中的应用,波动率模型主要包括单变量条件异方差 ARCH、GARCH 模型及其推广形式,以及多变量 GARCH 模型的几种形式。据近年来的金融计量学术文献记录,RATS 已成为估计 GARCH 族模型最常用的软件之一。

本书由哈尔滨理工大学经济与管理学院金融系教师周蓓和会计系教师宋昱雯编著,具体编写分工如下:周蓓负责第 1、2、3、4 章,宋昱雯负责第 5、6 章。本书在编写过程中,得到了哈尔滨理工大学经管学院领导,金融系、会计系领导和同事的大力支持,在此表示衷心的感谢。本书参考、借鉴了国内外的一些关于计量经济学软件的图书、文档和网页,在此也向这些图书、文档和网页的作者与编辑人员深表谢意。

虽然编者在编写过程中倾注了很大的精力和热情,认真审阅每一部分内容,但是由于自身水平有限,书中不足之处在所难免,恳请读者不吝批评指正,或者通过电子邮件 zpd@hit.edu.cn 反馈意见。与本书相关的数据资料,有需要的读者可以与作者联系获取。

周　蓓　宋昱雯
2021 年 2 月
于哈尔滨理工大学

目　录

第一部分　EViews 使用基础及应用

第 1 章　EViews 软件使用基础 ……………………………………………………… 1
 1.1　EViews 简介 ……………………………………………………………………… 1
 1.2　EViews 的主窗口 ………………………………………………………………… 1
 1.3　EViews 工作文件基础 …………………………………………………………… 4
 1.4　EViews 数列、组和方程对象的基本操作 …………………………………… 9
 1.5　EViews 的运算符及函数 ……………………………………………………… 22

第 2 章　EViews 软件应用 …………………………………………………………… 24
 2.1　EViews 在线性回归分析中的应用 …………………………………………… 24
 2.2　EViews 在非线性回归模型线性化中的应用 ………………………………… 36
 2.3　EViews 在检验、修正异方差中的应用 ……………………………………… 39
 2.4　EViews 在检验、修正序列相关性中的应用 ………………………………… 48
 2.5　EViews 在检验时间序列平稳性中的应用 …………………………………… 54
 2.6　EViews 在协整及误差修正模型中的应用 …………………………………… 59
 2.7　EViews 在格兰杰因果关系检验及向量自回归模型中的应用 ……………… 63

第二部分　Stata 使用基础及应用

第 3 章　Stata 软件使用基础 ………………………………………………………… 70
 3.1　Stata 简介 ……………………………………………………………………… 70
 3.2　Stata 的主界面 ………………………………………………………………… 70

3.3 Stata 文件和命令语句 …………………………………………………… 71
3.4 Stata 数据管理 …………………………………………………………… 77
3.5 Stata 的运算符和函数 …………………………………………………… 84
第 4 章 Stata 软件应用 …………………………………………………………… 88
4.1 Stata 在线性回归分析中的应用 ………………………………………… 88
4.2 Stata 在检验、修正异方差中的应用 …………………………………… 97
4.3 Stata 在检验、修正序列相关性中的应用 ……………………………… 102
4.4 Stata 在面板数据模型中的应用 ………………………………………… 108

第三部分 RATS 使用基础及应用

第 5 章 RATS 软件使用基础 …………………………………………………… 112
5.1 RATS 简介 ………………………………………………………………… 112
5.2 RATS 的主界面 …………………………………………………………… 113
5.3 RATS 指令及语法格式 …………………………………………………… 123
5.4 RATS 程序文件 …………………………………………………………… 140
5.5 RATS 出错提示信息 ……………………………………………………… 141
第 6 章 RATS 软件应用 ………………………………………………………… 143
6.1 RATS 在单变量条件异方差 ARCH 和 GARCH 模型中的应用 ……… 143
6.2 RATS 在多变量 GARCH 模型中的应用 ………………………………… 152

参考文献 …………………………………………………………………………… 172

第一部分 EViews 使用基础及应用

第1章 EViews 软件使用基础

1.1 EViews 简介

EViews 是 Econometrics Views 的缩写,直译为"计量经济学观察",通常称为计量经济学软件包,本意是对社会经济关系与经济活动的数量规律采用计量经济学方法与技术进行"观察"。EViews 由美国 QMS(Quantitative Micro Software) 公司推出,其前身是 Micro TSP(Time Series Processor),TSP 是一种用以处理时间序列数据的软件包,于 1981 年面世。1994 年,QMS 公司在 Micro TSP 的基础上直接开发成功 EViews 并投入使用,当年推出的是 1.0 版,此后在原有版本的基础上不断改进和完善,补充新的功能,其版本也不断升级,先后经历了 2.0、3.0、3.1、4.0、4.1、5.0、5.1、6.0、7.0、8.0 等版本。本书将以 EViews 9.0 版本为基础,介绍 EViews 的大部分功能。

虽然 EViews 是由经济学家开发的并大多在经济领域应用,但它的应用范围并不只局限于经济领域,还广泛应用于社会科学、人文科学和自然科学等众多领域。EViews 得益于 Windows 平台的图形可视化的特点,能通过标准的 Windows 菜单和对话框,用鼠标选择操作,并且能通过标准的 Windows 技术来使用显示于窗口中的结果;此外,还可以利用 EViews 强大的命令功能和大量的程序处理语言进入命令窗口修改命令,也可以将计算工作的一系列操作建立成相应的计算程序并存储,从而通过直接运行程序来完成工作。

EViews 功能强大,能够处理以时间序列数据为主的多种类型数据,进行包括统计分析、回归分析、传统时间序列分析等基本数据分析以及建立条件异方差、向量自回归模型、面板数据模型等复杂的计量经济模型。EViews 操作简便,界面友好,使本来复杂的数据分析过程变得易学易用,成为当前世界上最为流行的计量经济学软件之一。

1.2 EViews 的主窗口

在 Windows 下,将 EViews 9.0 安装光盘插入光驱,根据屏幕提示可以直接进行安装,并选择在桌面上自动建立快捷方式图标。双击桌面上的 EViews 9 快捷方式图标,进入 EViews 主窗口;或者点击"开始"菜单中的"所有程序",点击 EViews 9 图标,即进入 EViews 主窗口,如图 1.1 所示。该窗口由五个部分组成:标题栏、主菜单、命令窗口、工作区和状态栏。

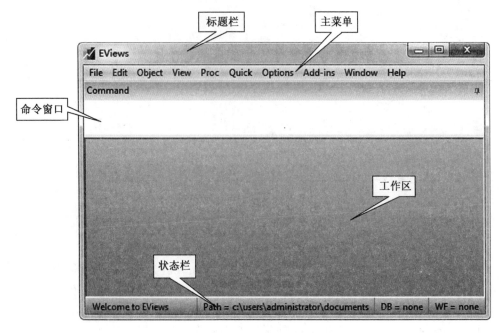

图 1.1 EViews 主窗口

1.2.1 标题栏

EViews 窗口顶部是标题栏。当该窗口被激活时,标题栏呈蓝色;标题栏右端为窗口控制按钮,第一个按钮为窗口最小化按钮,第二个按钮为窗口最大化(或还原)按钮,第三个按钮为关闭窗口按钮。

1.2.2 主菜单

标题栏下方是主菜单,共有 10 个主菜单选项,依次是 File、Edit、Object、View、Proc、Quick、Options、Add-ins、Window、Help;用鼠标单击任意选项会出现不同的下拉菜单,显示该部分的具体功能,在下拉菜单中点击某个选项,系统就会执行相应的操作。10 个主菜单选项提供的主要功能如下:

【File】有关文件(工作文件、数据库、EViews 程序等)的常规操作,如文件的建立(New)、打开(Open)、保存(Save/Save As)、关闭(Close)、导入(Import)、导出(Export)、打印(Print)、运行程序(Run)等;选择下拉菜单中的 Exit 将退出 EViews 软件。

【Edit】包括一些常规的编辑功能,如 Cut(剪切)、Copy(复制)、Paste(粘贴)、Delete(删除)、Find(查找)、Replace(替代)、Next(查找下一个)等,选择 Undo 表示撤销上一步操作。

【Object】主要提供关于对象的基本操作。此功能键根据当前激活窗口的不同而不同。当前激活窗口为工作文件窗口以及当前激活窗口为对象窗口时,下拉菜单的项目稍有不同,包括建立新对象(New Object)、从数据库获取对象(Fetch from DB)、重命名(Rename)、删除(Delete)、冻结(Freeze Output)等。

【View】和【Proc】二者的下拉菜单项目随对象类型的不同而变化。工作文件和对象窗口的工具条的前两个功能键正是 EViews 主菜单下 View 和 Proc 的快捷键,因此功能完全相同,主要涉及变量的多种查看方式和运算过程。在 1.4 节中将分别予以介绍。

【Quick】这一功能键非常实用,它提供了一些常用功能的快捷方式。包括改变样本范围(Sample)、生成新数列(Generate Series)、显示对象(Show)、作图(Graph)、生成新组(Empty Group)、数列统计量(Series Statistics)、组统计量(Group Statistics)以及估计方程(Estimate Equation)和 VAR 模型(Estimate VAR)。

【Options】为系统参数设定选项。与一般应用软件相同,EViews 运行过程的各种状态,如窗口的显示模式、字体、图形、电子表格等都有默认的设置,用户可以根据需要选择 Options 下拉菜单中的项目对一些默认设置进行修改,修改后 EViews 将设定结果自动保存,控制系统以后的运行。

【Add-ins】其 Manage Add-ins(管理添加项)功能键可以对添加项进行添加、移除和编辑等操作;通过 Download Add-ins 可以链接到 EViews 网站下载添加项。

【Window】提供进入工作区打开各种窗口的快捷方法,其功能包括排列图标(Arrange Icons)、关闭所有窗口(Close All)、关闭所有对象(Close All Objects)、显示命令捕捉窗口(Display Command Capture Window)等;最下面部分显示当前处于激活状态的窗口。

【Help】EViews 的帮助选项,可大致分为三部分。第一部分为 EViews 帮助主题(EViews Help Topics)、自我说明(Read Me)及各种参考的快速链接(Quick Help Reference);第二部分提供了 EViews 9 文件(pdf 格式)的分卷链接方式;第三部分提供了网上注册、EViews 网站链接及版本的相关信息。

1.2.3　命令窗口

主菜单栏下的白色区域是命令窗口。允许用户在提示符(竖线)后通过键盘输入 EViews 命令,按回车键即执行该命令。该窗口支持 Windows 下的剪切和粘贴功能,因此可以在命令窗口、其他的 EViews 文本窗口及其他的 Windows 窗口之间转换文本。把光标放在命令窗口的最底端,按住鼠标左键上下拖动便可以改变命令窗口的大小。

1.2.4　工作区

命令窗口下面是 EViews 的工作区窗口,以后所有操作产生的窗口均在此范围内,这些窗口会相互重叠,并且激活状态的窗口处于最上方,只有激活状态窗口的标题栏是深蓝色的。当需要的窗口被部分覆盖时,可单击该窗口的标题栏或该窗口的任何可见部分使该窗口处于最上方。此外,还可通过单击主菜单选择需要的窗口名称来直接选择窗口;移动窗口可通过单击标题栏并拖动窗口来完成,单击窗口右下角并拖动即可改变窗口的大小。

1.2.5　状态栏

窗口的最底端是状态栏,它被分成四个部分。从左边开始的第一个部分显示当前 EViews 的工作状态;Path 栏用于显示 EViews 默认的数据文件保存路径;DB 栏用于显示当前数据库的名称;WF栏用于显示当前活动工作文件名称。

1.3　EViews工作文件基础

　　EViews的操作方式可分为交互方式和程序方式两类。交互方式主要是通过鼠标点击窗口菜单或者在命令窗口中输入EViews命令来完成各种操作,而程序方式是通过编程实现重复性批处理操作,或者实现交互方式无法完成的复杂操作,如循环、条件分支等。本书只涉及交互方式而不涉及程序方式,因而在介绍EViews基本操作和应用时,先介绍鼠标点击菜单的操作步骤(因为EViews的菜单操作非常方便快捷),然后介绍命令行方式下的相应EViews命令,二者是等价的。

　　工作文件(Workfile)是用户与EViews对话期间保存在内存(RAM)中的信息,包括对话期间输入和建立的全部命名对象,因此必须首先建立或打开一个工作文件,用户才能与EViews对话。工作文件好比工作时的桌面一样,放置了很多进行处理的东西(对象),像结束工作时需要清理桌面一样,允许将工作文件保存到磁盘上。如果不对工作文件进行保存,工作文件中的东西在关闭机器时就会丢失。

　　使用EViews工作的第一步就是创建新的工作文件或调入原有的工作文件;只有在创建了新的文件或调入原有工作文件之后,EViews才允许用户进行后面的数据处理工作。

1.3.1　创建工作文件的方法

　　点击EViews主菜单File→New→Workfile,或者在命令窗口中输入create,便会出现如图1.2所示的Workfile Create(工作文件创建)对话框,通过输入相应的信息便可以创建一个新的工作文件。

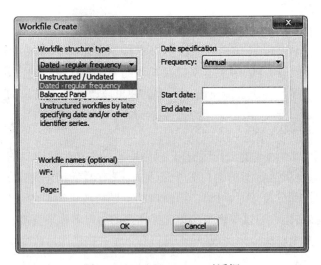

图1.2　Workfile Create对话框

　　该对话框由三部分构成,第一选项区描述数据集合的工作文件结构类型(Workfile structure type),共包括三种,分别为具有固定频率的时间序列数据(Dated-regular frequency)、非结构/非日期截面数据(Unstructured/Undated)以及平衡面板数据(Balanced Panel),默认状态为第一种;第二选项区随工作文件结构类型的不同而变化;第三选项区可以输入工作文件名(WF),同时给工作文件页命名(Page),此部分也可以省略,留待其他环节进行操作。下面分别介绍这三种结构类型及相应的选项。

1. 时间序列数据类型(Dated-regular frequency)

第二选项区为日期设定(Date Specification),包括14个时间频率选择、起始及结束范围,如图1.3所示。在较早版本的EViews中只有8种类型的时间频率可供选择,而EViews 7、8、9增加了新的数据类型,将用户的选择范围扩大到14种。

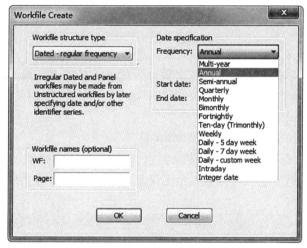

图1.3　创建时间序列数据工作文件对话框

＜Multi-year＞　多年度的,选择范围从2年到20年不等。

＜Annual＞　年度的,用4位数表示,如1980、2000、2007等。Start date后输入起始年份,End date后输入终止年份。如果只有两位数,则系统将默认为20世纪的年份,如98默认为1998。

＜Semi-annual＞　半年的,表示为"年:上半年"或"年.上半年"。如起始日期为2002年下半年,结束日期为2004年上半年,那么在Start date后输入2002:2(或2002.2),在End date后输入2004:1(或2004.1)。注意年份后面只能跟1、2,分别代表上下半年。

＜Quarterly＞　季度的,表示为"年:季度"或"年.季度"。具体输入同上,如2003:3。注意年后面只能跟1、2、3、4,分别代表四个季度。另外,EViews 5.1以上版本提供了一种新的季度识别方法,如输入数据Feb 1990和May 2000或者12/6/1990和4/7/2000,则EViews将自动识别恰好包括该段时间的季度。

＜Monthly＞　月度的,表示为"年:月度"或"年.月度"。如2002:11、2003:08(等同于2003:8)。同样,如果输入数据为12/6/1990和4/7/2000,则EViews将自动识别恰好包括该段时间的月份。

＜Bimonthly＞　双月度的。

＜Fortnightly＞　双周的。

＜Ten-Day(Trimonthly)＞　旬度的。

＜Weekly＞周的,表示为"月／日／年"。在输入起止时间以后,系统会自动将时间调整为相隔7天的整周时间。注意:EViews默认的时间表示方式为"月／日／年",例如12/6/1990表示1990年12月6日;如果要修改为"日／月／年"的表示方法,可以点击EViews主菜单Options→General Options,在弹出的对话框中点击Date Representation一项,将右侧Month/Day order in dates中的选项改为Day/Month/Year,那么12/6/1990表示的时间则是1990年6月12日。

＜Daily-5day week＞日的,表示为"月／日／年",表示每周5天的,系统将自动生成每周5天的时间序列。如11/28/2003表示2003年11月28日。

＜Daily-7day week＞日的,表示为"月／日／年",表示每周7天的,系统将自动生成每周7天的时间序列。

＜Daily-custom week＞每周1~7天任意的。

＜Intraday＞高频的,提供的可选高频分为秒、分钟及小时三类,共19种。

＜Integer date＞整序数的,该序列是一个比较特殊的序列,由简单的列举产生,其支持任何整数,并可以识别100以内的数字。

2. 截面数据类型(Unstructured/Undated)

非结构数据仅仅是指没有指定日期的数据,它使用默认的整数标识符。若第一选项区选择这一类型时,第二选项区为数据范围设定(Data range),需要在文本框输入观测值的个数,如图1.4所示。

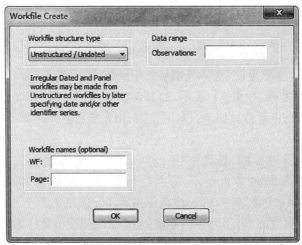

图1.4 创建截面数据工作文件对话框

3. 平衡面板数据类型(Balanced Panel)

创建一个平衡面板结构,第一选项区选择Balanced Panel,它提供了描述固定频率面板数据结构的简单方法,如图1.5所示。这种结构类型的工作文件需要输入构成平衡面板中的每个成员,这些成员具有相同的固定频率和相同日期的观测值,因此第二选项区为面板设定(Panel specification),要求选定频率(Frequency)、输入起始日期(Start date)和终止日期(End date)以及截面成员的个数(Number of cross sections)。

根据数据集合将上述第一、第二选项区的信息输入完毕以后(第三选项区输入工作

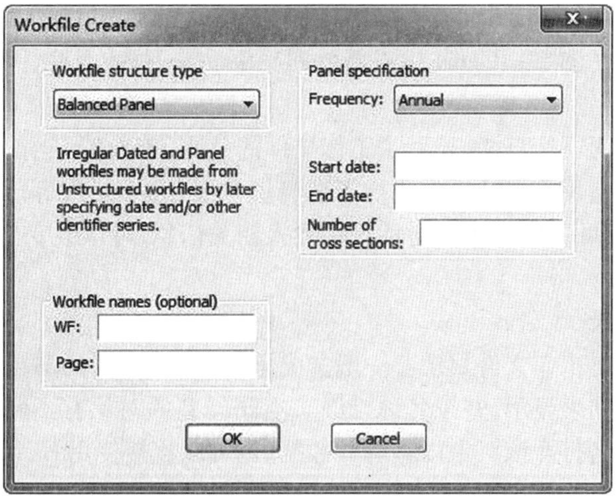

第一部分 EViews 使用基础及应用

图 1.5 创建平衡面板数据工作文件对话框

文件名可先不输入,在后面保存时再输入),点击 OK,工作文件创建完毕,打开工作文件窗口。这时工作文件尚未保存和命名(Untitled)。

1.3.2 工作文件窗口

工作文件窗口是 EViews 最重要的子窗口,它提供了一个在给定工作文件下的所有对象的目录。工作文件窗口主要由标题栏、工具条、信息栏和工作文件目录组成,如图 1.6 所示。

1. 标题栏

工作文件窗口最上面一栏是标题栏,指明窗口的类型(Workfile)和工作文件名。若上一步工作文件创建对话框中未输入工作文件名,则工作文件名显示为 Untitled。

2. 工具条

标题栏下面是工作文件窗口的工具条,其包含的功能键仅仅是一种快捷方式,可以方便地实现 EViews 主菜单中的一些操作,包括 View(视图)、Proc(过程)、Object(对象)、

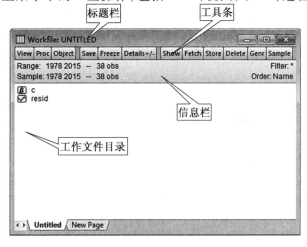

图 1.6 工作文件窗口

Save(保存工作文件)、Freeze(冻结)、Details(标识)、Show(显示)、Fetch(提取对象)、Store(存储)、Delete(删除)、Genr(生成新数列)、Sample(样本)等。

3. 信息栏

工具条下方是两行信息栏,显示了工作文件的范围(Range)、当前样本区间(Sample)等。当前样本区间指用于统计操作的样本观测值范围,它小于或等于工作文件的范围。双击 Range 或 Sample 并在弹出的对话框中输入相关信息,可以改变工作文件的范围和当前样本区间。

4. 工作文件目录

主窗口显示的是工作文件目录。一般情况下,所有被命名的对象都会以不同的图标在工作文件窗口中列表显示,并按名称排序。不同类型的对象有不同的图标。可以通过鼠标左键双击对象名打开该对象以查看其数据,也可以直接使用 EViews 主窗口顶部的菜单选项,对工作文件和其中的对象进行一些处理,或者右击某个对象可弹出快捷菜单选择某种操作。

注意:在工作文件刚建立时,目录中会自动显示两个数列对象,分别为 C(系数向量)和 resid(残差),它们当前的取值分别是 0 和 NA(空值)。

1.3.3 工作文件的保存和打开

如要保存工作文件,可直接单击工作文件窗口工具条中的 Save 或者选择 EViews 主菜单中的 File → Save 或 File → Save As,在弹出的标准的 Windows 的保存(Save)对话框内指定文件存储的路径(默认也可)和文件名;在保存类型时,如果有需要,还可以更改"保存类型"的设定,将工作文件存储为更低版本的格式或其他格式;然后单击"保存"按钮,系统会弹出 Workfile Save 对话框,如图 1.7 所示。

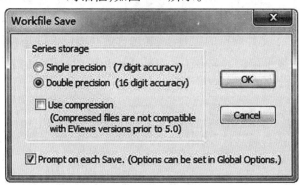

图 1.7 Workfile Save 对话框

这个对话框里首先需要选择的就是"单精度(Single precision)"(以 7 位精确度保存数据)或者"双精度(Double precision)"(以 16 位精确度保存数据)。Use compression 提供了 EViews 保存数据文件的压缩,但是一旦选择该选项,则保存的 EViews 文件将不会被低于 EViews 5 的版本所识别。复选框 Prompt on each Save 为每次保存提示,用来控制是否显示 Workfile Save 对话框。确定上述保存属性以后,点击 OK,EViews 将保存该文件为扩展名为 .wfl 的工作文件。

如要打开已经保存的工作文件，可依次选择 EViews 主菜单中的 File → Open → EViews Workfile，然后在对话框中选择指定路径下的.wfl文件。此外，还有一种更为便捷的方式，那就是在 EViews 主菜单的 File 下拉菜单的底部自动留有最近使用过的工作文件的名称列表，单击所要用的工作文件名即可。保存工作文件的命令为"save 文件名"；打开工作文件的命令为"load 文件名"。

1.3.4 改变工作文件的显示方式

在工作文件窗口工具条中选择 View → Name display → Uppercase 可将工作文件目录中包含对象的显示资料改为大写字母，系统默认的是小写(Lowercase)。

1.4 EViews 数列、组和方程对象的基本操作

建立完工作文件后，构成工作文件的基本元素是对象(Object)。EViews 的所有数据信息都储存在对象中，使用 EViews 进行的研究工作都可以通过操纵其包含的各种对象来实现。在 EViews 9 中，共有功能各不相同的 23 种对象，每种对象都包含与一个特定分析领域有关的信息，其中，在计量分析中最常用的对象是数列对象(Series)、组对象(Group)和方程对象(Equation)，本节将分别介绍这三种对象的基本操作。

1.4.1 数列对象

1. 数列的含义

数列对象是 EViews 中最基本的对象之一，它包含了特定变量的所有观测取值，在计量分析中收集到的实际样本数据输入到 EViews 后以数列对象的形式存在。在 EViews 中，"数列"专指时间序列数据和截面数据两种数据类型，前者存在排序问题，后者不存在排序问题。

2. 数列对象的创建

选择 EViews 主菜单中的 Object → New Object，显示如图 1.8 所示的 New Object(新对象)对话框，在 Type of object(对象类型)中选择 Series，在 Name for object(对象名称)中输入数列名称，单击 OK 即可创建新的数列对象；这时，工作文件目录中会自动添加该数列的图标(☑)。此外，还可以选择 EViews 主菜单 Quick → Generate Series，打开一个如图 1.9 所示的 Generate Series by Equation(由方程生成数列)对话框，在文本框中输入一个 EViews 软件认可的函数表达式，便可在已有数列的基础上生成一个新的数列。EViews 软件中常用的运算符和函数将在 1.5 节详细介绍。

创建数列对象的命令为：series 数列名或 data 数列名。EViews 软件不区分数列名称字母的大小写，如 mn、Mn 和 MN 等都被视为同一数列名称。

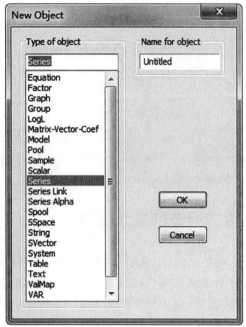

图 1.8　New Object 对话框

图 1.9　Generate Series by Equation 对话框

3. 数列对象窗口

生成新数列以后,在工作文件目录中双击该数列图标,即打开一个尚未录入数据的数列对象窗口,如图 1.10 所示,该窗口显示数列对象的所有相关内容。顶部的标题栏指明窗口类型(Series)、数列名和工作文件名,标题栏下面是数列窗口的工具条,其包含的功能键同样是 EViews 主菜单的快捷方式,可以方便地实现 EViews 主菜单中的一些操作,主要包括 View(视图)、Proc(过程)、Object(对象)、Properties(属性)、Print(打印)、Name(命名)、Freeze(冻结)、Edit + / - (编辑)等。

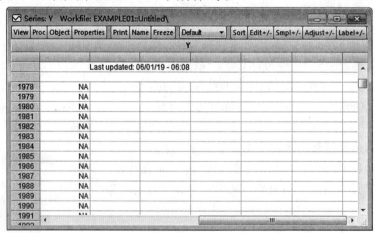

图 1.10　数列对象窗口——电子表格

4. 数据输入方式

EViews 软件为用户提供了键盘输入、粘贴输入以及文件导入等多种数据输入方式。常用的键盘输入即点击数列窗口工具条中的 Edit＋／－开关按钮，切换到可编辑状态后，可通过键盘输入数据；粘贴输入即先将数据整理成 Excel 文件，然后在数列窗口处于可编辑状态下，将数据整体复制粘贴到电子表格中（注意：如果 Excel 文件中含有数列名称，则复制时不包括数列名，只包括数据，这样数据的样本区间和电子表格中的样本区间才能保持一致）。数据输入完毕后，可关闭数列窗口，点击工作文件窗口工具条的 Save 按钮，将数据保存起来。

5. 数列对象窗口主要功能键介绍

数列窗口工具条中包含多个功能键，可以利用这些功能键实现对数列中数据的统计分析和图表分析等操作。

【View】数列对象的视图。具有以表格和图形等方式提供观察数列中数据的各种方法、进行简单的假设检验和统计分析等功能。其下拉菜单如图 1.11 所示。

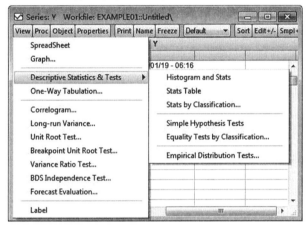

图 1.11　数列对象的 View（视图）下拉菜单

＜SpreadSheet＞ 表格：以表格形式显示数列中的数据。在可编辑状态下（Edit＋／－按钮切换），可以对数列数据进行输入、修改、删除、复制等操作。

＜Graph＞ 图形：EViews 9 弹出 Graph Options 对话框，根据选项可以分别绘制折线图（Line）、Bar（直方图）、针形图（Spike）、面积图（Area）、圆点图（Dot Plot）、分布图（Distribution）、Q－Q 图（Quantile－Quantile）、箱图（Boxplot）等各种图形。

＜Descriptive Statistics & Tests＞ 描述统计量与假设检验：显示数列对象的直方图，描述统计量和假设检验。

＜＜Histogram and Stats＞＞ 直方图与统计量：显示选定数列的直方图和标准描述性统计量的值，如图 1.12 所示。

直方图显示了数列中数据的频数分布。它将数列的取值跨度按相等的组距划分，显示观测值落入每一个组距内的个数。直方图右侧提供了选定数列的名称、样本取值范围、观测值个数，以及根据这些观测值计算出的 9 个统计量的值，包括：

Mean（均值）：即一组数据的平均值，等于观测值之和除以观测值个数。

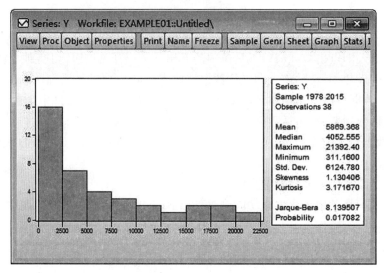

图 1.12 直方图与统计量输出结果

Median(中位数):即从小到大排列的一组数据的中间值,是对一组数据分布中心的一个稳健测度。

Maximum(最大值):一组数据中的最大值。

Minimum(最小值):一组数据中的最小值。

Std. Dev(标准差):衡量数列的离散程度。

Skewness(偏度):衡量一组数据的分布围绕其均值的对称程度,对称分布的偏度为 0。

Kurtosis(峰度):度量数列分布的尾部厚度,正态分布的峰度为 3。

Jarque – Bera(JB 统计量):用来检验数列是否服从正态分布的统计量。

Probability(概率值):JB 统计量的伴随概率值,用来判断应该接受还是拒绝该数列服从正态分布的原假设。

<< Stats Table >> 统计量表:以表格形式给出选定数列的统计量,即图 1.12 所示的表格形式。

<< Stats by Classification >> 分组统计量:显示根据指定的某一数列作为分组变量的描述性统计量。其弹出的对话框如图 1.13 所示。在文本框中输入分组数列,选择要显示的统计量即可。

<< Simple Hypothesis Tests >> 简单的假设检验:对数据分布的均值、中位数、方差进行的单个样本检验。其弹出的对话框如图 1.14 所示。在文本框中分别填入待检验均值、方差、中位数的给定值,点击 OK 即可。如果输出结果的概率值大于给定的显著性水平,则接受原假设,反之则拒绝原假设。

<< Equality Tests by Classification >> 组间等价性检验:对指定数列分组后的不同组之间的均值、中位数或方差进行等价性检验,如图 1.15 所示。

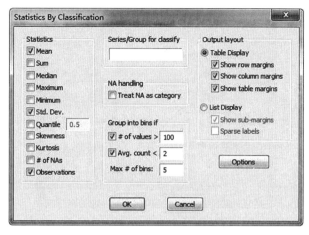

图 1.13　分组统计量对话框

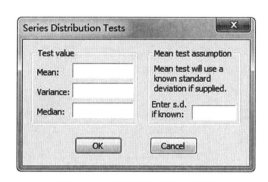

图 1.14　数列分布检验对话框

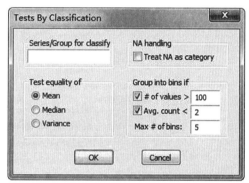

图 1.15　分组检验对话框

< Correlogram > 相关图：显示时间序列确定滞后期的自相关函数值、偏相关函数值、Q 统计量值以及相应的概率值。其对话框如图 1.16 所示。第一选项区需要选择水平序列（原序列）、一阶差分序列还是二阶差分序列的相关图；第二选项区中设定相关图所显示的最高滞后阶数，在文本框内输入一个正整数，就可以显示相关图及相关统计量。

< Long-run Variance > 长期方差：对时间序列的长期方差进行估计。关于长期方差的概念参见《EViews 9 用户指南 Ⅱ》第 1031 页。

< Unit Root Test > 单位根检验：对时间序列进行单位根检验，检验其是否具有平稳性。单位根检验将在第 2 章应用中介绍。

以上相关性检验和单位根检验是时间序列分析中的常用检验，分别用于检验某时间序列的自相关性和平稳性。

【Proc】数列对象的过程。下拉菜单如图 1.17 所示，数列对象的过程包括以下主要功能。

< Generate by Equation > 由方程生成数列：根据其他数列或表达式生成新数列。

< Resample > 重组样本：利用从数列观测值中提取的样本建立一个新数列。

< Seasonal Adjustment > 季节调整：对序列数据进行季节调整，仅适用于季度和月

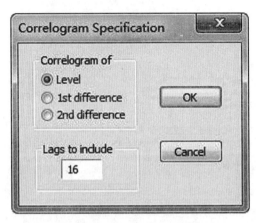

图 1.16　相关图设定对话框

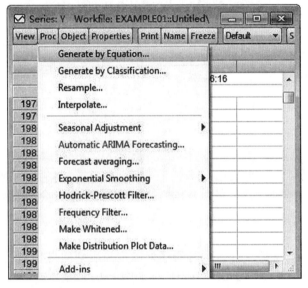

图 1.17　数列对象的 Proc(过程) 下拉菜单

度数据。

　　< Exponential Smoothing > 指数平滑:指数平滑是可调整预测的简单方法。

　　< Hodrick-Prescott Filter > HP 滤波:获取序列长期趋势的平滑估计的一种平滑方法。

　　< Frequency Filter > BP 频率滤波:对时间序列进行趋势循环分解的一种谱分析方法。

　　【Object】对象。进行有关数列对象的存盘(Store)、复制(Copy)、命名(Name)、删除(Delete)等操作。

　　【Name】命名。给数列命名或改名。

　　【Freeze】冻结。将当前数列窗口内容冻结为一个新的类型的对象。例如,可将数据表冻结为一个新的表对象(Table),使其不受以后样本数据变化的影响,若给此表命名,则该表对象图标自动添加到工作文件目录中(表对象图标▦);也可将数列的图冻结为一个新的图对象(Graph),给此图命名,则该图对象的图标自动添加到工作文件目录中(图对象图标■)。

【Edit +/-】编辑。可以在是否编辑当前数列两种模式之间切换。

【Smpl +/-】可以在显示工作文件范围内全部数据和只显示样本区间数据(样本数据区间可以为工作文件范围的一个子区间)之间切换。

【Wide +/-】在单列显示和多列显示数列之间切换。

1.4.2 组对象

1. 组的含义

组对象也是 EViews 的基本对象之一。组对象是数列的集合,它并不包含实际的数列数据,而是包括对数列数据的引用。因此,当修改数列中的数据后,再次打开包含此数列的组时会看到更新后的数据。同样,从工作文件中删除一个数列后,该数列也将从包含它的组中消失。

2. 组对象的创建

在已建立工作文件的情况下,选择 EViews 主菜单中的 Object → New Object,会弹出 New Object(新对象)对话框,在 Type of object 中选择 Group,在 Name for object 中键入组对象名称,单击 OK 即可创建新的组对象;或者利用主菜单中的 Quick → Empty Group,打开一个未命名的组窗口,即空白表格,可以直接在空白表格中输入数据和数列名,并单击组窗口工具条的 Name 给组命名,这时工作文件窗口的工作文件目录中会自动添加组对象的图标(**G**)及各数列对象的图标。

此外,利用已有数列创建组对象的方法也有两种:一种是选择主菜单 Quick → Show,在弹出对话框中输入数列名称即可;另外一种是在工作文件目录中单击所要选择的数列名,按住 Ctrl 键不放,继续用鼠标选择数列,然后双击所选中的数列名,在出现的子菜单中选择 Open Group(也可以鼠标右击所选数列名,选择 Open → as Group),即可显示由所选数列组成的组对象窗口,其中数列从左至右的排列顺序与工作文件目录中选择数列的顺序一致。

创建组对象的命令为:data ser1 ser2 ser3(ser1 到 3 为数列名),创建未命名的组,包含数列 ser1 到 3;或者 group name(name 为组名),创建已命名的空组;或者 group name ser1 ser2 ser3(name 为组名,ser1 到 3 为已经产生的数列名),创建已命名的包含数列 ser1 到 3 的组。

3. 组对象窗口主要功能键介绍

组窗口的工具条包含的功能键是 EViews 主菜单的快捷方式,利用这些功能键可以对多个数列进行统计分析、假设检验和图表分析。

【View】组对象的视图。具有改变当前组中数据的显示形式,给出各种基本统计量及关于数据的检验等功能。其下拉菜单如图 1.18 所示。

< Group Members > 组成员:显示组中所包含的数列名称,可以通过直接编辑数列名称来添加或删除数列。注意,编辑并不改变组成员。在改动后,按 Update Group 键保存改动。

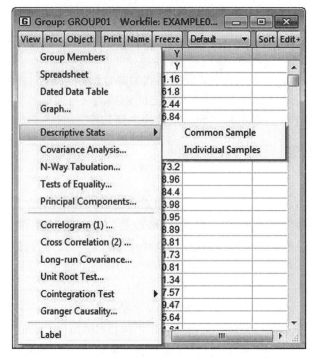

图1.18 组对象的View(视图)下拉菜单

<Spreadsheet> 表格:以电子表格的形式显示组中的数列数据,在可编辑状态下(Edit+/-键切换),可以对组中数列的数据进行输入、修改、删除、复制等操作。而组对象窗口的Transpose键可以使表格的行列互换。

<Dated Data Table> 数据表:可以用不同的形式显示组中的数据,还可以用作一般的变换及频率转换,在同一表中以不同频率显示数据。数据表只对年度、半年度、季度、月度的工作文件才有效。

<Graph> 图形:EViews 9 弹出Graph Options对话框,其中不仅包含单个数列对象的图形对话框中的所有图形类型,例如折线图(Line)、直方图(Bar)、针形图(Spike)、面积图(Area)、圆点图(Dot Plot)、分布图(Distribution)、Q-Q图(Quantile-Quantile)、箱图(Boxplot)等,还包括利用多个数列所生成数列的特定观测图,例如面积带宽图(Area Bond)、误差栅状图(Error Bar)、高低点图(High-Low)、饼图(Pie)等;除此之外,还包括利用两个数列生成的配对图形,例如散点图(Scatter)、XY线图(XY Line)、XY面积图(XY Area)等图形。

<Descriptive Stats> 描述统计量:显示组内每一数列的标准描述性统计量。其中,Common Sample用于在组中数列无缺失值的情形下计算统计量(去掉包含缺失项所在时期的样本);Individual Samples则能够针对每个数列使用所有可以得到的观测值来计算描述统计量。当不存在缺失值或某一期样本全部缺失时,这两个选项的结果一样。

<Covariance Analysis> 方差分析:可以得到数列之间相关性的测度(包括方差协方差矩阵和相关系数),以及组中数列之间的关联性检验统计量。

<Tests of Equality> 等价性检验:可以分别进行两个或多个总体的均值、中位数、方

差的相等性检验。

<Correlogram(1)> 第一个序列的相关图:显示组中第一个时间序列的相关图和偏相关图。

<Cross Correlation(2)> 前两个序列的交叉相关:显示组中前两个时间序列的交叉相关图。

<Cointegration Test> 协整检验:显示组中各时间序列的Johansen协整检验结果及单方程协整检验结果。

<Granger Causality> 格兰杰因果检验:显示组中每两个时间序列之间的格兰杰因果关系检验结果。

协整检验和格兰杰因果检验也是时间序列分析中的常用检验,前者用于检验两个或两个以上时间序列之间是否存在协整关系,后者用于检验两个时间序列之间的领先滞后关系。具体内容将在第2章应用中介绍。

【Proc】组对象的过程。通过组对象内部的数列生成其他工作对象。其下拉菜单如图1.19所示。

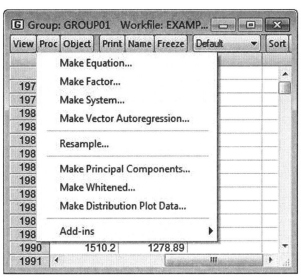

图1.19 组对象的Proc(过程)下拉菜单

<Make Equation> 设定回归方程:打开一个确定方程的对话框,系统默认组中的第一个数列作为因变量,其余的数列作为自变量,包含常数项C,自变量顺序可以随意改变。

<Make Vector Autoregression> 建立向量自回归VAR模型:打开一个无限制的VAR设定对话框,组中所有的序列在VAR中都被视为内生变量。

VAR模型用于对多个相互关联的时间序列建模,是时间序列分析中常用的模型。具体内容也将在第2章应用中介绍。

1.4.3 方程对象

回归分析是计量经济学最重要的组成部分之一,EViews中采用方程对象可实现单方程回归模型的估计、检验和预测等功能。

1. 方程对象的创建

在创建模型之前,应保证 EViews 中已经输入模型中各变量的样本观测值数据,以数列的形式存在。选择 EViews 主菜单中的 Object→New Object→Equation,或者主菜单中的 Quick→Estimate Equation,在随后出现的 Equation Estimation(方程估计)对话框(图 1.20)中可以设定方程的具体形式、方程的估计方法、方程估计所用的样本范围及方程估计的选项。

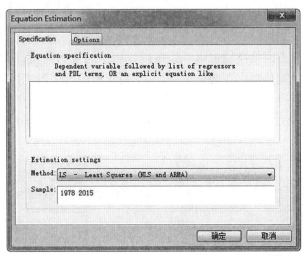

图 1.20　Equation Estimation 对话框

(1) 设定方程的具体形式。图 1.20 的第一选项区(Equation specification)用来设定方程的被解释变量、解释变量和方程的函数形式。设定方程的形式分为列表法和公式法。

用列表法设定方程比较简单,但是只适用于无约束的线性回归模型。列表法是指列出方程的被解释变量和解释变量,如分别用数列 Y 和 X 来表示,则在此文本框中输入 $Y\ C\ X$(不分大小写)。其中,C 是 EViews 的内置数列对象,用于指定方程的常数项。注意,在工作文件中有一个内置数列对象 C,Eveiws 会根据变量在列表中出现的顺序在这个向量中存储估计系数。如本例中,常数存储于 $C(1)$,X 的回归系数存储于 $C(2)$,即回归方程的形式为 $Y = C(1) + C(2) * X$。

用公式法来设定方程比较灵活,适用于线性、非线性、有约束和无约束的回归模型。设定时只需输入方程的表达式即可。用上述列表法设定方程时,EViews 会将其转换成等价的公式形式。例如,EViews 会把列表:$Y\ C\ X$ 转换为 $Y = C(1) + C(2) * X$。

注意:对于非线性回归模型,必须用公式法进行设定,来说明变量与系数之间的关系,这时 EViews 会自动检测非线性并用非线性最小二乘法估计模型。

(2) 方程的估计方法。如图 1.21 所示,方程估计对话框的第二选项区(Method)用来选择方程的估计方法,包括 LS(最小二乘法,含普通最小二乘法 OLS、非线性最小二乘法 NLS 以及自回归移动平均 ARMA 模型)、TSLS(两阶段最小二乘法,包括两阶段最小二乘法、两阶段非线性最小二乘法 TSNLS 和两阶段自回归移动平均 ARMA 模型)、GMM(矩估计)、ARCH(自回归条件异方差)、BINARY(二元选择模型,包括 Logit、Probit 和极端值模型估计)、ORDERED(有序选择模型估计法)、CENSORED(删截模型估计法)、COUNT(计数模型估计法),此外还有 QREG(分位数回归法)和 STEPLS(逐步回归法)等。默认选项为 LS。

图 1.21 方程估计方法的选择

(3)方程估计所用的样本范围。Sample 文本框将工作文件的样本区间作为方程估计时默认的样本区间,可以输入新的样本区间进行估计,但是新设定区间只影响估计方程,而不会改变工作文件当前的样本区间。

(4)方程估计的选项。EViews 提供了很多方程估计时的选项(Options),包括异方差修正、输入权数进行加权最小二乘估计、控制估计算法的各种特征等。

2. 方程对象窗口主要功能键介绍

方程估计对话框相应选项输入完毕后,点击"确定",即打开方程对象窗口,点击窗口工具条中的"Name"命名,工作文件目录中自动添加方程对象图标(▤)。

【View】方程对象的视图。具有查看方程的各种输出结果以及输出结果的不同显示形式等功能。其菜单如图 1.22 所示。

< Representations > 表达式:用三种形式显示方程,包括估计命令(Estimation Command)、回归方程的一般表达式(Estimation Equation)、带有估计系数的方程式(Substituted Coefficients)。

< Estimation Output > 估计方程的标准输出结果:方程输出结果将在后面具体的实验案例中详细说明。

< Actual, Fitted, Residual > 真实值,拟合值和残差图:EViews 提供了显示残差图的多种方式,Actual,Fitted,Residual 包括四种不同形式的残差图选项。Actual,Fitted,

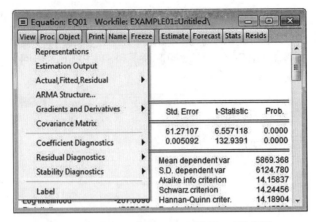

图 1.22　方程对象的 View(视图)下拉菜单

Residual Table 以表格形式显示被解释变量的实际值、拟合值及残差；Actual,Fitted, Residual Graph 以 EViews 图形形式显示被解释变量的实际值、拟合值及残差；Residual Graph 只绘制残差图；Standardized Residual Graph 绘制标准化残差(残差除以其标准差估计值)图形。具体内容将在后面实验案例中详细介绍。

< Coefficient Diagnostics > 系数诊断性检验：包括比较常用的对系数施加约束条件的 Wald 检验、遗漏变量的 LR 似然比检验以及冗余变量的 LR 似然比检验等。Wald 检验和 LR 似然比检验都是检验约束条件是否成立的,通常在模型是非线性的、约束是非线性的、扰动项分布是非正态的情况下使用。

< Residual Diagnostics > 残差诊断性检验：EViews 9 中的残差检验包括相关图 Q 检验(Correlogram-Q-statistics)、残差平方相关图检验(Correlogram Squared Residuals)、直方图正态性检验(Histogram-Normality Test)、序列自相关 LM 检验(Serial Correlation LM Test)和异方差检验(Heteroskedasticity Tests)。这些检验的具体内容和步骤也将在后面的实验案例中分别加以介绍。

【Proc】方程对象的过程。其下拉菜单如图 1.23 所示。

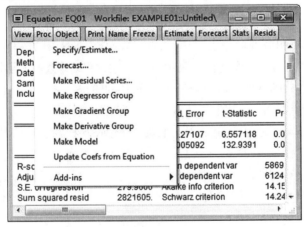

图 1.23　方程对象的 Proc(过程)下拉菜单

< Specify/Estimate > 设定/估计：显示设定方程的对话框，可以修改原有设定，改变估计方法或估计所用的样本区间。也可以点击方程对象窗口的 Estimate 键实现此功能。

< Forecast > 预测：用估计的方程进行预测，也可以点击方程对象窗口的 Forecast 键实现此功能。预测的具体步骤也将在后面的实验案例中详细介绍。

< Make Residual Series > 保存残差数列：以数列形式保存回归中的残差。根据估计方法的不同，可以选择三种不同的残差，即普通残差、标准化残差和广义残差。对于 OLS 估计，只能保存普通残差。

在 EViews 的操作过程中，通常会在其主窗口的工作区内打开多个子窗口，包括工作文件窗口以及数列、组或方程等对象窗口，往往这些窗口相互重叠在一起，如图 1.24 所示。

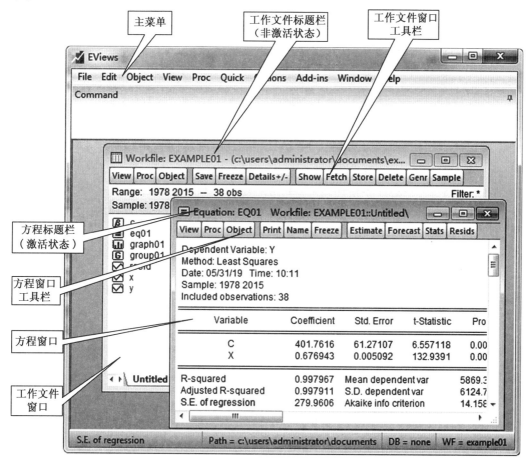

图 1.24 EViews 主窗口、工作文件窗口及对象窗口

其中，哪个子窗口处于激活状态，哪个子窗口的工具栏即为 EViews 主菜单的快捷方式。具体来说，如果工作文件窗口处于激活状态（标题栏为深蓝色），其窗口工具栏的功能键（如 View、Proc、Object）与 EViews 主菜单中相应的功能键完全相同，是 EViews 主菜单相应功能键的快捷键；如果某方程对象窗口处于激活状态（标题栏为深蓝色），其窗口工具栏的功能键（如 View、Proc、Object）与 EViews 主菜单中相应的功能键完全相同，是

EViews 主菜单相应功能键的快捷键。也就是说,EViews 主菜单中的 View、Proc、Object 功能键的内容是随着当前激活窗口的变化而变化的。

1.5　EViews 的运算符及函数

1.5.1　EViews 的运算符

EViews 表达式通常由常数、数列名称、函数、数学运算符与关系运算符构成。EViews 的常用运算符及含义见表1.1。

表1.1　EViews 常用运算符

运算符	含义
+	加
−	减
*	乘
/	除
^	幂指数
>	大于:如 $X > Y$,则 $X > Y$ 的值为1,否则为0
<	小于:如 $X < Y$,则 $X < Y$ 的值为1,否则为0
=	等于:如 $X = Y$,则 $X = Y$ 的值为1,否则为0
< >	不等于:如 $X \neq Y$,则 $X < > Y$ 的值为1,否则为0
< =	小于等于:如 $X \leqslant Y$,则 $X < = Y$ 的值为1,否则为0
> =	大于等于:如 $X \geqslant Y$,则 $X > = Y$ 的值为1,否则为0
and	与:如 X 和 Y 都不为0,则 X and Y 的值为1,否则为0
or	或:如 X 或 Y 不为0,则 X or Y 的值为1,否则为0

例如,表达式(age < = 35 and income > 5 000) or (income > 10 000)表示年龄小于等于35岁且收入大于5 000的人群,或收入大于10 000的人群。

又如,0 * (age < = 18) + (age > 18 and age < = 50) + 2 * (age > 50) 表示当年龄小于等于18岁时,值为0;当年龄大于18岁且小于等于50岁时,值取1;年龄大于50岁时,值取2。

1.5.2　EViews 的函数

EViews 的函数分为普通函数与 @ 函数,常见的这两类函数及其含义分别见表1.2和表1.3。

表1.2　EViews 常用函数(普通函数)

函数名	含义
$D(X)$	X 的一阶差分,即 $X - X(-1)$
$D(X, n)$	X 的第 n 次一阶差分,即 $(1 - L)^n X$
$D(X, n, s)$	$(1 - L)^n (1 - L^s) X$
$LOG(X)$	对 X 取自然对数,即 $\ln X$

续表1.2

函数名	含义
DLOG(X)	对 X 取自然对数后一阶差分,即 $\ln X - \ln[X(-1)]$
DLOG(X, n)	$(1-L)^n \ln X$
DLOG(X, n, s)	$(1-L)^n(1-L^s)\ln X$
EXP(X)	对 X 进行指数变换
ABS(X)	对 X 取绝对值
SQR(X)	对 X 取正的平方根
SIN(X)	对 X 取正弦变换
COS(X)	对 X 取余弦变换
RND	取 0~1 间均匀分布的随机变量的随机数
NRND	取均值为0、方差为1的标准正态分布的随机数

表1.3 EViews 常用函数(@ 函数)

函数名	含义
@ASIN(X)	对 X 取反正弦变换
@ACOS(X)	对 X 取反余弦变换
@PCH(X)	相对变化或增长率,即$[X-X(-1)]/X(-1)$
@INV(X)	对 X 取倒数 $1/X$
@LOGIT(X)	对 X 进行 logistic 变换
@FLOOR(X)	取不大于 X 的最大整数
@CEILING(X)	取不小于 X 的最小整数
@SUM(X)	数列 X 的和
@MEAN(X)	数列 X 的均值
@VAR(X)	数列 X 的样本方差
@SUMSQ(X)	数列 X 的平方和
@OBS(X)	数列 X 中的有效观测值个数
@COV(X,Y)	数列 X 和 Y 的样本协方差
@COR(X,Y)	数列 X 和 Y 的样本相关系数
@CROSS(X,Y)	数列 X 和 Y 的交叉积
@DNORM(X)	标准正态分布的密度函数在 X 的值
@CNORM(X)	标准正态分布的分布函数在 X 的值
@TDIST(X, d)	自由度为 d 的 t 统计量大于 X 的概率
@FDIST(X, n, d)	自由度为 n, d 的 F 统计量大于 X 的概率
@CHISQ(X, d)	自由度为 d 的 X^2 统计量大于 X 的概率
@RI	R^2 统计量
@RBARI	修正的 R^2 统计量
@SE	回归函数的标准误差
@SSR	残差平方和
@DW	DW 统计量
@F	F 统计量
@LOGL	对数似然函数

第 2 章　EViews 软件应用

本章主要介绍 EViews 软件在回归分析、非线性回归模型线性化、异方差检验与修正、序列相关检验与修正及时间序列分析中的应用。

2.1　EViews 在线性回归分析中的应用

2.1.1　简单线性回归分析

简单线性回归模型指只有一个解释变量的回归模型,即一元线性回归模型,如 $Y_i = \beta_0 + \beta_1 X_i + \mu_i$。已知一组样本数据 (X_i, Y_i), $i = 1, 2, \cdots, n$,使用 EViews 可以对模型进行参数估计、模型检验和预测。由于 EViews 是计量经济学专业软件,在处理回归分析时,它有比其他软件易学、易用的特点。下面用一个例子来介绍 EViews 在简单线性回归分析中的使用。

例 2.1.1　我国自改革开放以来,经济持续增长,人民生活水平显著提高,表 2.1 给出了我国 1978～2015 年城镇居民人均可支配收入 X 与人均消费性支出 Y 的统计资料。根据表 2.1 提供的数据,试建立我国城镇居民人均消费性支出 Y 与人均可支配收入 X 之间的回归模型,并进行显著性检验。

表 2.1　1978～2015 年我国城镇居民人均可支配收入与人均消费性支出数据　　单位:元

年份	人均消费性支出 Y	人均可支配收入 X	年份	人均消费性支出 Y	人均可支配收入 X
1978	311.16	343.4	1997	4 185.64	5 160.3
1979	361.80	405.0	1998	4 331.61	5 425.1
1980	412.44	477.6	1999	4 615.91	5 854.0
1981	456.84	500.4	2000	4 998.00	6 280.0
1982	471.00	535.3	2001	5 309.01	6 895.6
1983	505.92	564.6	2002	6 029.88	7 702.8
1984	559.44	652.1	2003	6 510.94	8 472.2
1985	673.20	739.1	2004	7 182.10	9 421.6
1986	798.96	900.1	2005	7 942.90	10 493.0
1987	884.40	1 002.1	2006	8 696.60	11 759.5
1988	1 103.98	1 180.2	2007	9 997.50	13 785.8
1989	1 210.95	1 373.9	2008	11 242.90	15 780.8
1990	1 278.89	1 510.2	2009	12 264.60	17 174.7
1991	1 453.81	1 700.6	2010	13 471.50	19 109.4
1992	1 671.73	2 026.6	2011	15 160.90	21 809.8
1993	2 110.81	2 577.4	2012	16 674.30	24 564.7

续表2.1

年份	人均消费性支出 Y	人均可支配收入 X	年份	人均消费性支出 Y	人均可支配收入 X
1994	2 851.34	3 496.2	2013	18 487.50	26 955.1
1995	3 537.57	4 283.0	2014	19 968.10	29 381.0
1996	3 919.47	4 838.9	2015	21 392.40	31 790.3

资料来源:《中国统计年鉴2016》。

解 首先创建工作文件。在EViews主菜单中依次选择File→New→Workfile,打开Workfile Create对话框,工作文件结构类型默认设置为具有固定频率的时间序列数据(Dated-regular frequency),时间频率默认设置为年度(Annual),工作文件起止范围为1978年和2015年,工作文件名称为example 01,点击OK后打开工作文件窗口。点击工作文件窗口工具条中的Save,系统自动将工作文件保存在默认目录下,扩展名为wf1。创建和保存工作文件的命令分别为

· Create(wf = example 01) A 1978 2015

· Save example 01

基本数据的处理。选择EViews主菜单中的Quick→Empty Group,打开一个未命名的组窗口,把表2.1中变量X和Y的数据直接复制粘贴到组窗口空白表格中,EViews将数列从左至右自动命名为SER01、SER02,点击数列名SER01,改为X后Enter键确认;点击数列名SER02,改为Y后Enter键确认,此时可看到工作文件目录中自动增加了组中数列X和Y的图标。命令方式为

· Data X Y

做散点图。在估计一个回归模型之前,可以先借助图形分析直观地观察经济变量的变动规律和相关关系,以便合理地确定模型的数学形式。图形分析中最常用的是散点图。在EViews主菜单中选择Quick→Graph,在弹出的对话框(图2.1)中输入X Y,前一个变量为横轴变量,后一个变量为纵轴变量,确认后弹出Graph Options对话框(图2.2),从Type选项中选择Scatter,可以得到如图2.3所示的散点图。另外,菜单方式还可以在包含数列X和Y的组(group 01)窗口工具条中选择View→Graph,会弹出如图2.2所示的Graph Options对话框,从Type选项中选择Scatter,也可以得到如图2.3所示的散点图。命令方式为

· Scat X Y

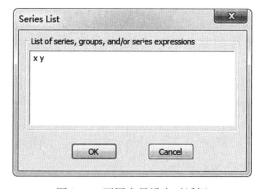

图2.1 画图变量设定对话框

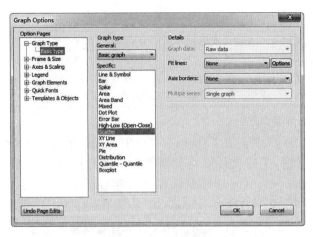

图 2.2 画图对话框

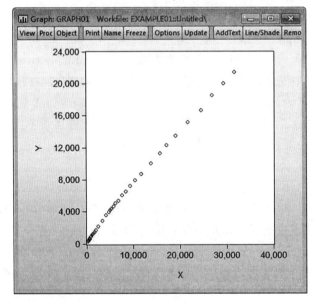

图 2.3 X - Y 散点图

从散点图可以看出,X,Y 近似呈线性关系,所以应估计一元线性回归模型。

回归模型的参数估计。选择 EViews 主菜单中的 Quick → Estimate Equation,在弹出的方程估计对话框中设定模型的形式,用列表法输入 Y C X,或用公式法输入 Y = C(1) + C(2)∗X;方程的默认估计方法为 OLS,样本区间为 1978 ~ 2015 年(图 2.4)。

设定估计方程后,点击确定,Eveiws 会显示方程输出结果,即打开一个方程窗口(图 2.5),点击窗口工具条中的 Name 命名,方程图标自动添加到工作文件目录中。命令方式为

·LS Y C X

该方程 OLS 输出结果分为三部分:

第一部分为方程的描述说明,包括被解释变量的数列名称(Dependent Variable)为

Y;采用的估计方法(Method)为最小二乘法;输出结果的日期和时间(Date 和 Time);样本区间(Sample);包含的样本观测值个数(Included observations)。

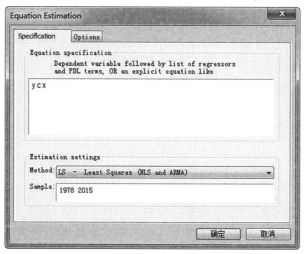

图 2.4　方程估计对话框

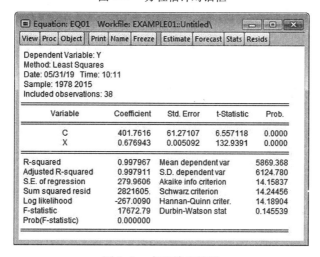

图 2.5　方程输出结果

第二部分为估计系数及相应的统计量,包括估计的回归系数(Coefficient),即常数项 C 以及解释变量 X 的系数;估计系数的标准差(Std. Error),即相应估计系数的样本标准差;t 统计量(t-Statistic),即相应估计系数的 t 统计量值,用来检验回归系数为 0 的原假设;概率 P 值(Prob),即 t 统计量的相伴概率 P 值,当 P 值小于给定的显著性水平(通常为 0.05)时,则拒绝原假设,当 P 值大于给定的显著性水平时,则不能拒绝原假设。

第三部分为方程的统计量,包括 R^2 统计量(R-squared),拟合优度检验的统计量可决系数 R^2,用来衡量回归模型对样本数据的拟合程度;调整的 R^2 统计量(Adjusted R-squared),使用 R^2 作为衡量指标存在一个问题,即随着模型中增加新的解释变量,不会减少 R^2 的数值,调整后的 R^2 通常用 $\bar{R}^2$ 表示,它可以消除 R^2 对新增解释变量个数的依赖性;回归方程估计标准差(S.E. of regression),即随机误差项方差估计量 $\hat{\sigma}^2$ 的平方根,称为回归方程估计的标准差,记为 S.E.;残差平方和(Sum squared resid),即 $\sum e_i^2$;F 统计量(F-statistic),即进行方程总体线性显著性检验的统计量;F 统计量的 P 值[Prob(F-statistic)],即 F 统计量的相伴概率 P 值,当 P 值小于给定的显著性水平时,则拒绝原假设,当 P 值大于给定的显著性水平时,则不能拒绝原假设;被解释变量均值(Mean dependent var),即被解释变量 Y 的均值;被解释变量的标准差(S.D. dependent var),即被解释变量 Y 的标准差;DW 统计量(Durbin-Watson stat),用于判定回归模型残差序列是否存在一阶自相关。

从图 2.5 的输出结果,估计的回归方程可写成

$$\hat{y}_t = 401.7616 + 0.6769X_t$$
$$(61.2711) \quad (0.0051)$$
$$t = (6.56) \quad (132.94)$$
$$R^2 = 0.9980 \quad S.E. = 279.9606 \quad F = 17\,672.79$$

从以上回归结果来看,解释变量 X 对应的系数估计值的符号为正,说明 X 与 Y 正相关,符合经济理论;拟合优度检验的指标可决系数 $R^2 = 0.9980$,十分接近于 1,说明模型对样本数据拟合得很好,模型的拟合优度很高;解释变量 X 的系数对应的 t 统计量值远大于 2,或者 t 统计量的相伴概率 P 值远小于给定的显著性水平 0.05,因此拒绝回归系数为 0 的原假设,即解释变量是统计显著的,也就是说,解释变量人均可支配收入 X 对被解释变量人均消费性支出 Y 有显著影响。

可查看该回归方程的残差情况。EViews 提供了显示残差图的多种方式,点击方程窗口工具条中的 View → Actual, Fitted, Residual(图 2.6)。选择 Actual, Fitted, Residual Graph,显示被解释变量的实际值序列曲线、拟合值序列曲线以及残差序列曲线,如图 2.7 所示。选择 Actual, Fitted, Residual Table,将以表格的形式显示被解释变量的实际值、拟合值及残差,如图 2.8 所示。选择 Residual Graph,则只绘制残差图。

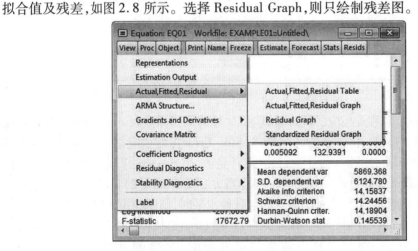

图 2.6 残差图选择

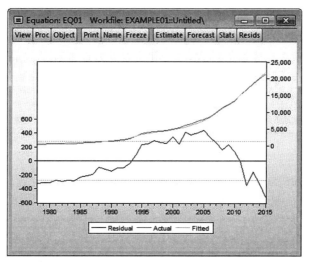

图 2.7　残差图(Graph 选项)

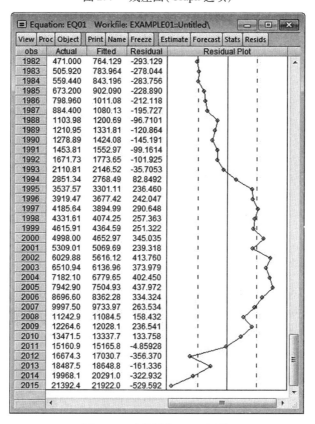

图 2.8　残差图(Table 选项)

2.1.2　多元线性回归分析

下面介绍 EViews 在多元线性回归分析中的使用。

例 2.1.2　经研究发现,家庭书刊消费水平受家庭人均收入及户主受教育年数的影响。现对某地区的家庭进行抽样调查,得到数据资料(表2.2),其中 Y 表示家庭书刊消费水平(元／年), X_1 表示家庭人均收入水平(元／月), X_2 表示户主受教育年数(年)。试建立家庭书刊消费水平 Y 与家庭人均收入 X_1 和户主受教育年数 X_2 之间的二元线性回归模型。如果已知某家庭人均收入为 $X_1=1\,943$ 元,户主受教育年数为 $X_2=12$ 年,试预测该家庭书刊消费水平,并求出相应的预测区间($\alpha=5\%$)。

表2.2 某地区家庭书刊消费水平及影响因素的调查数据表

家庭书刊消费 Y/(元·年$^{-1}$)	家庭人均收入 X_1/(元·月$^{-1}$)	户主受教育年数 X_2/年
450.5	1 027.2	8
507.7	1 045.2	9
613.9	1 225.8	12
563.4	1 312.2	9
501.5	1 316.4	7
781.5	1 442.4	15
541.8	1 641.0	9
611.1	1 768.8	10
1 222.1	1 981.2	18
793.2	1 998.6	14
660.8	2 196.0	10
792.7	2 105.4	12
580.8	2 147.4	8
612.7	2 154.0	10
890.8	2 231.4	14
1 121.0	2 611.8	18
1 094.2	3 143.4	16
1 253.0	3 624.6	20

资料来源:孙敬水. 计量经济学[M]. 北京:清华大学出版社,2018:78.

解 建立回归模型。创建截面数据类型工作文件,即在 Workfile Create 对话框中选择非结构／非日期工作文件(Unstructured/Undated),然后在 Observations 的文本框中输入样本观测值个数18。输入表2.2中的数据。分别作 X_1-Y 散点图以及 X_2-Y 散点图,如图2.9和图2.10所示。从散点图可以看出,建立二元线性回归模型是合理的。

选择 EViews 主菜单中的 Quick→Estimate Equation,在 Equation Estimation 对话框中用列表法输入 Y C X1 X2;确定后显示 OLS 输出结果,如图2.11所示。根据输出结果,将此二元线性回归方程的估计结果写成通用报告格式为

$$\hat{y}_i = -49.871\,9 + 0.086\,4X_{1i} + 52.368\,2X_{2i}$$

$$(49.457)\quad(0.029)\quad(5.202)$$

$$t = (-1.008)\quad(2.943)\quad(10.067)$$

$$R^2 = 0.951\,2\quad \bar{R}^2 = 0.944\,7\quad F = 146.277\,1$$

回归结果显示:在保持其他变量不变的情况下,家庭人均收入 X_1 每增加1元,家庭书刊消费 Y 将增加0.09元;在保持其他变量不变的情况下,户主受教育年数 X_2 每增加1年,

家庭书刊消费 Y 将增加 52.4 元。拟合优度检验的指标可决系数 $R^2 = 0.9512$，调整的可决系数 $\bar{R}^2 = 0.9447$，说明模型总体拟合优度很高，被解释变量 Y 的变化的 95.1% 可由解释变量 X_1 和 X_2 来解释。模型中解释变量 X_1 和 X_2 的系数 t 统计量的 P 值均小于给定的显著性水平 0.05，说明解释变量 X_1 和 X_2 均统计显著，均对被解释变量有显著影响。对模型中所有斜率系数进行联合检验的 F 统计量的 P 值小于 0.05，说明被解释变量与解释变量之间的线性关系显著成立。

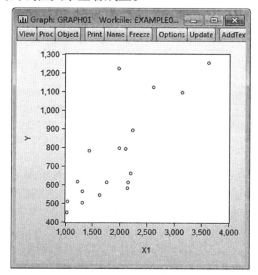

图 2.9　$X_1 - Y$ 散点图　　　　　　图 2.10　$X_2 - Y$ 散点图

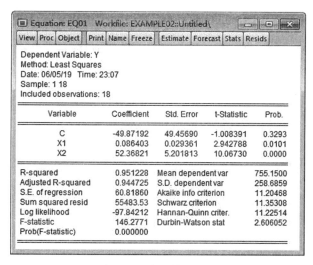

图 2.11　方程输出结果

（1）查看该回归方程的残差情况。点击方程窗口工具条中的 View → Actual, Fitted, Residual → Actual, Fitted, Residual Graph，或者直接点击方程窗口工具条中的 Resids 键，得到残差图（图 2.12）。可以看到被解释变量实际值曲线和拟合值曲线很接近，说明拟合效果很好,残差基本在一倍标准差(S.E. 或 $\hat{\sigma}$)的范围内围绕零轴上下波动。

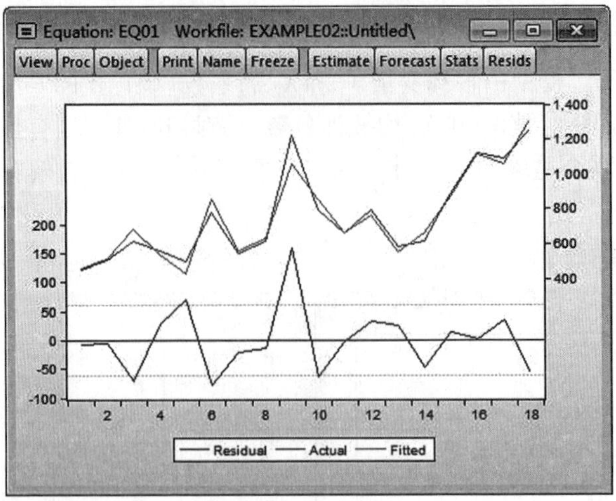

图 2.12 残差图

(2) 回归模型的预测。已知样本内包含 18 个观测值,现给出样本外的解释变量的第 19 个观测值为 $X_{10} = 1\,943, X_{20} = 12$;可通过上述估计的二元线性回归模型对相应的被解释变量 Y_0(家庭书刊消费水平)的值进行预测。可进行点预测和区间预测。

(3) 扩大工作文件范围。双击工作文件窗口信息栏中的 Range,弹出 Workfile Structure 对话框,将数据范围由原来的 18 修改为 19,如图 2.13 所示,点击 OK 后工作文件窗口显示的 Range 和 Sample 修改为从 1 到 19。扩大工作文件范围的 EViews 命令为

· Expand 1 19

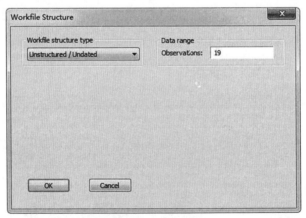

图 2.13 Workfile Structure 对话框

(4) 输入样本外解释变量的观测值。打开包含数列 X_1 和 X_2 的组窗口,点击窗口工具条中的 Edit +/- 键切换到可编辑状态,然后分别在数列 X_1 和 X_2 的第 19 行分别输入观测值 1 943 和 12,如图 2.14 所示。

(5) 进行点预测。 点击图 2.11 所示方程窗口工具条中的 Forecast 键,弹出 Forecast(预测) 对话框,如图 2.15 所示,将预测值数列和预测误差标准差数列(S.E.)分别命名为 yf 和 se,将预测样本(Forecast sample) 由默认设置 1 19 改为 19 19;点击 OK 后

显示被解释变量 Y_0 的点预测结果,如图 2.16 所示。

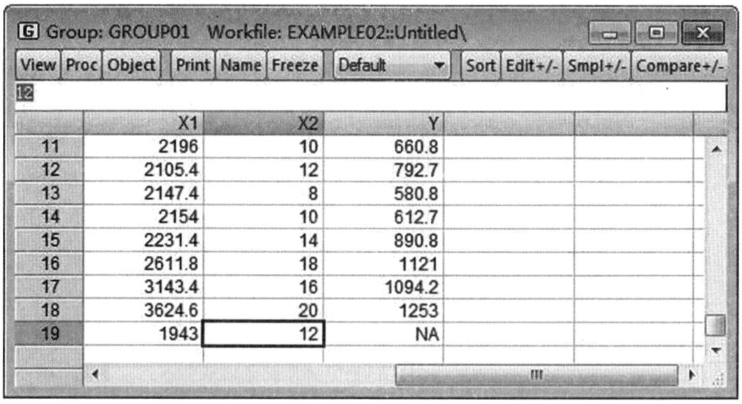

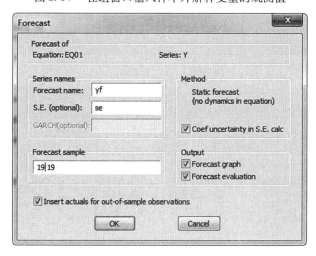

图 2.14　在组窗口输入样本外解释变量的观测值

图 2.15　Forecast 对话框

图 2.16 中显示的三个圆点分别为:中间的空心点为点预测值(YF),上下两个实心点为以点预测值为中心的预测区间的上下限,即 YF ±2S.E.(注:EViews 默认 t 分布的临界值为 2)。此图并没有给出三个点对应的具体的值,可在工作文件目中打开 yf 和 se 数列,如图 2.17 所示,可以看到这两个数列已分别保存了点预测值以及对应的预测误差标准差,其中第 19 行的值即为本例中被解释变量 Y_0 的点预测值 746.427 7,以及对应的预测误差标准差 62.491 20;这样 YF + 2S.E. = 746.427 7 + 2 × 62.491 20 = 871.41 为预测区间的上限,YF − 2S.E. = 746.427 7 − 2 × 62.491 20 = 621.45 为预测区间的下限。

还可查看柱状图形式的预测图。用鼠标双击图 2.16 所示的方程窗口的任何位置,将弹出 Graph Options(图形选项)对话框,如图 2.18 所示;点击左侧 Option Pages(选项页)中的 Graph Type(绘图类型),然后在右侧的 Basic graph type(基本绘图类型)中选择 Bar(柱状图),如图 2.19 所示;如希望在每个柱体上方标注取值,那么再点击左侧 Option Pages 中 Graph Elements(绘图元素)中的 Bar-Area-Pie 一项,在右侧选项区将默认设置 No bar labels 修改为 Label above bar(图 2.20),点击 OK 后,可以得到如图 2.21 所示的预测图。

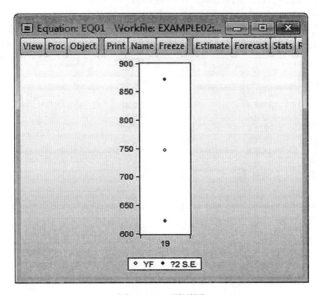

图 2.16 预测图

Group: UNTITLED Workfil...

View | Proc | Object | Print | Name | Freeze | Default

	YF	SE
4	534.8201	63.98904
5	430.4465	65.40480
6	860.2790	68.10812
7	563.2294	63.64993
8	626.6399	63.06705
9	1063.938	69.13042
10	855.9682	63.05828
11	663.5513	64.83097
12	760.4596	62.71884
13	554.6157	67.75767
14	659.9223	64.55175
15	876.0828	62.88710
16	1118.423	66.19949
17	1059.619	67.58148
18	1310.669	72.15022
19	746.4277	62.49120

图 2.17 点预测值及预测误差标准差

在图 2.21 显示的柱状图中，左侧柱为点预测值(746.4)，中间柱和右侧柱分别代表预测区间的上限值(YF + 2S. E. = 871.4) 和下限值(YF - 2S. E. = 621.4)。

第一部分　EViews 使用基础及应用

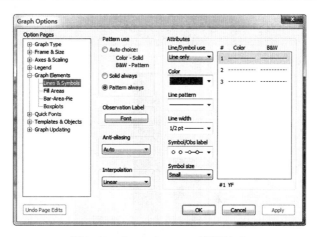

图 2.18　Graph Options 对话框(1)

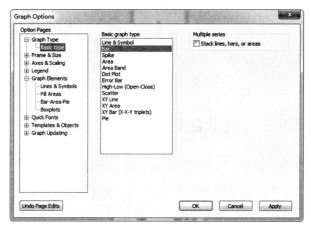

图 2.19　Graph Options 对话框(2)

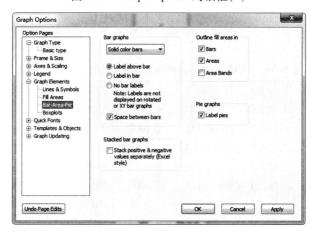

图 2.20　Graph Options 对话框(3)

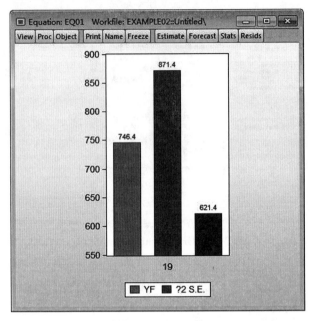

图 2.21　预测图

2.2　EViews 在非线性回归模型线性化中的应用

非线性回归模型分为两类：一类可以通过变量替换或函数变换化为线性回归模型,另一类无论通过什么变换都不可能实现线性化。下面介绍使用 EViews 来处理非线性回归模型的线性化问题。

例 2.2.1　根据表 2.3 给出的我国 1978 ~ 2015 年国内生产总值 Y(单位:亿元),劳动投入 L(单位:万人),以及资本投入 K(用资本形成总额度量,单位:亿元),试建立我国的柯布 – 道格拉斯生产函数(C – D 生产函数)模型:$Y_t = AK_t^{\alpha}L_t^{\beta}e^{\mu_t}$,进行线性化处理,估计并检验模型。

表 2.3　1978 ~ 2015 年我国国内生产总值、劳动投入与资本投入数据

年份	国内生产总值 Y/亿元	资本投入 K/亿元	劳动投入 L/万人	年份	国内生产总值 Y/亿元	资本投入 K/亿元	劳动投入 L/万人
1978	3 678.7	1 412.7	40 152.0	1997	79 715.0	28 966.2	69 820.0
1979	4 100.5	1 519.9	41 024.0	1998	85 195.5	30 396.6	70 637.0
1980	4 587.6	1 623.1	42 361.0	1999	90 564.4	31 665.6	71 394.0
1981	4 935.8	1 662.8	43 725.0	2000	100 280.1	34 526.1	72 085.0
1982	5 373.4	1 759.6	45 295.0	2001	110 863.1	40 378.9	72 797.0
1983	6 020.9	1 968.3	46 436.0	2002	121 717.4	45 129.8	73 280.0
1984	7 278.5	2 560.2	48 197.0	2003	137 422	55 836.7	73 736.0
1985	9 098.9	3 629.6	49 873.0	2004	161 840.2	69 420.5	74 264.0
1986	10 376.2	4 001.9	51 282.0	2005	187 318.9	77 533.6	74 647.0

续表2.3

年份	国内生产总值 Y/亿元	资本投入 K/亿元	劳动投入 L/万人	年份	国内生产总值 Y/亿元	资本投入 K/亿元	劳动投入 L/万人
1987	12 174.6	4 644.7	52 783.0	2006	219 438.5	89 823.4	74 978.0
1988	15 180.4	6 511.9	54 334.0	2007	270 232.3	112 046.8	75 321.0
1989	17 179.7	6 555.3	55 329.0	2008	319 515.5	138 242.8	75 564.0
1990	18 872.9	6 060.3	64 749.0	2009	349 081.4	162 117.9	75 828.0
1991	22 005.6	7 892.5	65 491.0	2010	413 030.3	196 653.1	76 105.0
1992	27 194.5	10 833.6	66 152.0	2011	489 300.6	233 327.2	76 420.0
1993	35 673.2	15 782.9	66 808.0	2012	540 367.4	255 240.0	76 704.0
1994	48 637.5	19 916.3	67 455.0	2013	595 244.4	282 073.0	76 977.0
1995	61 339.9	24 342.5	68 065.0	2014	643 974	302 717.5	77 253.0
1996	71 813.6	27 556.6	68 950.0	2015	689 052.1	312 835.7	77 451.0

资料来源:孙敬水.计量经济学[M].北京:清华大学出版社,2018:100.

解 非线性模型的线性化处理。对以上 C–D 生产函数模型两边取自然对数得到对数模型 $\ln Y_t = \ln A + \alpha \ln K_t + \beta \ln L_t + \mu_t$;令 $Y_t^* = \ln Y_t, K_t^* = \ln K_t, L_t^* = \ln L_t, \gamma = \ln A$,则原模型可化为标准的多元线性回归模型:$Y_t^* = \gamma + \alpha K_t^* + \beta L_t^* + \mu_t$。

模型参数的估计。先生成新数列,再估计模型的参数。点击 EViews 主菜单中的 Quick → Generate Series,在弹出的 Generate Series by Equation 对话框中输入函数表达式 ln Y = log(Y)(图 2.22),点击 OK 后即生成新数列 ln Y;输入表达式 ln K = log(K),即生成新数列 ln K;输入表达式 ln L = log(L),即生成新数列 ln L。生成新数列也可采用命令方式,在命令窗口分别键入命令

· Genr ln Y = log(Y)

· Genr ln K = log(K)

· Genr ln L = log(L)

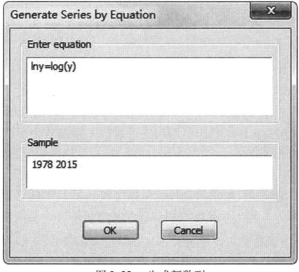

图 2.22 生成新数列

新数列生成后,点击 EViews 主菜单中的 Quick → Estimate Equation,在 Equation Estimation 对话框中用列表法输入 ln Y C ln K ln L AR(1) AR(2),然后点击 Equation Estimation 对话框中的 Options 按钮,在 ARMA 的 Method 选择框选择 GLS(广义最小二乘法),确定后得到回归结果,如图 2.23 所示。上述列表法命令中加入 AR 项是为了消除自相关性,AR(1) 和 AR(2) 分别表示一阶、二阶自相关性,这一问题将在 2.4 节中详细介绍。也可在命令窗口键入命令

· LS ln Y C ln K ln L AR(1) AR(2)

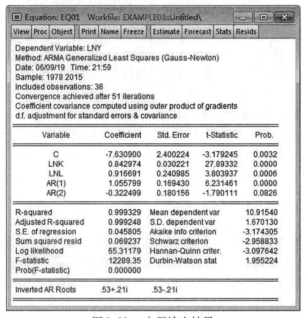

图 2.23 方程输出结果

由此得到 C - D 生产函数的估计式为

$$\ln \hat{y}_t = -7.6309 + 0.8430 \ln K_t + 0.9167 \ln L_t$$
$$(2.4002) \quad (0.0302) \quad (0.2410)$$
$$t = (-3.1792)(27.8933) \quad (3.8039)$$
$$R^2 = 0.9993 \quad \bar{R}^2 = 0.9992 \quad F = 12289.35 \quad DW = 1.9552$$

模型中斜率系数的经济意义在于:在劳动投入保持不变的情况下,资本投入 K 每增加 1%,将引起国内生产总值 Y 增加 0.8430%,即资本的产出弹性;在资本投入保持不变的情况下,劳动投入 L 每增加 1%,将引起国内生产总值 Y 增加 0.9167%,即劳动的产出弹性。将两个弹性系数相加得到一个重要的经济参数——规模报酬参数,它反映了产出对要素投入的比例变动。如果两个弹性系数之和为 1,则规模报酬不变;如果两个弹性系数之和大于 1,则规模报酬递增;如果两个弹性系数之和小于 1,则规模报酬递减。显然本例中两个弹性系数之和为 1.7597,充分说明我国经济增长的特征是规模报酬递增的。由可决系数 $R^2 = 0.9993$ 及调整的可决系数 $\bar{R}^2 = 0.9992$,说明模型总体拟合优度很高,被解释变量 Y 的变化的 99.92% 可由解释变量劳动投入和资本投入来解释。由回归结果中的 t 和 F 统计量可知,两个解释变量均统计显著,整个回归模型也统计显著。

2.3 EViews 在检验、修正异方差中的应用

异方差性是计量经济分析中的一个专门问题。如果一个线性回归模型具有异方差性,那么最小二乘估计结果可能是错误的,所以在作线性回归时(尤其是截面数据回归时),必须检验是否存在异方差;如果存在异方差,必须要消除异方差。下面用一个例子说明 EViews 在异方差的检验和修正中的应用。

例 2.3.1 表 2.4 是 2004 年全国 31 个省(市、区)农业总产值 Y(亿元)和农作物播种面积 X(万亩)数据资料,现分析两个变量之间的关系,建立回归模型,检验模型中是否存在异方差性,若存在,试采用适当的方法消除异方差性的影响。

表 2.4 2004 年全国 31 个省(市、区)农业总产值和农作物播种面积数据

省(市、区)	农业总产值 Y/亿元	农作物播种面积 X/万亩	省(市、区)	农业总产值 Y/亿元	农作物播种面积 X/万亩
北京市	92.7	312.5	湖北省	921.6	7 155.9
天津市	95.3	504.3	湖南省	874.0	7 886.2
河北省	1 135.7	8 695.4	广东省	960.0	4 808.0
山西省	290.5	3 741.5	广西壮族自治区	623.1	6 368.2
内蒙古自治区	411.5	5 924.0	海南省	170.9	826.9
辽宁省	611.3	3 723.3	重庆市	333.0	3 435.3
吉林省	486.2	4 904.0	四川省	987.7	9 387.5
黑龙江省	620.2	9 888.4	贵州省	317.7	4 695.0
上海市	109.3	404.4	云南省	516.9	5 890.0
江苏省	1 242.4	7 669.0	西藏自治区	26.6	231.2
浙江省	592.6	2 778.4	陕西省	413.7	4 099.8
安徽省	842.0	9 200.4	甘肃省	331.4	3 668.9
福建省	525.8	2 519.3	青海省	34.2	473.3
江西省	491.1	5 182.8	宁夏回族自治区	71.3	1 158.3
山东省	1 891.7	10 638.6	新疆维吾尔自治区	515.0	3 592.3
河南省	1 602.9	13 789.7			

资料来源:孙敬水. 计量经济学学习指导与 EViews 应用指南[M]. 2 版. 北京:清华大学出版社, 2018:96.

解 先在同方差假定下,应用 EViews 对模型作最小二乘估计,得到输出结果,如图 2.24 所示。根据图 2.24 可以写出模型的估计结果为

$$\hat{Y}_i = 25.087\ 5 + 0.113\ 1 X_i$$
$$(71.341\ 5) \quad (0.011\ 8)$$
$$t = (0.351\ 6) \quad (9.558\ 9)$$
$$R^2 = 0.759\ 1 \quad F = 91.372\ 5$$

由于本例中使用的样本数据为截面数据,容易出现异方差问题,因此需要进一步对模型进行异方差检验。

下面介绍异方差检验的几种常用方法。

```
┌─ Equation: UNTITLED    Workfile: EXAMPLE04::Untitled\ ─ □ ✕ ┐
│ View│Proc│Object│ Print│Name│Freeze│ Estimate│Forecast│Stats│Resids │

Dependent Variable: Y
Method: Least Squares
Date: 06/11/19   Time: 20:53
Sample: 1 31
Included observations: 31

     Variable      Coefficient   Std. Error    t-Statistic   Prob.

        C           25.08754     71.34154      0.351654     0.7276
        X           0.113059     0.011828      9.558894     0.0000

R-squared           0.759081    Mean dependent var    585.1065
Adjusted R-squared  0.750774    S.D. dependent var    454.0268
S.E. of regression  226.6619    Akaike info criterion 13.74714
Sum squared resid   1489893.    Schwarz criterion     13.83965
Log likelihood     -211.0806    Hannan-Quinn criter.  13.77729
F-statistic         91.37246    Durbin-Watson stat    2.116709
Prob(F-statistic)   0.000000
```

图 2.24　方程输出结果

1. 图示检验法

（1）$X - e_i$ 散点图。回归后，EViews 工作文件窗口的工作文件目录中自动生成一个残差 Resid 数列，在命令窗口键入命令 Genr e = Resid，即将残差 Resid 数列保存在数列 e 中。在 EViews 主菜单中选择 Quick → Graph，在弹出的对话框中输入 X e，点击 OK 后在 Graph Options 对话框的 Graph type 中选择 Scatter，确定后得到如图 2.25 所示的 $X - e_i$ 散点图（因软件中有些符号无法表示，只能近似替代，图中 e_i 用 E 来代替）。从中可以大致看出随着 X 的增加，散点分布的区域变宽，说明残差绝对值呈逐渐增大的趋势，因此模型可能存在递增的异方差。

（2）残差分布图。建立回归模型之后，在如图 2.24 所示的方程窗口的工具条中点击 Resids 键就可以得到残差分布图；但必须注意的是，在观察图之前需要先将数据关于解释变量 X 排序，即在命令窗口输入命令 Sort X，回车后再点击方程窗口的 Resids 键，就可以得到如图 2.26 所示的残差分布图。该图显示：随着解释变量 X 的变大，残差的离散程度有明显扩大的趋势，说明模型可能存在递增的异方差；同样，由上方被解释变量实际值和拟合值曲线的拟合情况也可以看出，两条曲线偏离得越来越远，说明残差逐渐增大，可能存在递增异方差。

2. White 检验

利用 EViews 软件可以直接进行 White 检验，其基本步骤如下。

首先建立回归模型，输入命令

·LS Y C X

回车后，在打开的方程窗口中选择 View → Residual Diagnostics → Heteroskedasticity Tests，弹出 Heteroskedasticity Tests（异方差检验）对话框，在 Test type（检验类型）中选择 White，如图 2.27 所示，点击 OK 后显示 White 检验的输出结果，如图 2.28 所示。

根据输出结果，得到 White 检验的辅助回归方程为

$$e_i^2 = -10\ 578.63 + 12.512\ 5X_i - 9.18 \times 10^{-5} X_i^2$$
$$t = (-0.294\ 3) \quad (0.918\ 1) \quad (-0.083\ 0)$$

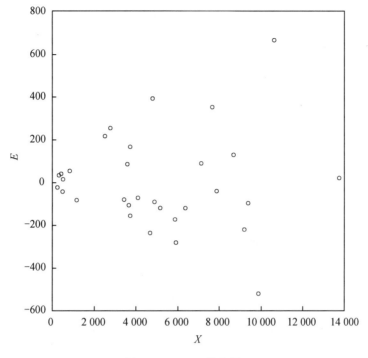

图 2.25 $X - e_i$ 散点图

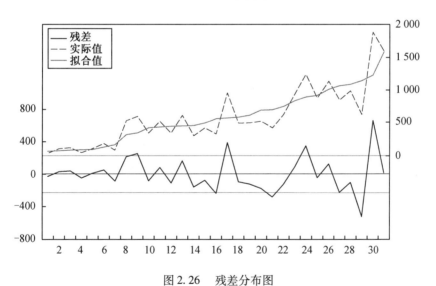

图 2.26 残差分布图

$$R^2 = 0.186\ 8 \quad nR^2 = 5.791\ 6 \quad F = 3.216\ 5$$

由于 White 检验统计量 nR^2(Obs * R-squared) 的相伴概率 P 值为 0.055 3,略大于 0.05,不应拒绝同方差原假设,即模型不存在异方差。此外,F 统计量也能判断模型是否存在异方差性,由于 F 统计量的 P 值为 0.055 3,略大于给定的显著性水平 0.05,故也判断出模型不存在异方差性。但在 6% 的显著性水平上,农业总产值函数模型存在异方差性。

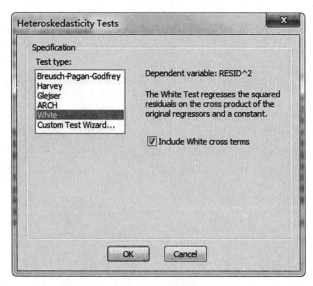

图 2.27　异方差检验对话框

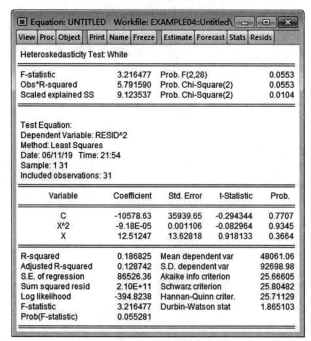

图 2.28　White 检验结果

3. Gleiser 检验

Gleiser 检验和后面的 Park 检验也都是通过建立残差序列对解释变量的辅助回归模型来检验异方差性。Gleiser 检验辅助回归形式为

$$|e_i| = \alpha_0 + \alpha_1 X_i + \nu_i$$

$$|e_i| = \alpha_0 + \alpha_1 \frac{1}{X_i} + \nu_i$$

$$|e_i| = \alpha_0 + \alpha_1 \sqrt{X_i} + \nu_i$$

利用 EViews 软件进行 Gleiser 检验的步骤如下。

首先建立回归模型,输入命令

·LS Y C X

回车后,在打开的方程窗口中选择 View → Residual Diagnostics → Heteroskedasticity Tests,在弹出的 Heteroskedasticity Tests 对话框上方 Test type 中选择 Gleiser(图 2.29),然后在界面下方的 Regressors 文本框中分别填写 X(默认)、1/X、X^0.5(即 $\sqrt{X}$)等,得到如图 2.30 至图 2.32 所示的输出结果,则 Gleiser 检验的辅助回归方程如下。

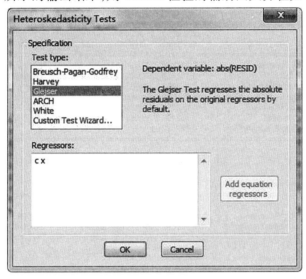

图 2.29 异方差检验对话框

Heteroskedasticity Test: Glejser			
F-statistic	7.036052	Prob. F(1,29)	0.0128
Obs*R-squared	6.052761	Prob. Chi-Square(1)	0.0139
Scaled explained SS	7.190048	Prob. Chi-Square(1)	0.0073

Test Equation:
Dependent Variable: ARESID
Method: Least Squares
Date: 06/13/19   Time: 00:03
Sample: 1 31
Included observations: 31

Variable	Coefficient	Std. Error	t-Statistic	Prob.
C	66.18805	43.47349	1.522492	0.1387
X	0.019118	0.007207	2.652556	0.0128

R-squared	0.195250	Mean dependent var	160.8862
Adjusted R-squared	0.167500	S.D. dependent var	151.3800
S.E. of regression	138.1213	Akaike info criterion	12.75648
Sum squared resid	553247.0	Schwarz criterion	12.84900
Log likelihood	-195.7255	Hannan-Quinn criter.	12.78664
F-statistic	7.036052	Durbin-Watson stat	2.019371
Prob(F-statistic)	0.012820		

图 2.30 Gleiser 检验结果之一(对 X 的回归)

Heteroskedasticity Test: Glejser

F-statistic	5.792133	Prob. F(1,29)	0.0227
Obs*R-squared	5.160825	Prob. Chi-Square(1)	0.0231
Scaled explained SS	6.130522	Prob. Chi-Square(1)	0.0133

Test Equation:
Dependent Variable: ARESID
Method: Least Squares
Date: 06/13/19   Time: 00:06
Sample: 1 31
Included observations: 31

Variable	Coefficient	Std. Error	t-Statistic	Prob.
C	200.6661	30.17631	6.649788	0.0000
1/X	-59135.42	24571.32	-2.406685	0.0227

R-squared	0.166478	Mean dependent var	160.8862
Adjusted R-squared	0.137736	S.D. dependent var	151.3800
S.E. of regression	140.5687	Akaike info criterion	12.79161
Sum squared resid	573027.2	Schwarz criterion	12.88413
Log likelihood	-196.2700	Hannan-Quinn criter.	12.82177
F-statistic	5.792133	Durbin-Watson stat	1.840367
Prob(F-statistic)	0.022692		

图 2.31   Gleiser 检验结果之一(对 $1/X$ 的回归)

Heteroskedasticity Test: Glejser

F-statistic	8.418205	Prob. F(1,29)	0.0070
Obs*R-squared	6.974262	Prob. Chi-Square(1)	0.0083
Scaled explained SS	8.284695	Prob. Chi-Square(1)	0.0040

Test Equation:
Dependent Variable: ARESID
Method: Least Squares
Date: 06/13/19   Time: 00:09
Sample: 1 31
Included observations: 31

Variable	Coefficient	Std. Error	t-Statistic	Prob.
C	-5.699812	62.36350	-0.091397	0.9278
X^0.5	2.570941	0.886099	2.901414	0.0070

R-squared	0.224976	Mean dependent var	160.8862
Adjusted R-squared	0.198251	S.D. dependent var	151.3800
S.E. of regression	135.5463	Akaike info criterion	12.71884
Sum squared resid	532811.2	Schwarz criterion	12.81136
Log likelihood	-195.1421	Hannan-Quinn criter.	12.74900
F-statistic	8.418205	Durbin-Watson stat	2.038346
Prob(F-statistic)	0.007022		

图 2.32   Gleiser 检验结果之一(对 $\sqrt{X}$ 的回归)

$|e_i|$ 对解释变量 X 的辅助回归方程为

$$|e_i| = 66.1881 + 0.0191 X_i$$
$$t = (1.5225) \quad (2.6526)$$
$$R^2 = 0.1953 \quad F = 7.0361$$

$|e_i|$ 对解释变量 $1/X$ 的辅助回归方程为

$$|e_i| = 200.6661 - 59135.42 \frac{1}{X_i}$$

$$t = (6.649\ 8) \quad (-2.406\ 7)$$
$$R^2 = 0.166\ 5 \quad F = 5.792\ 1$$

$|e_i|$ 对解释变量 $\sqrt{X}$ 的辅助回归方程为

$$|e_i| = -5.699\ 8 + 2.570\ 9\sqrt{X_i}$$
$$t = (-0.091\ 4) \quad (2.901\ 4)$$
$$R^2 = 0.225\ 0 \quad F = 8.418\ 2$$

在以上 Gleiser 检验的三个辅助回归模型中,解释变量的回归系数都是统计显著的,说明解释变量对被解释变量 $|e_i|$ 都有显著影响,即原一元线性回归模型存在异方差性。此外,类似 White 检验,输出结果上方的统计量 Obs * R-squared 即 Gleiser 检验统计量 nR^2,其相伴概率 P 值均小于 0.05,也可判定存在异方差性。

4. Park 检验

Park 检验辅助回归形式为

$$\ln e_i^2 = \alpha_0 + \alpha_1 \ln X_i + \nu_i$$

利用 EViews 软件进行 Park 检验的步骤如下。

首先建立回归模型,输入命令

· LS Y C X

回车后,在打开的方程窗口中选择 View → Residual Diagnostics → Heteroskedasticity Tests,在弹出的异方差检验对话框上方的 Test type 中选择 Harvey(图 2.33),然后在下方的 Regressors 文本框中输入 log(X) 等,得到如图 2.34 所示的输出结果,则 Park 检验的辅助回归方程为

$$\ln e_i^2 = 1.325\ 2 + 0.993\ 0\ \ln X_i$$
$$t = (0.645\ 9) \quad (3.950\ 5)$$
$$R^2 = 0.349\ 9 \quad F = 15.606\ 7$$

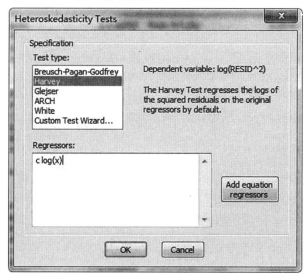

图 2.33 异方差检验对话框

```
Heteroskedasticity Test: Harvey

F-statistic          15.60665    Prob. F(1,29)         0.0005
Obs*R-squared        10.84605    Prob. Chi-Square(1)   0.0010
Scaled explained SS   7.800976   Prob. Chi-Square(1)   0.0052

Test Equation:
Dependent Variable: LRESID2
Method: Least Squares
Date: 06/13/19   Time: 11:23
Sample: 1 31
Included observations: 31

Variable       Coefficient   Std. Error    t-Statistic    Prob.

C              1.325231      2.051915      0.645851       0.5235
LOG(X)         0.992987      0.251356      3.950525       0.0005

R-squared           0.349873    Mean dependent var      9.354412
Adjusted R-squared  0.327455    S.D. dependent var      1.915110
S.E. of regression  1.570560    Akaike info criterion   3.803082
Sum squared resid   71.53310    Schwarz criterion       3.895598
Log likelihood      -56.94778   Hannan-Quinn criter.    3.833240
F-statistic         15.60665    Durbin-Watson stat      1.972063
Prob(F-statistic)   0.000458
```

图 2.34 Park 检验结果

从 Park 检验的辅助回归模型可看出，解释变量 $\ln X_i$ 的回归系数是统计显著的，对被解释变量 $\ln e_i^2$ 有显著影响，原一元线性回归模型存在异方差性。此外，输出结果上方的统计量 Obs * R-squared 即 Park 检验统计量 nR^2，其相伴概率 P 值小于 0.05，也可判定存在异方差性。

模型的随机误差项存在异方差性，可采用加权最小二乘法（WLS）消除异方差性对模型的影响，提高估计参数的精度。加权最小二乘法需要事先确定权数变量，这可通过 Gleiser 检验给出的异方差具体形式来确定，也可以直接采用 $\frac{1}{|e_i|}$ [由于加权最小二乘法的权数为随机误差项标准差的倒数，即 $\frac{1}{\sigma_i}$，且 $\mathrm{Var}(\mu_i) = \sigma_i^2 \approx e_i^2$，故 $\frac{1}{\sigma_i} \approx \frac{1}{|e_i|}$]。这里根据 Gleiser 检验确定的异方差形式 $|e_i| = -5.6998 + 2.5709\sqrt{X_i}$，取权数变量为 $\frac{1}{\sqrt{X}}$。

EViews 软件的具体执行步骤如下。

首先利用 OLS 法建立回归模型，输入命令

· LS Y C X

回车后打开方程窗口。

使用加权最小二乘法估计模型。在方程窗口中单击 Estimate 键，在弹出的方程估计对话框中单击 Options 进入参数设置对话框，在其右侧 Weights 的 Type（权重类型）选择框中选择 Inverse std. dev.（标准差的倒数）一项，并在 Weight series（权重序列）后面的文本框中输入权数变量 1/sqr(x)（即 $\frac{1}{\sqrt{X}}$），如图 2.35 所示。

确定后，得到加权最小二乘法估计结果，如图 2.36 所示。

命令方式 LS[W = 1/sqr(x)] Y C X，回车后，也显示如图 2.36 所示的加权最小二乘法

估计结果。回归方程为

$$\hat{y}_i = 30.6251 + 0.1119 X_i$$
$$(24.3731) \quad (0.0090)$$
$$t = (1.2565) \quad (12.4630)$$
$$R^2 = 0.8427 \quad F = 155.3251$$

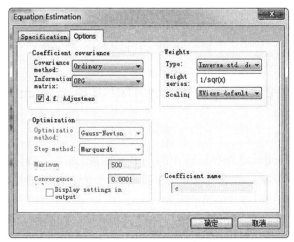

图 2.35　方程估计选项对话框

Dependent Variable: Y
Method: Least Squares
Date: 06/17/19   Time: 00:11
Sample: 1 31
Included observations: 31
Weighting series: 1/SQR(X)
Weight type: Inverse standard deviation (EViews default scaling)

Variable	Coefficient	Std. Error	t-Statistic	Prob.
C	30.62505	24.37308	1.256511	0.2190
X	0.111941	0.008982	12.46295	0.0000

Weighted Statistics

R-squared	0.842669	Mean dependent var	375.1335
Adjusted R-squared	0.837244	S.D. dependent var	186.5353
S.E. of regression	139.5286	Akaike info criterion	12.77676
Sum squared resid	564578.8	Schwarz criterion	12.86927
Log likelihood	-196.0397	Hannan-Quinn criter.	12.80692
F-statistic	155.3251	Durbin-Watson stat	2.388035
Prob(F-statistic)	0.000000	Weighted mean dep.	197.0335

Unweighted Statistics

R-squared	0.759007	Mean dependent var	585.1065
Adjusted R-squared	0.750697	S.D. dependent var	454.0268
S.E. of regression	226.6968	Sum squared resid	1490352.
Durbin-Watson stat	2.431212		

图 2.36　加权最小二乘法估计结果

显然,它与未加权的普通最小二乘法估计结果有显著的不同。可以看出,斜率项的 t 统计量值、样本可决系数 R^2、F 统计量的值比未加权的回归模型显著增加了。

为了分析异方差性的校正情况,利用 WLS 估计出模型以后,还需要利用 White 检验再次判断模型是否存在异方差性,因此需要再进行 White 检验。在方程窗口中依次单击 View → Residual Diagnostics → Heteroskedasticity Tests,出现异方差检验对话框,选择

White 检验,检验结果如图 2.37 所示。由输出结果可知,nR^2 的相伴概率 P 值远大于 0.05,表明经过加权最小二乘法估计后的农业总产值函数模型已不存在异方差。

```
Heteroskedasticity Test: White

F-statistic          0.906712   Prob. F(2,28)          0.4154
Obs*R-squared        1.885598   Prob. Chi-Square(2)    0.3895
Scaled explained SS  1.303504   Prob. Chi-Square(2)    0.5211
```

图 2.37　White 检验结果

2.4　EViews 在检验、修正序列相关性中的应用

经典线性回归基本假设之一是要求模型的随机误差项相互独立或不存在序列相关,但在现实经济研究中,随机误差项往往不满足上述假定,这时则称模型存在自相关。当线性回归模型的随机误差项存在自相关时,直接用 OLS 法去估计参数的话,将会带来以下后果。

(1) 最小二乘法估计量不再是有效估计量,但仍然是无偏的。
(2) 随机误差项的方差一般会低估。
(3) 模型统计检验的可靠性降低。
(4) 模型的预测精度降低。

因而,在作线性回归时(尤指时间序列数据建模时,而截面数据建模时通常不会出现序列相关问题),必须检验是否存在自相关;如果存在,则必须要消除自相关。下面用一个例子说明 EViews 在自相关的检验及修正中的应用。

例 2.4.1　商品进口是国际贸易交往的一种常用形式,进口国的经济发展水平决定了其商品进口情况。研究 1978～2015 年我国商品进口总额 IM 与国内生产总值 GDP 的关系,有关数据资料见表 2.5。试根据样本数据建立我国商品进口需求模型,检验模型是否存在序列相关性,若存在,请尝试消除模型中的序列相关性。

表 2.5　1978～2015 年我国商品进口总额与国内生产总值数据　　　　单位:亿元

年份	进口总额 IM	国内生产总值 GDP	年份	进口总额 IM	国内生产总值 GDP
1978	187.40	3 678.7	1997	11 806.50	79 715.0
1979	242.90	4 100.5	1998	11 626.10	85 195.5
1980	298.80	4 587.6	1999	13 736.50	90 564.4
1981	367.70	4 935.8	2000	18 638.80	100 280.1
1982	357.50	5 373.4	2001	20 159.20	110 863.1
1983	421.80	6 020.9	2002	24 430.30	121 717.4
1984	625.50	7 278.5	2003	34 195.60	137 422.0
1985	1 257.80	9 098.9	2004	46 435.80	161 840.2
1986	1 498.30	10 376.2	2005	54 273.70	187 318.9
1987	1 614.20	12 174.6	2006	63 376.86	219 438.5
1988	2 055.10	15 180.4	2007	73 300.10	270 232.3

续表2.5

年份	进口总额 IM	国内生产总值 GDP	年份	进口总额 IM	国内生产总值 GDP
1989	2 199.90	17 179.7	2008	79 526.53	319 515.5
1990	2 574.30	18 872.9	2009	68 618.37	349 081.4
1991	3 398.70	22 005.6	2010	94 699.30	413 030.3
1992	4 443.30	27 194.5	2011	113 161.39	489 300.6
1993	5 986.20	35 673.2	2012	114 801.00	540 367.4
1994	9 960.10	48 637.5	2013	121 037.50	595 244.4
1995	11 048.10	61 339.9	2014	120 358.03	643 974.0
1996	11 557.40	71 813.6	2015	104 336.10	689 052.1

资料来源：孙敬水．计量经济学[M]．清华大学出版社，2018：175．

解 根据表2.5中的样本数据，作国内生产总值GDP与商品进口总额IM的时序图和散点图。如图2.38所示，1978～2015年，我国GDP与IM呈现稳定上升趋势；如图2.39所示，GDP与IM呈现近似线性关系，因此可设定一元线性回归模型为 $IM_t = \beta_0 + \beta_1 GDP_t + \mu_t$。

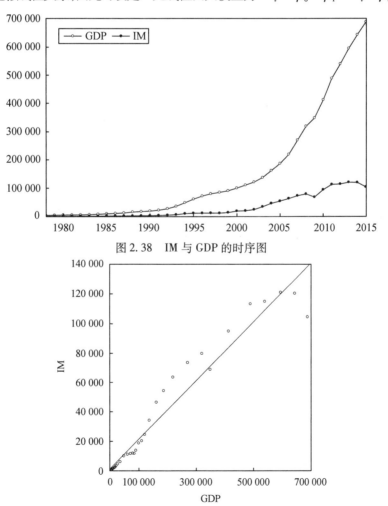

图2.38 IM 与 GDP 的时序图

图2.39 IM 与 GDP 的散点图

上述模型的最小二乘法估计结果如图 2.40 所示,可写为

$$\hat{IM}_t = 1\ 416.190 + 0.199\ 5\ GDP_t$$
$$(1\ 942.131) \quad (0.007\ 7)$$
$$t = (0.729\ 2) \quad (26.054\ 6)$$
$$R^2 = 0.949\ 6 \quad F = 678.844\ 2 \quad DW = 0.458\ 0$$

图 2.40 方程输出结果

由于本例使用时间序列数据,容易出现自相关问题,需要进一步对模型进行自相关检验。下面介绍检验自相关的常用方法。

1. 图示检验法

(1) 残差时序图。在如图 2.40 所示的方程窗口中选择 View → Actual, Fitted, Residual → Residual Graph,得到如图 2.41 所示的残差时序图。从图中可以看出,随着时间 t 的变化,相邻两期残差 e_t 的值有相同的符号,因此可初步判断随机误差项 μ_t 存在一定程度的正自相关。

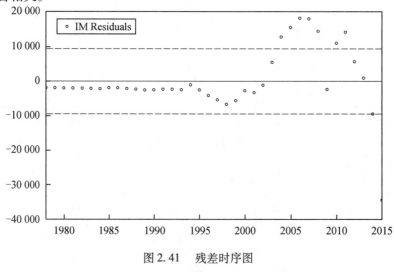

图 2.41 残差时序图

(2) e_t 与 e_{t-1} 散点图。在 EViews 命令窗口键入命令

· Genr e = resid

· Scat e(- 1) e

回车后得到如图 2.42 所示的残差相关图。观察该图可明显发现,大部分点落在第一和第三象限,说明模型的随机误差项 μ_t 存在正自相关性。

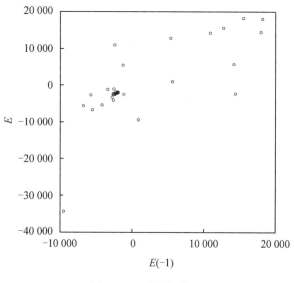

图 2.42　残差相关图

2. DW 检验

由图 2.40 所示的方程窗口可知 DW = 0.458 0,查 Durbin – Watson 分布表,$n = 38$,$k = 1$,给定显著性水平 $\alpha = 0.05$,得临界值 $d_L = 1.43$,$d_U = 1.54$。故 DW = 0.458 0 < d_L = 1.43,从而模型随机误差项存在一阶正自相关。

3. 相关图和 Q 统计量检验

在方程窗口中单击 View → Residual Diagnostics → Correlogram-Q-statistics,会弹出滞后项设定对话框,本例中滞后期默认为 16,点击 OK 后,则会得到残差 e_t 与滞后值 e_{t-1}, e_{t-2},…,e_{t-16} 的各期自相关系数和偏相关系数,如图 2.43 所示。

图 2.43 中,AC 为各期自相关系数,PAC 为各期偏相关系数,图形左半部分为自相关系数和偏相关系数的直方图。通过观察自相关系数和偏相关系数的直方图看出,有一阶和二阶自相关及偏相关系数的直方块接近或超过虚线部分,故判断我国商品进口模型可能存在一阶和二阶自相关性。各阶滞后的 Q 统计量的 P 值都小于 0.05,说明在 5% 的显著性水平下,拒绝原假设,残差序列存在自相关性。

4. 拉格朗日乘数检验(LM 检验)或布罗斯 - 戈弗雷检验(BG 检验)

利用 EViews 软件可以直接进行 LM(BG) 检验。同样在方程窗口中点击:View → Residual Diagnostics → Serial Correlation LM Test,分别选择滞后期为 1、2,得到检验结果如图 2.44、图 2.45 所示。其中 LM 检验统计量 LM(1) = 25.378 2,LM(2) = 25.436 0,其相伴概率 P 值均小于 0.01,但滞后期为 2 时,e_{t-2} 前的参数估计值不显著,因此模型随机误

```
Date: 06/19/19   Time: 22:18
Sample: 1978 2015
Included observations: 38

Autocorrelation    Partial Correlation        AC      PAC    Q-Stat   Prob

                                        1    0.582   0.582   13.926   0.000
                                        2    0.344   0.008   18.921   0.000
                                        3    0.213   0.014   20.884   0.000
                                        4    0.061  -0.106   21.052   0.000
                                        5    0.043   0.066   21.136   0.001
                                        6    0.065   0.055   21.337   0.002
                                        7   -0.190  -0.378   23.104   0.002
                                        8   -0.296  -0.104   27.539   0.001
                                        9   -0.339  -0.095   33.567   0.000
                                       10   -0.301   0.051   38.500   0.000
                                       11   -0.240  -0.083   41.741   0.000
                                       12   -0.142   0.024   42.926   0.000
                                       13   -0.065   0.144   43.179   0.000
                                       14   -0.040  -0.053   43.281   0.000
                                       15   -0.033  -0.075   43.354   0.000
                                       16    0.017  -0.044   43.373   0.000
```

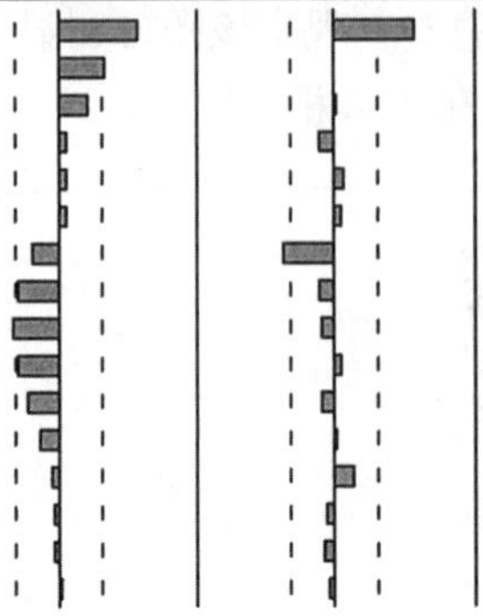

图 2.43 残差 e_t 与滞后值的各期相关系数和偏相关系数

```
Breusch-Godfrey Serial Correlation LM Test:

F-statistic         70.37361    Prob. F(1,35)          0.0000
Obs*R-squared       25.37824    Prob. Chi-Square(1)    0.0000


Test Equation:
Dependent Variable: RESID
Method: Least Squares
Date: 06/26/19   Time: 23:41
Sample: 1978 2015
Included observations: 38
Presample missing value lagged residuals set to zero.

Variable         Coefficient   Std. Error    t-Statistic    Prob.

C                 1663.514     1152.368      1.443562      0.1578
GDP              -0.017166     0.004921     -3.488646      0.0013
RESID(-1)         1.147074     0.136737      8.388898      0.0000

R-squared            0.667849    Mean dependent var    -1.01E-11
Adjusted R-squared   0.648868    S.D. dependent var     9252.763
S.E. of regression   5482.850    Akaike info criterion  20.13229
Sum squared resid    1.05E+09    Schwarz criterion      20.26158
Log likelihood      -379.5136    Hannan-Quinn criter.   20.17829
F-statistic          35.18680    Durbin-Watson stat      1.753475
Prob(F-statistic)    0.000000
```

图 2.44 滞后期为 1 的 LM 检验结果

差项肯定存在一阶自相关性,至于是否存在二阶自相关性,需在后面用广义最小二乘法修正序列相关时再确定。

经过检验,可判断原模型存在序列相关问题,需采用广义差分法来对序列相关进行修正。广义差分法的 EViews 软件实现非常便捷,在方程窗口单击 Estimate,在 Equation Estimation 对话框中输入 IM C GDP AR(1) AR(2),然后点击 Options 按钮(图 2.46),在 ARMA 的 Method 选择框选择 GLS(广义最小二乘法)(图 2.47),得到估计结果如图 2.48 所示。上述列表法命令中加入 AR 项是为了消除自相关性,AR(1) 项是消除一阶自相关,AR(2) 是消除二阶自相关,本例中加上 AR(1) 和 AR(2) 项。

从图 2.48 可以看出,估计过程经过 25 次迭代后收敛。调整后模型的 DW = 1.711 2,

第一部分　EViews 使用基础及应用

```
Breusch-Godfrey Serial Correlation LM Test:

F-statistic        34.41673   Prob. F(2,34)         0.0000
Obs*R-squared      25.43600   Prob. Chi-Square(2)   0.0000

Test Equation:
Dependent Variable: RESID
Method: Least Squares
Date: 06/25/19   Time: 23:16
Sample: 1978 2015
Included observations: 38
Presample missing value lagged residuals set to zero.

Variable      Coefficient   Std. Error   t-Statistic   Prob.

C              1537.061     1209.574     1.270745     0.2124
GDP           -0.016003     0.005786    -2.765718     0.0091
RESID(-1)      1.206049     0.203502     5.926458     0.0000
RESID(-2)     -0.095410     0.241342    -0.395333     0.6951

R-squared              0.669368    Mean dependent var    -1.01E-11
Adjusted R-squared     0.640195    S.D. dependent var     9252.763
S.E. of regression     5550.154    Akaike info criterion  20.18034
Sum squared resid      1.05E+09    Schwarz criterion      20.35272
Log likelihood        -379.4265    Hannan-Quinn criter.   20.24167
F-statistic            22.94449    Durbin-Watson stat      1.840546
Prob(F-statistic)      0.000000
```

图 2.45　滞后期为 2 的 LM 检验结果

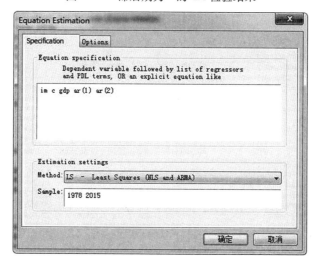

图 2.46　Equation Estimation 对话框

此时 $n = 38, k = 1, \alpha = 0.05$,查 DW 统计量表得 $d_L = 1.43, d_U = 1.54$,而 $1.54 = d_U <$ DW $= 1.7112 < 4 - d_U = 2.46$,这表明模型已不存在自相关性。在采用广义差分法消除序列相关时,如果只加入 AR(1) 项,不加入 AR(2) 项时,得到的广义差分回归结果中 DW $= 1.2870$,而 DW $= 1.2870 < d_L = 1.43$,则广义差分后的模型仍存在自相关性,说明只加入 AR(1) 项是不完全的,同时也说明原模型随机误差项确实存在一阶和二阶自相关性。

根据图 2.48 的输出结果,可将我国商品进口需求模型写为

$$\widehat{IM}_t = 3\,186.469 + 0.169\,5\,GDP_t$$
$$(8\,172.309)\quad(0.044\,9)$$

$$t = (0.389\ 9) \quad (3.777\ 9)$$

$$\bar{R}^2 = 0.978\ 8 \quad F = 571.210\ 1 \quad DW = 1.711\ 2$$

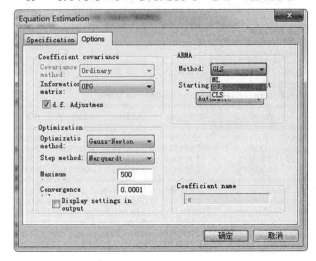

图 2.47　Equation Estimation 对话框

```
Dependent Variable: IM
Method: ARMA Generalized Least Squares (Gauss-Newton)
Date: 06/26/19   Time: 23:44
Sample: 1978 2015
Included observations: 38
Convergence achieved after 25 iterations
Coefficient covariance computed using outer product of gradients
d.f. adjustment for standard errors & covariance
```

Variable	Coefficient	Std. Error	t-Statistic	Prob.
C	3186.469	8172.309	0.389910	0.6990
GDP	0.169463	0.044856	3.777952	0.0006
AR(1)	1.192100	0.216577	5.504271	0.0000
AR(2)	-0.349848	0.249207	-1.403848	0.1694

R-squared	0.980545	Mean dependent var		32858.23
Adjusted R-squared	0.978828	S.D. dependent var		41231.19
S.E. of regression	5999.319	Akaike info criterion		20.38269
Sum squared resid	1.22E+09	Schwarz criterion		20.55507
Log likelihood	-383.2711	Hannan-Quinn criter.		20.44402
F-statistic	571.2101	Durbin-Watson stat		1.711167
Prob(F-statistic)	0.000000			

Inverted AR Roots	.67	.52		

图 2.48　广义差分迭代估计结果

2.5　EViews 在检验时间序列平稳性中的应用

　　时间序列数据是经济分析中最常见,也是最重要的一类数据,主要涉及时间序列的平稳性及其检验、协整理论与误差修正模型、向量自回归 VAR 模型等。本节及 2.6 节、2.7 节将对这几方面的内容加以介绍。

　　如果一个时间序列 $\{Y_t, t = 1, 2, \cdots\}$ 满足下列条件:

(1) 均值 $E(Y_t)=\mu$ 是与时间 t 无关的常数。
(2) 方差 $\mathrm{Var}(Y_t)=E(Y_t-\mu)^2=\sigma^2$ 是与时间 t 无关的常数。
(3) 协方差 $\mathrm{Cov}(Y_t,Y_{t+k})=E[(Y_t-\mu)(Y_{t+k}-\mu)]=r_k$ 是只与时间间隔 k 有关,但与时间 t 无关的常数,则称该时间序列 $\{Y_t,t=1,2,\cdots\}$ 是平稳的。

对时间序列的平稳性检验一般有三种方法:时序图判断、利用样本自相关函数、单位根检验(Unit Root Test, ADF 检验)。下面通过一个例子具体进行介绍。

例 2.5.1 表 2.6 给出了 1978～2015 年国内生产总值 GDP 的时间序列数据,试用样本自相关图及 ADF 单位根方法检验该时间序列的平稳性,并检验其单整性,确定单整阶数。

表 2.6　1978～2015 年我国国内生产总值 GDP 数据　　　　单位:亿元

年份	国内生产总值 GDP	年份	国内生产总值 GDP
1978	3 678.7	1997	79 715.0
1979	4 100.5	1998	85 195.5
1980	4 587.6	1999	90 564.4
1981	4 935.8	2000	100 280.1
1982	5 373.4	2001	110 863.1
1983	6 020.9	2002	121 717.4
1984	7 278.5	2003	137 422.0
1985	9 098.9	2004	161 840.2
1986	10 376.2	2005	187 318.9
1987	12 174.6	2006	219 438.5
1988	15 180.4	2007	270 232.3
1989	17 179.7	2008	319 515.5
1990	18 872.9	2009	34 9081.4
1991	22 005.6	2010	413 030.3
1992	27 194.5	2011	489 300.6
1993	35 673.2	2012	540 367.4
1994	48 637.5	2013	595 244.4
1995	61 339.9	2014	643 974.0
1996	71 813.6	2015	689 052.1

资料来源:孙敬水. 计量经济学[M]. 北京:清华大学出版社, 2018:289.

解

1. 画时序图及其样本自相关图

先考察 GDP 序列的时序图。在序列 GDP 的窗口选择 View→Graph,在弹出的 Graph Options 对话框中选择 Line,得到如图 2.49 所示的 GDP 的时序图。画 GDP 的时序图也可在 EViews 命令窗口输入 Line GDP。

再考察 GDP 序列的样本自相关图。在序列 GDP 的窗口选择 View→Correlogram,在弹出的设定对话框中的 Correlogram of 栏内默认选择 Level(原序列),在 Lags to include 栏内默认滞后阶数为 25,则得到如图 2.50 所示的样本自相关图。

平稳的时间序列在时序图上往往表现为一种围绕其均值不断波动的过程,非平稳的

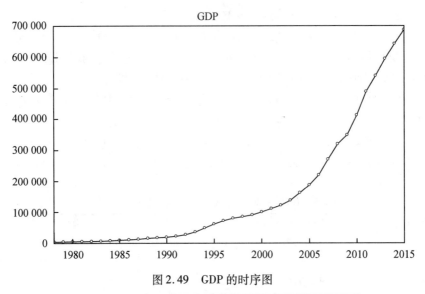

图 2.49　GDP 的时序图

Correlogram of GDP

Date: 07/09/19 Time: 00:54
Sample: 1978 2015
Included observations: 38

	AC	PAC	Q-Stat	Prob
1	0.888	0.888	32.413	0.000
2	0.775	-0.068	57.750	0.000
3	0.662	-0.060	76.778	0.000
4	0.553	-0.049	90.457	0.000
5	0.449	-0.050	99.723	0.000
6	0.360	0.002	105.86	0.000
7	0.284	-0.005	109.81	0.000
8	0.210	-0.054	112.04	0.000
9	0.146	-0.013	113.15	0.000
10	0.095	0.001	113.65	0.000
11	0.051	-0.019	113.79	0.000
12	0.012	-0.022	113.80	0.000
13	-0.022	-0.022	113.83	0.000
14	-0.054	-0.030	114.01	0.000
15	-0.084	-0.031	114.48	0.000
16	-0.113	-0.031	115.36	0.000
17	-0.139	-0.032	116.76	0.000
18	-0.165	-0.037	118.83	0.000
19	-0.191	-0.039	121.74	0.000
20	-0.215	-0.038	125.64	0.000
21	-0.236	-0.034	130.64	0.000
22	-0.254	-0.028	136.79	0.000
23	-0.268	-0.025	144.06	0.000
24	-0.278	-0.030	152.44	0.000
25	-0.286	-0.033	161.98	0.000

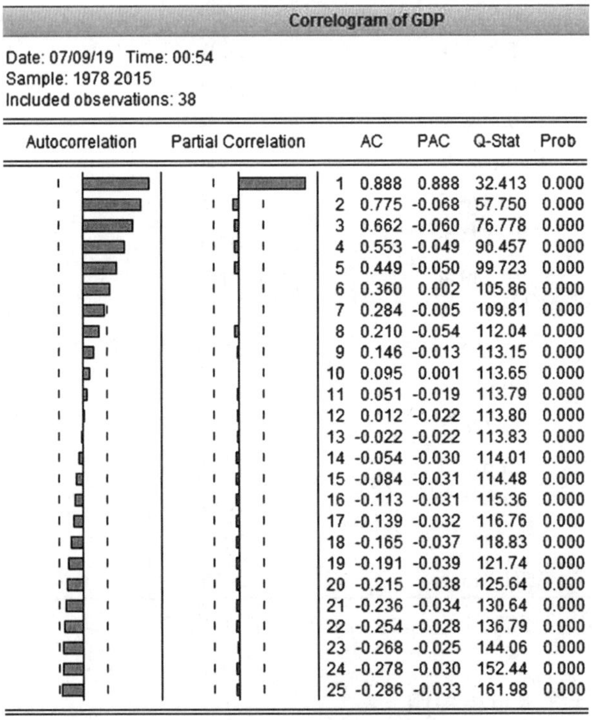

图 2.50　GDP 的样本自相关图

时序图则往往表现出在不同的时间段内有不同的均值（如持续上升或持续下降）；而平稳的时间序列的样本自相关函数下降且趋于 0，从下降速度来看，平稳序列比非平稳序列快得多。图 2.49 所示的 1978 ～ 2015 年我国 GDP 时序图表现了一个持续上升的过程，因此可初步判断是非平稳的。图 2.50 所示的样本自相关图表现出缓慢衰减的趋势，可以进一步确定 1978 ～ 2015 年我国 GDP 时间序列是非平稳的这一结论。

2. ADF 单位根检验

在序列 GDP 的窗口选择 View → Unit Root Test，弹出如图 2.51 所示的对话框。图中共有 4 个选项区：①Test type（检验方法），缺省选择为 ADF 检验；②Test for unit root in（所检验的序列），包括原序列（Level）、一阶差分序列（1st difference）、二阶差分序列（2nd difference）；③Include in test equation（选择检验方程），包括只含截距项（Intercept）、含趋势项和截距项（Trend and intercept）、不含趋势项和截距项（None）；④Lag length（检验方程中差分项的最大滞后阶数），包括自动选择（Automatic selection）和人工设定（User specified）两种方式。

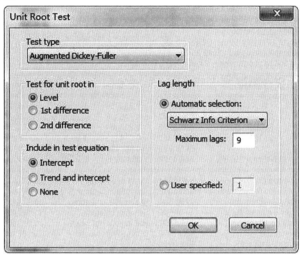

图 2.51　ADF 单位根检验对话框

对序列 GDP 进行 ADF 检验，默认为 ADF 检验，选择原序列（Level），根据图 2.49 所示的 GDP 的时序图，选择含趋势项和截距项（Trend and intercept），采用 SIC 准则确定差分项滞后阶数，得到检验结果如图 2.52 所示。结果显示：ADF 检验统计量值为 -1.802 6，它大于 1%、5%、10% 显著性水平下的临界值，故应接受含有一个单位根的原假设，即序列 GDP 是非平稳的。由 ADF 统计量的相伴概率 P 值远大于 0.05，也能得出同样的结论。

下面为确定序列 GDP 的单整阶数，对其一阶差分序列进行 ADF 检验，此时在 Unit Root Test 对话框中选择一阶差分序列（1st difference），检验式选择只带截距项的形式（Intercept），得到的检验结果如图 2.53 所示，ADF 统计量值 -0.079 5 大于临界值，相伴概率 P 值也远大于 0.05，应接受含有一个单位根的原假设，即 GDP 的一阶差分序列仍然是非平稳的。需要对序列 GDP 进行二阶差分，对其二阶差分序列进行 ADF 检验，继续在 Unit Root Test 对话框中选择二阶差分序列（2nd difference），检验式仍选择只带截距项的形式（Intercept），得到的检验结果如图 2.54 所示。

图 2.54 检验结果显示：ADF 统计量值 -7.413 9 小于临界值，相伴概率 P 值也远小于 0.05，应拒绝含有一个单位根的原假设，即 GDP 的二阶差分序列是平稳序列。这样，非平稳序列 GDP 经过两次差分后变为平稳序列，因此序列 GDP 为 2 阶单整序列，记为：$GDP_t \sim I(2)$。

Augmented Dickey-Fuller Unit Root Test on GDP

Null Hypothesis: GDP has a unit root
Exogenous: Constant, Linear Trend
Lag Length: 3 (Automatic - based on SIC, maxlag=9)

		t-Statistic	Prob.*
Augmented Dickey-Fuller test statistic		-1.802554	0.6813
Test critical values:	1% level	-4.252879	
	5% level	-3.548490	
	10% level	-3.207094	

*MacKinnon (1996) one-sided p-values.

Augmented Dickey-Fuller Test Equation
Dependent Variable: D(GDP)
Method: Least Squares
Date: 07/11/19   Time: 02:48
Sample (adjusted): 1982 2015
Included observations: 34 after adjustments

Variable	Coefficient	Std. Error	t-Statistic	Prob.
GDP(-1)	-0.063018	0.034960	-1.802554	0.0822
D(GDP(-1))	0.742697	0.176368	4.211059	0.0002
D(GDP(-2))	-0.160235	0.203444	-0.787610	0.4375
D(GDP(-3))	0.699352	0.214313	3.263230	0.0029
C	-5918.029	4193.189	-1.411343	0.1692
@TREND("1978")	664.4198	294.7929	2.253853	0.0322

R-squared	0.890864	Mean dependent var	20121.07
Adjusted R-squared	0.871376	S.D. dependent var	21737.84
S.E. of regression	7796.104	Akaike info criterion	20.91942
Sum squared resid	1.70E+09	Schwarz criterion	21.18878
Log likelihood	-349.6302	Hannan-Quinn criter.	21.01128
F-statistic	45.71228	Durbin-Watson stat	1.866714
Prob(F-statistic)	0.000000		

图 2.52　GDP 的 ADF 单位根检验结果

Augmented Dickey-Fuller Unit Root Test on D(GDP)

Null Hypothesis: D(GDP) has a unit root
Exogenous: Constant
Lag Length: 2 (Automatic - based on SIC, maxlag=9)

		t-Statistic	Prob.*
Augmented Dickey-Fuller test statistic		-0.079485	0.9438
Test critical values:	1% level	-3.639407	
	5% level	-2.951125	
	10% level	-2.614300	

*MacKinnon (1996) one-sided p-values.

图 2.53　GDP 一阶差分序列的 ADF 单位根检验结果

Augmented Dickey-Fuller Unit Root Test on D(GDP,2)

Null Hypothesis: D(GDP,2) has a unit root
Exogenous: Constant
Lag Length: 1 (Automatic - based on SIC, maxlag=9)

		t-Statistic	Prob.*
Augmented Dickey-Fuller test statistic		-7.413929	0.0000
Test critical values:	1% level	-3.639407	
	5% level	-2.951125	
	10% level	-2.614300	

*MacKinnon (1996) one-sided p-values.

图 2.54　GDP 二阶差分序列的 ADF 单位根检验结果

2.6 EViews 在协整及误差修正模型中的应用

如果序列 $X_{1t}, X_{2t}, \cdots, X_{kt}$ 都是 d 阶单整的,存在向量 $\boldsymbol{\alpha} = (\alpha_1, \alpha_2, \cdots, \alpha_k)$,使 $Z_t = \boldsymbol{\alpha} X'_t \sim I(d-b)$,其中 $d \geq b > 0, \boldsymbol{X}_t = (X_{1t}, X_{2t}, \cdots, X_{kt})$,则称序列 $X_{1t}, X_{2t}, \cdots, X_{kt}$ 是 (d,b) 阶协整,记为 $\boldsymbol{X}_t \sim CI(d,b)$,$\boldsymbol{\alpha}$ 称为协整向量(Cointegrated Vector)。

如果变量间存在协整关系,就可以用经典的回归分析方法建立因果关系回归模型,所以对非平稳序列进行协整检验很重要。下面通过一个例子,介绍协整检验方法和误差修正模型的估计方法及其在 EViews 中的实现。

例 2.6.1 检验表 2.7 中的我国城镇居民人均可支配收入与人均消费性支出两个时间序列之间的协整关系。如果是协整的,试建立相应的误差修正模型。

表 2.7 1978~2015 年我国城镇居民人均可支配收入与人均消费性支出数据 单位:元

年份	人均可支配收入 PI	人均消费性支出 PC	年份	人均可支配收入 PI	人均消费性支出 PC
1978	343.4	311.16	1997	5 160.3	4 185.64
1979	405.0	361.80	1998	5 425.1	4 331.61
1980	477.6	412.44	1999	5 854.0	4 615.91
1981	500.4	456.84	2000	6 280.0	4 998.00
1982	535.3	471.00	2001	6 895.6	5 309.01
1983	564.6	505.92	2002	7 702.8	6 029.88
1984	652.1	559.44	2003	8 472.2	6 510.94
1985	739.1	673.20	2004	9 421.6	7 182.10
1986	900.1	798.96	2005	10 493.0	7 942.90
1987	1 002.1	884.40	2006	11 759.5	8 696.60
1988	1 180.2	1 103.98	2007	13 785.8	9 997.50
1989	1 373.9	1 210.95	2008	15 780.8	11 242.90
1990	1 510.2	1 278.89	2009	17 174.7	12 264.60
1991	1 700.6	1 453.81	2010	19 109.4	13 471.50
1992	2 026.6	1 671.73	2011	21 809.8	15 160.90
1993	2 577.4	2 110.81	2012	24 564.7	16 674.30
1994	3 496.2	2 851.34	2013	26 955.1	18 487.50
1995	4 283.0	3 537.57	2014	29 381.0	19 968.10
1996	4 838.9	3 919.47	2015	31 790.3	21 392.40

资料来源:《中国统计年鉴 2016》。

解 我国城镇居民人均可支配收入与人均消费性支出,其原序列和自然对数序列的时序图如图 2.55 所示。从图形看,ln PI、ln PC 为非平稳序列。而从图 2.56 所示的 1 阶差分序列看,Δln PI、Δln PC 为平稳序列。再进一步对 ln PI、ln PC 序列及其 1 阶差分序列进行 ADF 单位根检验,ln PI、ln PC 序列的 ADF 统计量伴随概率 P 值均远大于 0.05,应接受含有一个单位根的原假设(均选择有常数项、有趋势项),而其 1 阶差分序列的 ADF 统计量伴随概率 P 值均小于 0.05,应拒绝含有一个单位根的原假设(均选择有常数项),验证

ln PI、ln PC 均为非平稳的 1 阶单整序列,即 ln PI$_t$ ~ $I(1)$、ln PC$_t$ ~ $I(1)$,满足了协整的前提。

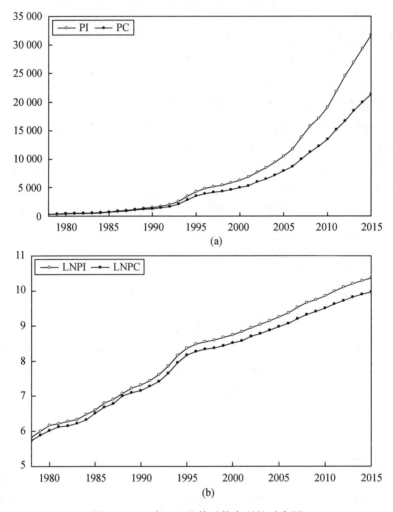

图 2.55 PI 与 PC 及其对数序列的时序图

对两序列进行协整检验(E - G 检验)。协整检验分为两步:

第一步,进行协整回归。用 OLS 法估计回归模型 ln PC$_t$ = b_0 + $b_1$ln PI$_t$ + μ_t,从而得到残差序列。点击 EViews 主菜单 Quick → Estimate Equation,在打开的方程估计对话框中输入 ln PC c ln PI,确定后得到如图 2.57 所示的估计结果。

上述回归方程估计出来以后,系统自动将该方程的残差序列保存在工作文件目录中的 resid 中,可以将残差序列重新命名为 e,即点击 EViews 主菜单中的 Quick → Generate Series,在弹出的 Generate Series by Equation 对话框中输入 e = resid,点击 OK 后得到残差序列 e_t。

第二步,对以上残差序列 e_t 进行 ADF 单位根检验。在残差序列 e_t 窗口点击 View → Unit Root Test,打开单位根检验对话框,在此选择水平序列(Level),检验形式选择不含漂移项和趋势项(None),点击 OK 后得到检验结果,如图 2.58 所示。

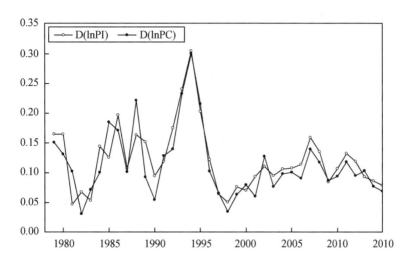

图 2.56　ln PI 与 ln PC 的 1 阶差分序列时序图

Dependent Variable: LNPC
Method: ARMA Generalized Least Squares (Gauss-Newton)
Date: 07/17/19　Time: 00:23
Sample: 1978 2015
Included observations: 38
Convergence achieved after 11 iterations
Coefficient covariance computed using outer product of gradients
d.f. adjustment for standard errors & covariance

Variable	Coefficient	Std. Error	t-Statistic	Prob.
C	0.300372	0.069605	4.315371	0.0001
LNPI	0.935509	0.008360	111.9047	0.0000
AR(1)	0.406175	0.161571	2.513912	0.0168
AR(2)	0.362772	0.164520	2.205035	0.0343

R-squared	0.999724	Mean dependent var		7.990811
Adjusted R-squared	0.999700	S.D. dependent var		1.318477
S.E. of regression	0.022849	Akaike info criterion		-4.599384
Sum squared resid	0.017750	Schwarz criterion		-4.427007
Log likelihood	91.38830	Hannan-Quinn criter.		-4.538054
F-statistic	41056.04	Durbin-Watson stat		2.058935
Prob(F-statistic)	0.000000			

图 2.57　回归方程估计结果

Augmented Dickey-Fuller Unit Root Test on E

Null Hypothesis: E has a unit root
Exogenous: None
Lag Length: 0 (Fixed)

		t-Statistic	Prob.*
Augmented Dickey-Fuller test statistic		-6.272495	0.0000
Test critical values:	1% level	-2.628961	
	5% level	-1.950117	
	10% level	-1.611339	

*MacKinnon (1996) one-sided p-values.

图 2.58　残差序列 e_t 的 ADF 单位根检验结果

从 ADF 检验结果来看,应拒绝非平稳原假设,即表明残差序列 e_t 是平稳的。因此可知我国城镇居民人均可支配收入 ln PI 与人均消费性支出 ln PC 是(1,1)阶协整关系,即两个变量之间存在长期稳定的均衡关系。其长期均衡关系表达式为

$$\ln \widehat{PC}_t = 0.3004 + 0.9355 \ln PI_t$$
$$t = (4.3154) \quad (111.9047)$$

$$\bar{R}^2 = 0.9997 \quad DW = 2.0589 \quad F = 41056.04$$

建立误差修正模型(E-G 两步法)。由于 ln PI 和 ln PC 之间存在协整关系,因此可建立误差修正模型,并且以协整回归得到的滞后一期残差项作为误差修正项,即误差修正项为

$$ECM_{t-1} = \ln PC_{t-1} - 0.3004 - 0.9355 \ln PI_{t-1}$$

将其代入误差修正模型,应用 OLS 法估计参数,并根据误差修正模型中差分滞后项的显著性来确定最佳形式。具体操作为:先分别生成 ln PI 和 ln PC 的一阶差分序列 dln PI 和 dln PC,然后点击 EViews 主菜单中的 Quick → Estimate Equation,在方程估计对话框中输入 dln PC dln PI e(-1),确定后得到误差修正模型的估计结果,如图 2.59 所示。

```
Dependent Variable: DLNPC
Method: Least Squares
Date: 07/19/19   Time: 00:11
Sample (adjusted): 1979 2015
Included observations: 37 after adjustments
```

Variable	Coefficient	Std. Error	t-Statistic	Prob.
DLNPI	0.945402	0.027865	33.92846	0.0000
E(-1)	-0.635522	0.170616	-3.724873	0.0007

R-squared	0.850309	Mean dependent var	0.114337
Adjusted R-squared	0.846032	S.D. dependent var	0.057432
S.E. of regression	0.022535	Akaike info criterion	-4.694916
Sum squared resid	0.017775	Schwarz criterion	-4.607839
Log likelihood	88.85594	Hannan-Quinn criter.	-4.664217
Durbin-Watson stat	1.944096		

图 2.59 ECM 误差修正模型估计结果

根据输出结果,误差修正模型表示为

$$\Delta \ln \widehat{PC}_t = 0.9454 \Delta \ln PI_t - 0.6355 ECM_{t-1}$$
$$t = (33.9285) \quad (-3.7249)$$

$$\bar{R}^2 = 0.8460 \quad DW = 1.9441$$

估计结果显示拟合优度较高,回归系数均通过 t 检验,均在统计上显著,且误差修正项系数为负,符合反向修正机制。该误差修正模型中,差分项反映了短期波动的影响,即城镇居民人均可支配收入的短期变动($\Delta \ln PI_t$) 对人均消费性支出存在正向影响,短期内可支配收入每增加 1%,人均消费支出将增加 0.9454%;短期调整系数,即误差修正项系数是显著的,它表明每年实际发生的人均消费支出一旦偏离长期均衡值时,其偏差中的 63.55% 就会被修正。上述误差修正模型反映了人均消费性支出受人均可支配收入影响的短期变动规律。

2.7 EViews 在格兰杰因果关系检验及向量自回归模型中的应用

因果关系是指经济变量之间的依赖性,作为结果的变量是作为原因的变量所决定的,原因变量的变化引起结果变量的变化。判断一个变量的变化是否是另一个变量变化的原因,是计量经济学中常见的问题。格兰杰(Granger)从预测的角度给出了因果关系的一种定义,并将这种定义下的因果关系称为格兰杰因果关系,同时还提出了一种判断因果关系的检验,即格兰杰因果关系检验(Granger Causality Test)。

向量自回归(VAR)模型是基于数据的统计性质建立模型,并采用多个自回归方程联立的形式。VAR模型不以经济理论为基础,而是把系统中每一个内生变量作为系统中所有内生变量的滞后值的函数来构造模型,从而将单变量自回归模型推广到由多元时间序列变量组成的向量自回归模型。VAR模型是处理多个相关经济指标的分析与预测最容易操作的模型之一,因此近年来,该模型受到越来越多的经济工作者的重视,也得到了广泛的应用。下面通过一个例子说明EViews在格兰杰因果关系检验及VAR模型估计中的应用。

例 2.7.1 我国1978～2015年按当年价格计算的国内生产总值GDP与最终消费CS的数据资料见表2.8。要求:试检验两变量之间是否存在Granger因果关系;两变量取对数后建立VAR模型。

表2.8　1978～2015年我国国内生产总值与最终消费数据　　　　单位:亿元

年份	国内生产总值 GDP	最终消费 CS	年份	国内生产总值 GDP	最终消费 CS
1978	3 678.7	2 232.9	1997	79 715.0	47 508.7
1979	4 100.5	2 578.3	1998	85 195.5	51 460.4
1980	4 587.6	2 966.9	1999	90 564.4	56 621.7
1981	4 935.8	3 277.3	2000	100 280.1	63 667.7
1982	5 373.4	3 575.6	2001	110 863.1	68 546.7
1983	6 020.9	4 059.6	2002	121 717.4	74 068.2
1984	7 278.5	4 784.4	2003	137 422.0	79 513.1
1985	9 098.9	5 917.9	2004	161 840.2	89 086.0
1986	10 376.2	6 727.0	2005	187 318.9	101 447.8
1987	12 174.6	7 638.7	2006	219 438.5	114 728.6
1988	15 180.4	9 423.1	2007	270 232.3	136 229.5
1989	17 179.7	11 033.3	2008	319 515.5	157 466.3
1990	18 872.9	12 001.4	2009	349 081.4	172 728.3
1991	22 005.6	13 614.2	2010	413 030.3	198 998.1
1992	27 194.5	16 225.1	2011	489 300.6	241 022.1
1993	35 673.2	20 796.7	2012	540 367.4	271 112.8
1994	48 637.5	28 272.3	2013	595 244.4	300 337.8
1995	61 339.9	36 197.9	2014	643 974.0	328 312.6
1996	71 813.6	43 086.8	2015	689 052.1	362 266.5

资料来源:孙敬水.计量经济学[M].北京:清华大学出版社,2018:314.

解

1. 格兰杰因果关系检验

在含有 GDP 和 CS 数据的组窗口下，选择 View → Granger Causality 后，弹出 Lag Specification(指定滞后长度)对话框，选择适当的滞后长度，如选择滞后长度为2,点击 OK,则出现如图 2.60 所示的结果。注意:格兰杰因果关系检验对滞后长度的选择有时是很敏感的,即不同的滞后阶数,其因果性的判断结果也可能会不同。因此一般而言,在进行格兰杰因果关系检验时,通常对不同的滞后长度分别进行检验,以确保因果关系检验模型中的随机误差项不存在序列相关,并以此来选取适当的滞后长度。

由图 2.60 检验结果中的伴随概率可知,在 5% 的显著性水平下,拒绝"CS 不是 GDP 的 Granger 原因"的假设,也拒绝"GDP 不是 CS 的 Granger 原因"的假设,且滞后阶数为2时,检验模型的随机误差项不存在 1 阶自相关。

```
Pairwise Granger Causality Tests
Date: 07/20/19   Time: 22:57
Sample: 1978 2015
Lags: 2

Null Hypothesis:                        Obs    F-Statistic   Prob.

CS does not Granger Cause GDP            36     5.07242     0.0124
GDP does not Granger Cause CS                   9.85922     0.0005
```

图 2.60　滞后长度为 2 的 Granger 因果关系检验

在此组窗口内点击 View → Granger Causality 后,修改滞后长度,如选择滞后长度为 3,再点击 OK,则出现如图 2.61 所示的结果。

```
Pairwise Granger Causality Tests
Date: 07/21/19   Time: 00:39
Sample: 1978 2015
Lags: 3

Null Hypothesis:                        Obs    F-Statistic   Prob.

CS does not Granger Cause GDP            35     3.57038     0.0264
GDP does not Granger Cause CS                   5.34707     0.0049
```

图 2.61　滞后长度为 3 的 Granger 因果关系检验

再次点击 View → Granger Causality 后,修改滞后长度,如选择滞后长度为 4、5、6,依次得到如图 2.62 至图 2.64 所示的结果。

```
Pairwise Granger Causality Tests
Date: 07/21/19   Time: 00:47
Sample: 1978 2015
Lags: 4

Null Hypothesis:                        Obs    F-Statistic   Prob.

CS does not Granger Cause GDP            34     12.2162     1.E-05
GDP does not Granger Cause CS                   13.9798     4.E-06
```

图 2.62　滞后长度为 4 的 Granger 因果关系检验

```
Pairwise Granger Causality Tests
Date: 07/21/19   Time: 00:48
Sample: 1978 2015
Lags: 5
```

Null Hypothesis:	Obs	F-Statistic	Prob.
CS does not Granger Cause GDP	33	8.50972	0.0001
GDP does not Granger Cause CS		12.6634	7.E-06

图 2.63　滞后长度为 5 的 Granger 因果关系检验

```
Pairwise Granger Causality Tests
Date: 07/21/19   Time: 00:49
Sample: 1978 2015
Lags: 6
```

Null Hypothesis:	Obs	F-Statistic	Prob.
CS does not Granger Cause GDP	32	7.46607	0.0003
GDP does not Granger Cause CS		10.4467	4.E-05

图 2.64　滞后长度为 6 的 Granger 因果关系检验

对以上滞后 2～6 阶的检验结果总结见表 2.9。

表 2.9　Granger 因果关系检验结果

滞后长度	Granger 因果性	F 统计量值	F 的 P 值	LM(1) 的 P 值	AIC 值	结论
2	CS 不是 GDP 的 Granger 原因	5.072 4	0.012 4	0.327 2	20.960 6	拒绝
	GDP 不是 CS 的 Granger 原因	9.859 2	0.000 5	0.265 6	19.134 9	拒绝
3	CS 不是 GDP 的 Granger 原因	3.570 4	0.026 4	0.001 0	21.066 3	拒绝
	GDP 不是 CS 的 Granger 原因	5.347 1	0.004 9	0.093 5	19.220 4	拒绝
4	CS 不是 GDP 的 Granger 原因	12.216 2	0.000 0	0.136 5	20.179 3	拒绝
	GDP 不是 CS 的 Granger 原因	13.979 8	0.000 0	0.574 2	18.639 5	拒绝
5	CS 不是 GDP 的 Granger 原因	8.509 7	0.000 1	0.037 7	20.277 4	拒绝
	GDP 不是 CS 的 Granger 原因	12.663 4	0.000 0	0.322 8	18.603 5	拒绝
6	CS 不是 GDP 的 Granger 原因	7.466 1	0.000 3	0.950 0	20.296 3	拒绝
	GDP 不是 CS 的 Granger 原因	10.446 7	0.000 0	0.078 0	18.675 8	拒绝

从表 2.9 可以看出，在 5% 显著性水平下，"CS 不是 GDP 的 Granger 原因"和"GDP 不是 CS 的 Granger 原因"的假设都被拒绝。如果同时考虑检验模型随机误差项的序列相关问题及 AIC 值最小准则，就会发现滞后 4 阶检验模型的 LM(1) 的 P 值均接受不存在序列相关的原假设，并且其 AIC 值也比较小，说明此时 Granger 因果检验选择滞后 4 阶最为合适，其检验结果为国内生产总值 GDP 和最终消费 CS 具有双向 Granger 因果关系，即互为因果。

2. VAR 模型的构建

（1）数据处理。

由于国内生产总值 GDP 和最终消费 CS 是相互影响的，可以考虑建立两变量 VAR 模型。为避免数据的剧烈波动，应先对各序列进行对数化处理，生成 ln GDP 和 ln CS 序列，其时序图如图 2.65 所示。从时序图可以看出,两个时间序列都是带有总体持续上升趋势的非平稳序列,且表现出较强的一致性,明显存在某种均衡关系。

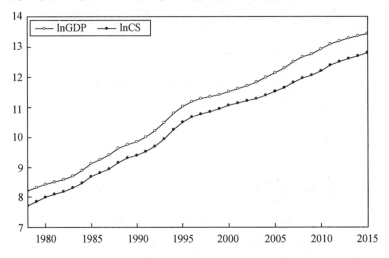

图 2.65　国内生产总值 GDP 与最终消费 CS 的对数序列时序图

(2)VAR 模型的估计。

在 EViews 工作文件窗口的工作文件目录中,选中 ln GDP 和 ln CS,然后点击鼠标左键,在弹出的菜单中选择 Open → as VAR;或在 EViews 主菜单中选择 Quick → Estimate VAR;或在命令窗口输入命令 var,回车后出现如图 2.66 所示的 VAR 模型定义对话框。

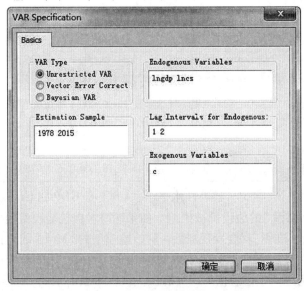

图 2.66　VAR 模型定义对话框

对话框上方的 VAR Type 中有三个选项:系统默认的非约束 VAR 模型(Unrestricted VAR),向量误差修正模型(Vector Error Correction) 和贝叶斯 VAR 模型(Bayesian VAR)。

这里使用系统默认的非约束 VAR 模型,即 VAR 模型的简化形式。在内生变量

(Endogenous Variables)空白区输入模型包含的两个内生变量 ln GDP、ln CS;在内生变量滞后区间(Lag Intervals for Endogenous)选择滞后 2 阶,即输入 1 2;外生变量本例选择默认常数项 c,最后点击确定。打开 VAR 模型估计结果窗口,显示如图 2.67 至图 2.69 所示的估计结果(一个输出结果表格的三部分)。

Vector Autoregression Estimates

Vector Autoregression Estimates
Date: 07/23/19   Time: 05:00
Sample (adjusted): 1980 2015
Included observations: 36 after adjustments
Standard errors in ( ) & t-statistics in [ ]

	LNGDP	LNCS
LNGDP(-1)	2.566152 (0.31033) [8.26917]	1.131944 (0.27137) [4.17123]
LNGDP(-2)	-1.502543 (0.29136) [-5.15696]	-0.947156 (0.25478) [-3.71747]
LNCS(-1)	-1.119511 (0.36159) [-3.09606]	0.392391 (0.31620) [1.24096]
LNCS(-2)	1.042435 (0.31912) [3.26663]	0.403535 (0.27905) [1.44608]
C	0.177106 (0.06009) [2.94711]	0.158855 (0.05255) [3.02289]

图 2.67　VAR 模型估计结果之一

R-squared	0.999404	0.999485
Adj. R-squared	0.999327	0.999419
Sum sq. resids	0.052672	0.040277
S.E. equation	0.041220	0.036045
F-statistic	12994.13	15045.84
Log likelihood	66.40777	71.23706
Akaike AIC	-3.411543	-3.679837
Schwarz SC	-3.191610	-3.459904
Mean dependent	11.06266	10.52268
S.D. dependent	1.588936	1.495079

图 2.68　VAR 模型估计结果之二

Determinant resid covariance (dof adj.)	5.22E-07
Determinant resid covariance	3.87E-07
Log likelihood	163.5951
Akaike information criterion	-8.533062
Schwarz criterion	-8.093196

图 2.69　VAR 模型估计结果之三

输出结果包括三个部分:最上面部分(图2.67)显示VAR模型的参数估计结果、估计系数的标准误差、估计系数的t统计量值;输出结果的第二部分(图2.68)是各子方程的10种OLS评价统计量的值,每一列代表一个子方程的检验统计量取值;输出结果的最下面部分(图2.69)是针对VAR模型作为整体的评价统计量的值,其中包括决定性残差协方差、对数似然函数值以及AIC和SIC信息准则。VAR模型是简化模型形式,选择滞后阶数以后,各变量的滞后项均包括在各方程中,而不管系数是否显著,因此VAR模型的估计参数对于经济现象的解释并不充分,该模型重要的地方主要在于它的应用。

在VAR模型估计结果窗口点击View → Representations,得到VAR模型的估计式为

$\ln \text{GDP} = 2.5662 \ln \text{GDP}(-1) - 1.5025 \ln \text{GDP}(-2) - 1.1195 \ln \text{CS}(-1) + 1.0424 \ln \text{CS}(-2) + 0.1771$

$\ln \text{CS} = 1.1319 \ln \text{GDP}(-1) - 0.9472 \ln \text{GDP}(-2) + 0.3924 \ln \text{CS}(-1) + 0.4035 \ln \text{CS}(-2) + 0.1589$

(3)VAR模型滞后阶数的选择。

在VAR模型估计结果窗口点击View → Lag Structure → Lag Length Criteria(滞后长度准则)功能,在弹出的对话框中输入最大滞后阶数3,点击OK,即可得到如图2.70所示的直至最大阶数3的5种评价统计量的值。Lag Length Criteria功能用来评价建立滞后期为多少阶的VAR模型最为合理,5种评价统计量各自选出的滞后阶数用"*"表示。图2.70显示的5个评价指标中有3个表明建立VAR(2)模型比较合理,因此选择滞后长度为2。

```
VAR Lag Order Selection Criteria
Endogenous variables: LNGDP LNCS
Exogenous variables: C
Date: 07/23/19   Time: 23:37
Sample: 1978 2015
Included observations: 35
```

Lag	LogL	LR	FPE	AIC	SC	HQ
0	-5.811085	NA	0.005357	0.446348	0.535225	0.477028
1	139.0619	264.9106	1.71e-06	-7.603538	-7.336907	-7.511497
2	158.1038	32.64317*	7.27e-07	-8.463073	-8.018687*	-8.309671*
3	162.5213	7.068098	7.14e-07*	-8.486933*	-7.864794	-8.272171

* indicates lag order selected by the criterion
LR: sequential modified LR test statistic (each test at 5% level)
FPE: Final prediction error
AIC: Akaike information criterion
SC: Schwarz information criterion
HQ: Hannan-Quinn information criterion

图2.70 VAR模型滞后长度选择准则

(4)VAR模型的平稳性检验。

为了检验模型的平稳性,在VAR模型估计结果窗口点击View → Lag Structure → AR Roots Table(表格形式)功能,即可得到VAR模型的全部特征根的倒数值(图2.71);而选择View → Lag Structure → AR Roots Graph(图形形式)功能,即可得到单位圆曲线以及VAR模型的全部特征根的倒数值位置图(图2.72)。

如果VAR模型的全部特征根的倒数值都在单位圆内,就表明VAR模型是稳定的,否

则就是不稳定的。不稳定的 VAR 模型不可做脉冲响应函数分析和方差分析。从图 2.71 和图 2.72(更直观)均可以看出,此 VAR 模型中特征根的倒数值全部小于 1,全部位于单位圆内,是一个平稳系统。

```
VAR Stability Condition Check

Roots of Characteristic Polynomial
Endogenous variables: LNGDP LNCS
Exogenous variables: C
Lag specification: 1 2
Date: 07/24/19   Time: 01:43

Root                          Modulus

0.981268                      0.981268
0.774348                      0.774348
0.601463 - 0.373749i          0.708129
0.601463 + 0.373749i          0.708129

No root lies outside the unit circle.
VAR satisfies the stability condition.
```

图 2.71 VAR 模型平稳性检验的表格显示

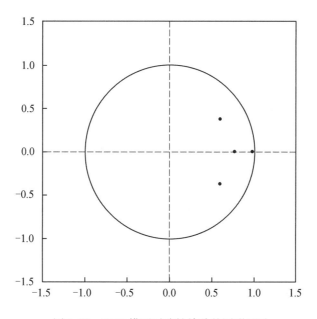

图 2.72 VAR 模型平稳性检验的图形显示

第二部分　Stata 使用基础及应用

第 3 章　Stata 软件使用基础

3.1　Stata 简介

Stata 由美国计算机资源中心(Computer Resource Center)研制,现为 Stata 公司的产品。Stata 是一个用于分析和管理数据的功能强大、操作简单、使用灵活、运行速度快而又小巧玲珑的实用统计分析软件,它广泛应用于经济、教育、人口、政治学、社会学、医学等学科领域。从 1985 年至今,已连续推出十几个版本,随着版本的不断升级,其功能也越来越多。本书使用的是 Stata 10.0 版本。

近年来,Stata 软件尤其受到从事经济学实证研究或定量分析的研究者的喜爱,因为几乎所有的计量经济学中所提到的方法,在该软件中都可以找到相应的命令,而且新的计量方法一旦被验证较为成熟,就有人将该方法写成程序,并对命令附有详细的说明。在大部分命令的帮助文件中,甚至列出了该命令源自哪位经济学者的哪篇文献中提出的计量方法。由此可见,该软件简直就是为经济学实证研究的人士定做的。

Stata 命令语句极为简洁明快,用户在学习时极易上手;Stata 命令在简洁的同时又有极高的灵活性,用户可以充分发挥自己的聪明才智,熟练应用各种技巧。尽管 Stata 也提供了窗口菜单式的操作方式,但强烈建议用户坚持使用命令行/程序操作方法,这样分析处理数据时会更加随心所欲。

有多种途径可以获得 Stata 的帮助和一些常用资源:①Stata 软件本身自带资源——帮助(help)文件,其介绍命令的使用方法和相关案例。②Stata 官方网站:http://www.stata.com 或 http://www.stata-press.com。③当一个新的 Stata 命令出来后,现有的 Stata 版本可能不含有该命令,可到网络上搜寻并更新到软件中。

3.2　Stata 的主界面

下载 Stata 10 压缩包,解压后,在 Stata 10 文件夹中,找到 wsestata 图标(wsestata.exe),双击后就会出现 Stata 的界面,如图 3.1 所示。今后大部分工作都将在这个界面上完成。

Stata 的界面窗口主要由四个窗口构成:

(1)Stata results(结果窗口)。位于界面右上部(黑色部分)。软件运行中的所有信息,如所执行的命令、执行结果和出错信息等均在这里列出。窗口中会使用不同的颜色区分不同的文本,如白色表示命令,红色表示错误信息。

(2) Command(命令窗口)。位于结果窗口下方。用于向 Stata 键入需要执行的命令,回车后即开始执行,相应的结果则会在结果窗口中显示出来。

(3) Review(命令回顾窗口)。位于界面左上方。所有执行过的命令会依次在该窗口中列出;选中某一行单击后命令即被自动拷贝到命令窗口中;如果需要重复执行,用鼠标双击相应的命令行即可。

(4) Variables(变量窗口)。位于界面左下方。列出当前数据文件中的所有变量名称。

窗口上方是工具栏,列出了常用的管理文件和数据的命令,如打开文件、存储文件、数据管理窗口等。工具栏上方是菜单栏。需要指出的是,除以上四个默认打开的窗口外,在 Stata 中还有数据编辑窗口、程序文件编辑窗口、帮助窗口、绘图窗口、Log 窗口等,如果需要使用,可以用 Window 或 Help 菜单将其打开。

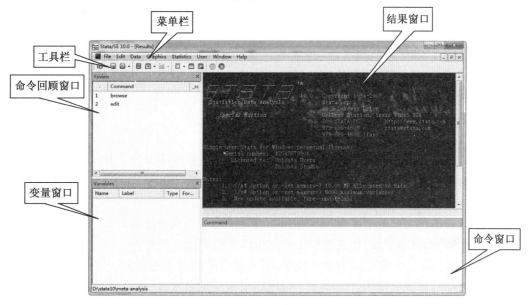

图 3.1 Stata 的主界面

3.3 Stata 文件和命令语句

若给出原始数据,用 Stata 完成计量分析,要做的工作主要包括:①把原始数据转换成 Stata 格式的数据文件;② 根据任务写出 Stata 命令;③Stata 命令运行后看懂分析结果,并把分析结果保存下来,或者写入文本文件(如 Word 文件)。上述工作涉及 Stata 的文件、命令和语句。

3.3.1 Stata 文件

Stata 文件主要包含数据文件、Do-file 文件、Log 文件和程序文件。

(1) 数据文件。用来保存数据的文件,是 Stata 处理和分析的对象,以扩展名. dta 表示。数据的结构包括变量(每一列)和观测(每一行)。

(2) Do-file 文件。用来保存命令的文件,以扩展名. do 表示。该类文件的好处是把用户曾执行过的命令保存下来,以便以后用户再重新执行这些命令。

(3) Log 文件。用来直接保存分析结果的文件,以扩展名. log 表示。这类文件可以直接用文本编辑程序(如记事本、Word 等)直接打开。

(4) 程序文件。是 Stata 命令的程序,以扩展名. ado 表示。除非用户自己要编写某个计量方法的 Stata 程序,一般来说,这类文件对于仅限于应用 Stata 做数据分析的人很少用到。

3.3.2 Stata 命令语句

命令和语句是用 Stata 做数据分析的指令,它非常简单和灵活。要做一个计量分析,首先要知道它在 Stata 中的基本命令名称是什么。比如要描述某个变量的基本统计信息(平均值、标准差、最大值、最小值等),可以使用的基本命令就是 summarize。然后将任务写成一个命令语句,对数据分析的所有要求都由命令语句来完成。

命令语句的基本格式为

summarize [varlist] [ifexp] [in range] [weight] [, options]

加[ ]项表示可有可无的项,显然只有 summarize 是必不可少的。下面结合例子分别介绍一下命令的各个组成部分。

summarize 是基本命令,只要不引起歧义,大部分基本命令都可以简写为前几个字母,如该命令可以简写为前两个字母 su;再如 list 命令只需要写第一个字母 l。在 Stata 的 help 文件中,命令下面有小划线,该线表明了命令可以省略到什么程度。

[varlist] 表示一个变量或者多个变量,多个变量之间用空格隔开。实际命令语句里指数据文件中具体的变量名。除以下字符不能用作变量名外,任何字母、字母与数字(单独的数字也不允许)组合均可用作变量名:_all、_b、byte、_coef、_cons、double、float、if、in、int、long、_n、_N、_pi、_pred、_rc、_se、_skip、using、with。

定义变量名的基本要求有:第一个字元可以是英文字母或"_",但不能是数字;最多只能包括 32 个英文字母、数字或下划线;由于 Stata 保留了很多以"_"开头的内部变量,所以最好不要用为第一个字元来定义变量。

[if exp] 和[in range] 是逻辑条件,可以用来限定用户分析的观测是哪个范围内的。

例:若只想查看国产车的品牌和价格,则加入筛选条件 if foreign == 0

· list make price if foreign == 0

若只查看价格超过 1 万元的进口车(同时满足两个条件),则

· list make price if foreign == 1 & price > 10 000

若查看价格超过 1 万元的车或者进口车(两个条件任意满足一个),则

· list make price if foreign == 1 | price > 10 000

例：如果要计算较低的前5台车的平均价格，则要先按价格排序，然后仅对前5台车的价格求平均值，那么

· sort price

· sum price in 1/5

注意：1/5 中的斜杠不是除号，而是从1到5的意思，即1,2,3,4,5。

例：如果要计算前5台车中的国产车的平均价格，则可将范围和条件筛选联合使用

· sum price in 1/5 if foreign == 0

[weight] 表示加权。加权的方式有多种，可查看help文件中关于加权的说明。在实际命令语句中，此项必须加上[ ]。

[, options] 是其他可选项。许多命令都有一些可选项，可以用来对用户想要的结果进行定义。

例：list 命令的一些可选项为

· list price in 1/30，sep(10)   // 每10个观察值之间加一横线
· list price in 10/30，sep(2)   // 每2个观察值之间加一横线
· list price，nohead   // 不要表头

3.3.3 Stata 基本操作实例

在了解了Stata的一些基本内容后，给出一个具体的Stata基本操作实例。

例3.3.1 拟做一项有关我国投资水平与人均GDP之间关系的研究。采用的样本数据为2006年全国各省人均GDP和人均固定资产投资（代表投资水平）的数据（表3.1），以此横截面数据为例，采用Stata对此数据进行分析处理。

表3.1 Excel窗口中的2006年我国经济与投资省级数据

省代码	省(市、区)	年份	人均GDP/元	人均固定资产投资/元
11	北京市	2006	50 467	20 850
12	天津市	2006	41 163	16 935
13	河北省	2006	16 962	7 930
14	山西省	2006	14 123	6 684
15	内蒙古自治区	2006	20 053	14 031
21	辽宁省	2006	21 788	13 322
22	吉林省	2006	15 720	9 528
23	黑龙江省	2006	16 195	5 849
31	上海市	2006	57 695	21 488
32	江苏省	2006	28 814	13 337
33	浙江省	2006	31 874	15 241
34	安徽省	2006	10 055	5 783
35	福建省	2006	21 471	8 381
36	江西省	2006	10 798	6 185
37	山东省	2006	23 794	11 936

续表3.1

省代码	省(市、区)	年份	人均 GDP/元	人均固定资产投资/元
41	河南省	2006	13 313	6 287
42	湖北省	2006	13 296	5 873
43	湖南省	2006	11 950	5 007
44	广东省	2006	28 332	8 570
45	广西壮族自治区	2006	10 296	4 659
46	海南省	2006	12 654	5 070
50	重庆市	2006	12 457	8 573
51	四川省	2006	10 546	5 402
52	贵州省	2006	5 787	3 187
53	云南省	2006	8 970	4 927
54	西藏自治区	2006	10 430	8 226
61	陕西省	2006	12 138	6 642
62	甘肃省	2006	8 757	3 924
63	青海省	2006	11 762	7 455
64	宁夏回族自治区	2006	11 847	8 257
65	新疆维吾尔自治区	2006	15 000	7 644

数据来源:刘泽云,孙志军. 计量经济学实验教程[M]. 北京:北京师范大学出版社,2011:8.

解 首先需要形成 Stata 数据文件。形成 Stata 数据文件的方式有多种,最简单的方式是在 Stata 窗口中直接录入数据,这种方式虽然简单,但并不实用。经常用的方式是先在其他软件(Excel)中将数据编排好(表 3.1 中的数据),然后导入到 Stata 中。具体操作如下。

复制 Excel 窗口中的数据和变量(数据连同变量名一并选取复制)→在 Stata 中打开数据编辑窗口,即点击 Stata10 窗口工具栏中右起第 4 个 Data Editor 小图标(▥),然后粘贴(图3.2)→关闭数据编辑窗口,在 Stata 工具栏中点击左起第 2 个 Save 图标(▥)将数据保存,保存的文件名为:中国经济与投资省级数据2006.dta。以后再用该数据时,只需在 Stata 窗口中打开该文件即可。

用 Stata 对数据进行统计分析,需在命令窗口键入相关 Stata 命令,回车即执行命令。首先用 summarize 命令对人均 GDP 和人均固定资产投资这两个变量进行简单的分析,计算二者的平均值、最小值、最大值等描述性统计量信息。在 Stata 命令窗口中键入如下命令

・su rjgdp rjcap

并点击回车键,就会得到如下结果,即

```
Variable |    Obs        Mean    Std. Dev.       Min        Max
   rjgdp |     31    18661.52    12276.22       5787      57695
   rjcap |     31    8941.387    4735.473       3187      21488
```

以上结果显示了人均 GDP(rjgdp)和人均固定资产投资(rjcap)两个变量的基本统计量,包括:观测数(Obs)、平均值(Mean)、标准差(Std. Dev.)、最小值(Min)、最大值(Max)。

上述结果的保存有两种方式。一种是直接保存为 Stata 的 Log 文件,这就需要在 su 命

令之前点击 Stata 窗口→File 菜单→Log→Begin,并输入要保存的文件名和选择路径。选择保存类型为 Formatted Log 或 Log 均可,点击"保存"后再输入 su 命令,即将运行结果保存为 Log 文件。若想查看保存的运行结果,须点击 File 菜单→Log→Close 后进行。另一种方式是直接将结果存入 Word 或 Excel 等文本编辑软件中,即在 Stata 结果窗口中选择上述计算结果,然后点击鼠标右键,在弹出的菜单中选择 Copy Table 后粘贴到 Word 或 Excel 中,此时会发现在 Word 或 Excel 中的结果是按表格的方式呈现。

code	prov	year	rjgdp	rjcap
11	北京	2006	50467	20850
12	天津	2006	41163	16935
13	河北	2006	16962	7930
14	山西	2006	14123	6684
15	内蒙古	2006	20053	14031
21	辽宁	2006	21788	13322
22	吉林	2006	15720	9528
23	黑龙江	2006	16195	5849
31	上海	2006	57695	21488
32	江苏	2006	28814	13337
33	浙江	2006	31874	15241
34	安徽	2006	10055	5783
35	福建	2006	21471	8381
36	江西	2006	10798	6185
37	山东	2006	23794	11936
41	河南	2006	13313	6287
42	湖北	2006	13296	5873
43	湖南	2006	11950	5007
44	广东	2006	28332	8570
45	广西	2006	10296	4659
46	海南	2006	12654	5070
50	重庆	2006	12457	8573
51	四川	2006	10546	5402
52	贵州	2006	5787	3187
53	云南	2006	8970	4927
54	西藏	2006	10430	8226
61	陕西	2006	12138	6642
62	甘肃	2006	8757	3924
63	青海	2006	11762	7455

图 3.2　粘贴到 Stata 窗口中的数据和变量

对人均 GDP(rjgdp)和人均固定资产投资(rjcap)之间关系的简单分析可以采用不同的方法,主要包括:相关分析、回归分析和图形分析。

(1) 相关分析。在命令窗口中键入如下命令,并按回车键。

・corr rjgdp rjcap

计算相关系数的基本命令为 corr。在结果窗口中会显示两个变量的相关系数矩阵,即表中结果表明,人均 GDP 和人均固定资产投资之间的相关系数为 0.931 4。

	rjgdp	rjcap
rjgdp	1.0000	
rjcap	0.9314	1.0000

（2）回归分析。在命令窗口中键入如下命令，并按回车键。

· reg rjgdp rjcap

这里的 reg 为简单回归的基本命令，第一个变量 rjgdp 为被解释变量，第二个变量 rjcap 为解释变量。得到的回归结果为

Source	SS	df	MS		Number of obs	=	31
					F(1, 29)	=	189.81
Model	3.9219e+09	1	3.9219e+09		Prob > F	=	0.0000
Residual	599220012	29	20662759		R-squared	=	0.8675
					Adj R-squared	=	0.8629
Total	4.5212e+09	30	150705507		Root MSE	=	4545.6

rjgdp	Coef.	Std. Err.	t	P>|t|	[95% Conf. Interval]	
rjcap	2.414497	.1752549	13.78	0.000	2.056061	2.772934
_cons	-2927.439	1766.946	-1.66	0.108	-6541.249	686.371

表中结果表明，回归系数的估计值为 2.414，其含义为人均固定资产投资每增加 1 元，人均 GDP 就会增加 2.414 元。表中其他统计量的含义将在以后详细介绍。

（3）图形分析。在命令窗口中键入如下命令，并按回车键。

· scatter rjgdp rjcap

scatter 为做散点图的基本命令。该散点图（图 3.3）是以第一个变量 rjgdp 为纵轴，以第二个变量 rjcap 为横轴，并根据全部样本数据画成的。

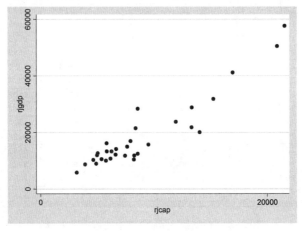

图 3.3　散点图

散点图表明人均固定资产投资和人均 GDP 之间呈明显的正相关关系。打开 Stata 的绘图窗口即可显示该散点图，点击绘图窗口上方工具栏中的 Save Graph 图标可保存图。关闭绘图窗口后，点击 Stata 窗口 → file 菜单 → Open Graph 即可再打开该图。

以上分析时所采用的 Stata 命令可以存入 do-file 文件中。点击 Stata 窗口工具栏中的 New Do-file Editor 图标（▦），打开 do 文件编辑窗口，逐一写入上述所用的命令，并保存

(文件的扩展名为.do),以后再用到这些命令或对命令进行修改,重新打开该文件即可。

3.4 Stata 数据管理

数据管理通常包括:删除某个变量;重新生成一个新变量;计算某个变量的函数值;合并数据文件等等,这也是在进行数据分析时经常会遇到的事情。下面介绍一些常用的数据管理命令,其他的可参考 Stata 的 help 文件或 User's Guide。常用的数据管理命令可以分为以下几类。

(1) 数据浏览、变量定义。
(2) 合并两个或两个以上的数据文件,生成一个新数据文件。
(3) 删除、生成或替代变量。
(4) 转换数据的排列方式。
(5) 使用函数。
(6) 设定条件。
(7) 内存管理。
(8) 错误提示信息。

下面仍采用上一节例子分别加以说明。

3.4.1 数据浏览与变量定义

常用命令如下。

(1) Browse。打开数据窗口,也可直接点击 Stata 窗口工具栏中右起第 3 个 Data Browser 图标(　)。

(2) Rename。修改变量名。

(3) Label。加注变量说明。

(4) Clear。关闭当前数据文件(注意:在关闭前要检查一下是否保存,否则新的数据操作将不能保存下来)。

(5) Sort。对数据按某个变量从小到大进行排序。

例:将数据文件中的变量 rjgdp 改名为 gdp_per,命令如下。

• rename rjgdp gdp_per

为各变量增加标签说明,命令如下。

• label var code "省代码"

• label var year "年份"

将数据按变量 rjgdp 从小到大进行排序,命令如下。

• sort rjgdp

3.4.2 数据文件的合并

数据文件的合并包括两类:一类是将两个具有相同变量的文件合并成新文件;另一类是在原数据文件中加入带有新变量的文件。

1. 具有相同变量的数据文件的合并

基本命令格式为

append using filename [, options]

在上一节的例子中,文件中的样本数据为 2006 年的截面数据,现在又有了 2007 年的截面数据(文件名为:我国经济与投资省级数据 2007. dta,如图 3.4 所示),两个文件中的变量完全相同。现在将两者合并成一个包括 2006 年和 2007 年两年的数据文件。在当前打开的数据文件为 2006 年的数据情况下,键入命令

• append using ":\我国经济与投资省级数据 2007. dta"

	code	prov	year	rjgdp	rjcap
1	11	北京	2007	56044	23927
2	12	天津	2007	45829	21104
3	13	河北	2007	20033	9911
4	14	山西	2007	16835	8433
5	15	内蒙古	2007	25092	18193
6	21	辽宁	2007	25725	17299
7	22	吉林	2007	19168	13400
8	23	黑龙江	2007	18510	7490
9	31	上海	2007	65347	23791
10	32	江苏	2007	33689	16094
11	33	浙江	2007	37128	16666
12	34	安徽	2007	12015	8346
13	35	福建	2007	25662	11974
14	36	江西	2007	12562	7555
15	37	山东	2007	27723	13384
16	41	河南	2007	16060	8558
17	42	湖北	2007	16064	7595
18	43	湖南	2007	14405	6537
19	44	广东	2007	32713	9832
20	45	广西	2007	12408	6172
21	46	海南	2007	14631	5906
22	50	重庆	2007	14622	11117
23	51	四川	2007	12893	6939
24	52	贵州	2007	6835	3949
25	53	云南	2007	10496	5993
26	54	西藏	2007	12109	9495
27	61	陕西	2007	14350	9111
28	62	甘肃	2007	10335	4979
29	63	青海	2007	13836	8747

图 3.4 2007 年我国经济与投资省级数据

注意,前面的盘符应是该文件存放的盘符。建议用户在使用该命令时,在命令窗口键入 append using 后,点击窗口 file 菜单中的 filename 栏,在打开的 Choose File Name 对话框中找到相应的文件点击打开,此时该文件的保存路径将自动添加到命令窗口的 append using 后面,回车后两个文件就合并成一个新的数据文件。点击 file 菜单中的 Save As(另存为),将新的数据文件命名为"我国经济与投资省级数据 2006 – 07. dta",如图 3.5 所示。

	code	prov	year	rjgdp	rjcap
1	11	北京	2006	50467	20850
2	11	北京	2007	56044	23927
3	12	天津	2006	41163	16935
4	12	天津	2007	45829	21104
5	13	河北	2006	16962	7930
6	13	河北	2007	20033	9911
7	14	山西	2006	14123	6684
8	14	山西	2007	16835	8433
9	15	内蒙古	2006	20053	14031
10	15	内蒙古	2007	25092	18193
11	21	辽宁	2006	21788	13322
12	21	辽宁	2007	25725	17299
13	22	吉林	2006	15720	9528
14	22	吉林	2007	19168	13400
15	23	黑龙江	2006	16195	5849
16	23	黑龙江	2007	18510	7490
17	31	上海	2006	57695	21488
18	31	上海	2007	65347	23791
19	32	江苏	2006	28814	13337
20	32	江苏	2007	33689	16094
21	33	浙江	2006	31874	15241
22	33	浙江	2007	37128	16666
23	34	安徽	2006	10055	5783
24	34	安徽	2007	12015	8346
25	35	福建	2006	21471	8381
26	35	福建	2007	25662	11974
27	36	江西	2006	10798	6185
28	36	江西	2007	12562	7555
29	37	山东	2006	23794	11936

图 3.5　相同变量的数据文件合并后得到的新数据文件

2. 在原数据文件中加入有新变量的文件

这需要新文件中的标识变量(标识变量身份的变量)与原文件的完全相同。比如在上述过程后,现在又获得了 2006 年和 2007 年两年的各省人口数据,文件名为"我国各省人口数 2006 - 07.dta",该文件中有两个标识变量为 code 和 year,pop 变量为人口数,即新增加变量。现将该文件合并到"我国经济与投资省级数据 2006 - 07.dta"文件中,两文件的标识变量相同,均为 code 和 year。基本命令为

merge [varlist] using filename [filename...] [, options]

其中,merge 为基本命令名称;varlist 为标识变量,可以是一个,也可以是多个,视具体情况而定;filename 为要合并的具体的文件名(注意不要漏下前面的 using),可以加入多个文件;options 是选项,视具体情况而定是否需要加入。使用上述命令的具体操作步骤为如下。

首先,分别对两个文件按标识变量进行排序,即键入

· sort code year

然后,在打开一个文件(我国经济与投资省级数据2006-07.dta)的情况下执行以下命令,即

· merge using ":\我国各省人口数2006-07.dta"

注意,前面的盘符应是该文件存放的盘符。建议用户在使用该命令时,在命令窗口键入merge using 后,点击窗口 file 菜单中的 filename 栏,在打开的 Choose File Name 对话框中找到相应的文件点击打开,此时该文件的保存路径将自动添加到命令窗口的 merge using 后面,回车后含有新变量的文件就合并到原文件中。点击 file 菜单中的 Save As(另存为),将新的数据文件命名为"我国经济、投资与人口省级数据2006-07.dta"。得到的新数据文件结果如图3.6所示。

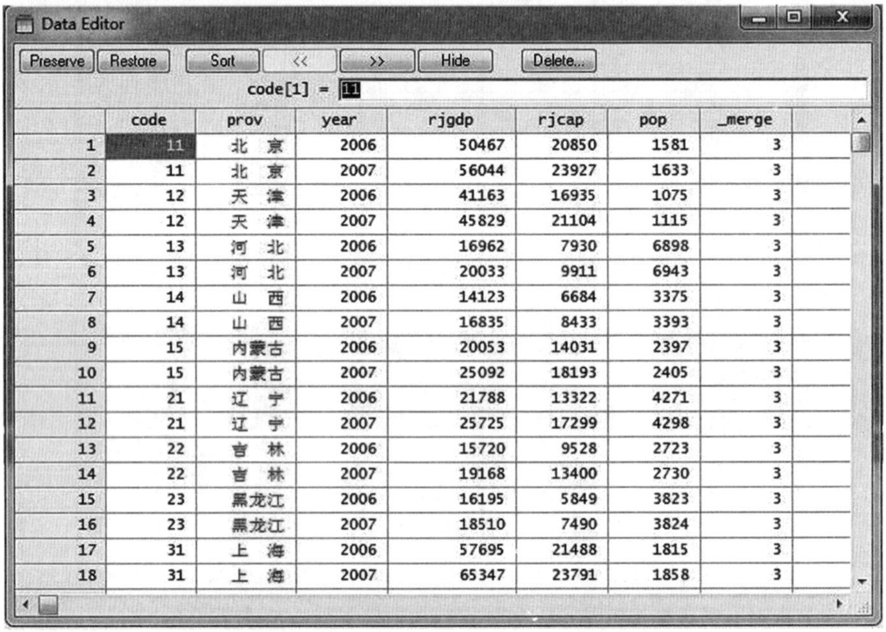

图3.6 原数据文件与含有新变量的文件合并后得到的新数据文件

注意:要在该文件的基础上再合并其他文件,需要将 _merge 变量去掉或改为其他名称。

3.4.3 删除、生成或替代变量

常用命令有如下。

(1) Drop。删除数据文件中的某个变量。
(2) Drop in。删除数据文件中所有变量的某个观测。
(3) Generate。生成新的变量。
(4) Replace。改变现有变量中的值。

例:要删除上述数据文件中的 _merge 变量,命令为

· drop _merge

要删除上述数据文件中的第一个观测,命令为

· drop in 1

若分析中需要"投资率"这个变量,并命名为 rcap_gdp,则可以用人均投资除以人均 GDP 生成这个新变量,命令为

· generate(可缩写为 g) rcap_gdp = rjcap/rjgdp

采用 generate 命令生成新变量时需熟记一些常用的算术表达式。对两个或一个变量进行算术运算,得到一个新变量,一般算术符号都可以使用。以 var1、var2 表示两个变量,var 表示新变量名,g 为 generate 的缩写,则常用算术表达式如下。

(1) g var = var1 + var2。新变量 var 为 var1 和 var2 相加。
(2) g var = var1 – var2。新变量 var 为 var1 和 var2 相减。
(3) g var = var1 * var2。新变量 var 为 var1 和 var2 相乘。
(4) g var = var1/var2。新变量 var 为 var1 和 var2 相除。
(5) g var = var1^2。新变量 var 为 var1 的平方,3 次方、4 次方依此类推。
(6) g var = var1 * 10 + var2/10。新变量 var 为 var1 乘以 10 和 var2 除以 10 之和。

若要将变量 rjgdp 的值改变单位为千元(原单位为元),则键入命令

· replace rjgdp = rjgdp/1000

上述命令都可以加上附加条件,详见"设定条件"部分。

3.4.4 转换数据的排列方式

观察上述数据文件"我国经济、投资与人口省级数据 2006 – 07.dta"中数据的排列,其排列方式为纵排。此外,还有一种排列方式是横排。要想纵排和横排数据可以相互转换,就要用到 reshape 命令,其基本命令形式为

reshape long stubnames, i(varlist) [j(varlist)] [, options]
reshape wide stubnames, i(varlist) [j(varlist)] [, options]

其中,reshape 为基本命令名称;long 指将横排数据转换为纵排数据;wide 指将纵排数据转换为横排数据;stubnames 表示要对哪些变量进行转换;i( )、j( ) 表示依据哪个标识变量,其中 j( ) 根据具体情况可有可无;options 表示其他选项,根据具体情况可有可无。

将上述数据文件中的纵排数据转换成横排数据,则键入命令

· reshape wide rjgdp rjcap pop, i(code) j(year)

回车后,转换后的横排数据形式如图 3.7 所示。

而将横排数据转换成纵排,则键入命令

· reshape long rjgdp rjcap pop, i(code) j(year)

这个命令在面板数据(panel data)的整理中非常有用。

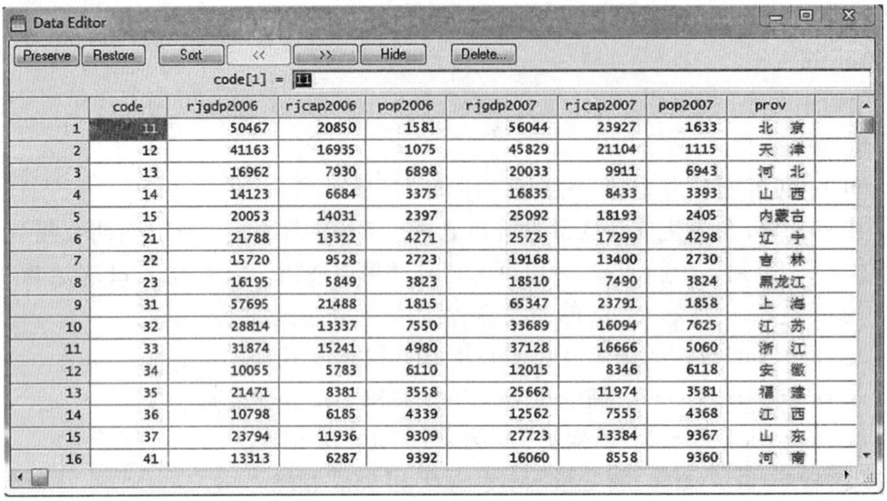

	code	rjgdp2006	rjcap2006	pop2006	rjgdp2007	rjcap2007	pop2007	prov
1	11	50467	20850	1581	56044	23927	1633	北　京
2	12	41163	16935	1075	45829	21104	1115	天　津
3	13	16962	7930	6898	20033	9911	6943	河　北
4	14	14123	6684	3375	16835	8433	3393	山　西
5	15	20053	14031	2397	25092	18193	2405	内蒙古
6	21	21788	13322	4271	25725	17299	4298	辽　宁
7	22	15720	9528	2723	19168	13400	2730	吉　林
8	23	16195	5849	3823	18510	7490	3824	黑龙江
9	31	57695	21488	1815	65347	23791	1858	上　海
10	32	28814	13337	7550	33689	16094	7625	江　苏
11	33	31874	15241	4980	37128	16666	5060	浙　江
12	34	10055	5783	6110	12015	8346	6118	安　徽
13	35	21471	8381	3558	25662	11974	3581	福　建
14	36	10798	6185	4339	12562	7555	4368	江　西
15	37	23794	11936	9309	27723	13384	9367	山　东
16	41	13313	6287	9392	16060	8558	9360	河　南

图 3.7　转换后的数据文件

3.4.5　使用函数

这一部分介绍与 generate 命令和 replace 命令一起使用的函数。比如要生成 rjgdp 变量的自然对数值序列(这在回归分析中经常用到,新变量命名为 lnrjgdp),可在 generate 中使用函数 ln(Stata 使用 log 也行),即键入

· g ln rjgdp = ln(rjgdp)

若要将原变量 rjgdp 的值直接改为自然对数值,则键入

· replace rjgdp = ln(rjgdp)

生成新变量的命令除了 generate,egen 也是一个常用的命令,它是对 generate 命令的扩展,通过在 egen 之后加入函数表达式,完成一些更复杂的生成新变量的任务。比如要生成一个新变量 tave,它等于 rjgdp 和 rjcap 按行求平均值,就可加入 rowmean 函数,即键入

· egen tave = rowmean(rjgdp rjcap)

常用的一些函数形式(可加在 generate 或者 egen 命令之后)如下。

(1) abs(x)。x 的绝对值。

(2) exp(x)。指数函数。

(3) trunc(x)。截取 x 的整数形式。

(4) logit(x)。x 的对数发生比,即 $\ln[x/(1-x)]$。

(5) max($x1$ $x2$ $x3\cdots$)。$x1,x2,x3\cdots$ 中的最大值。

(6) min($x1$ $x2$ $x3\cdots$)。$x1,x2,x3\cdots$ 中的最小值。

更多的其他函数形式将在 3.5 节介绍。

3.4.6　设定条件

在进行数据管理或数据分析中经常遇到的事情是需要设定一些条件,常用的方式是在基本命令中加入 if 或 in 条件,这两个条件命令后面紧跟的往往是一些数学表达式。以 if 条件命令为例,如要对前例中 2006 年和 2007 年的人均 GDP(rjgdp) 与人均投资(rjcap)

数据分别做散点图,则命令形式为

- scatter rjgdp rjcap if year == 2006
- scatter rjgdp rjcap if year == 2007

注意,if 条件后的表达式中的等号必须是双等号,且中间无空格。

再如,假设要生成一个新变量 y,其值定义如下。

y = 0,如果 year 为 2006;

y = 1,如果 year 为 2007。

则命令形式如下。

- g y = 0 if year == 2006
- replace y = 1 if year == 2007

3.4.7 内存管理

当用户打开一个数据文件时,Stata 读取后会将其载入内存。能否读入内存取决于内存空间和数据文件的容量大小。一般情况下,Stata10 版本中缺省内存空间一般是 10 MB,如果数据文件容量超过了缺省内存设定的空间,比如要打开的数据文件容量为 20 MB,就无法打开。这时会出现错误提示信息,即

no room to add more observations.

An attempt was made to increase the number of observations beyond what is currently possible. You have the following alternatives:

(1) Store your variables more efficiently; see help compress. (Think of Stata's data area as the area of a rectangle; Stata can trade off width and length.)

(2) Drop some variables or observations; see help drop.

(3) Increase the amount of memory allocated to the data area using the set memory command; see help memory.

这意味着需要给内存分配更多的空间,可以键入如下命令。

- set memory 50 m

其含义是,将内存空间设定为 50 MB。具体设定的内存空间多大,可以视用户要处理的数据文件容量而定。

3.4.8 错误提示信息

当用户使用 Stata 进行数据管理或分析数据时,若命令写错,往往会出现一些错误提示信息。比如要对变量进行重新命名,结果命令误写成了 reneme(应该是 rename),这时就会出现错误提示信息,即

. reneme rjgdp gdp_per

unrecognized command: reneme

表示这个命令在 Stata 中不存在。

若命令中的一些表达式写错了,比如 scatter rjgdp rjcap if year = 2006 命令中 year 后面误写为一个等号(应为两个),则出现错误信息,即

```
. scatter rjgdp rjcap if year = 2006
invalid syntax
```

当遇到错误提示信息时,可在网上进行搜索,找到对该信息的详细解释。能够知道错误信息的含义,这样有助于用户以后熟练使用 Stata。

3.5 Stata 的运算符和函数

3.5.1 Stata 的运算符

Stata 的运算可分为代数运算、字符运算、关系运算和逻辑运算四类,其各自相应的运算符及含义见表 3.2。

表 3.2 Stata 常用运算符一览表

代数运算		逻辑运算		比较关系	
运算符	含义	运算符	含义	运算符	含义
+	加	!	不	>	大于
−	减	~	不	<	小于
*	乘	|	或	> =	不小于
/	除	&	和	< =	不大于
^	指数			= =	等于
sqrt( )	开方			! =	不等于
~ =	不等于			~ =	不等于
+	字符相加				

运算的优先顺序为!(或 ~),^, −(负号),/,*,−(减),+,! =(或 ~ =),>,<,< =,> =,= =,&,|。

当忘记或无法确定优先序的时候,最好用括号将优先序表达出来,在最里层括号中的表达式将被优先执行。

1. 代数运算

例如:求以下表达式的值,其中 $x = 4$, $y = 2$。

$$-\frac{x + y^{x-y}}{xy}$$

Stata 命令为

·di −(4 + 2^(4 − 2))/(2 * 4)   // di 是 display 命令的略写,表示显示结果

再如

·di 4 − 2   // 输出 2
·di 3 * 5   // 输出 15
·di 8/2   // 8 除以 2,输出 4
·di 2^3   // 2 的立方,输出 8
·di −(2 + 3^(2 − 3))/sqrt(2 * 3)   // 最里层括号运算优先。

2. 关系运算

关系运算包括大于、小于、等于；不等于、不小于、不大于等多种比较关系。特别要注意到 Stata 中的等于符号为 ==，即两个等号连写在一起，不同于赋值时用的单个等号。例如

- di 3 < 5 　　　　　　　　　　　// 输出结果为 1，意味着 3 小于 5 为真
- di 3 > 5 　　　　　　　　　　　// 输出结果为 0，意味着 3 大于 5 为假
- di 3 == 4 　　　　　　　　　　 // 输出结果为 0，意味着 3 不等于 4

3. 逻辑运算

逻辑运算包括非（!）、和（&）、或（|）三种，主要用于条件语句中。

例如：列出价格高于 10 000 元的任何车，或者低于 4 000 元的车。

- list price foreign if price > 10 000 | price < 4 000 & foreign == 0

在 Stata 中，和（&）优先于或（|），因此上述命令与下面的命令等价。

- list price foreign if price > 10 000 | (price < 4 000 & foreign == 0)

列出价格高于 10 000 元或者低于 4 000 元的车。

- list price foreign if (price > 10 000 | price < 4 000) & foreign == 0

3.5.2　Stata 的函数

函数是一些编号的小程序，这些小程序会对数据按一定的规则进行处理，之后报告结果。实际上，用户一般记不住这么多函数，因此要学会查找函数的帮助，输入如下 Stata 命令，即

- help functions

可弹出如图 3.8 所示的对话框。

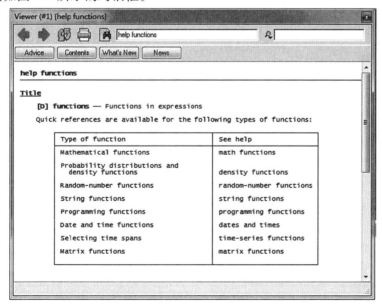

图 3.8　help functions 对话框

以上对话框显示,Stata 包括8类函数,分别是数学函数、概率分布和密度函数、随机数函数、字符函数、程序函数、日期函数、时间序列函数和矩阵函数,其中常用的列在表3.3中。用鼠标点击对话框右侧 see help 列中的函数名,对话框就会显示关于该类函数的详细说明和举例。

表 3.3 Stata 常用函数一览表

数值型函数及含义		随机函数及含义	
$abs(x)$	绝对值	$uniform()$	均匀分布随机数
$comb(n,k)$	从 n 中取 k 个的组合	$invnormal[uniform()]$	标准正态分布随机数
$exp(x)$	指数	字符函数及含义	
$fill()$	自动填充数据	$real(s)$	字符型转化为数值型
$int(x)$	取整	$string(n)$	数值型转化为字符型
$ln(x)$	自然对数	$substr(s,n_1,n_2)$	从 s 的第 n_1 个字符开始,截取 n_2 个字符
$log_{10}(x)$	以 10 为底的对数	$word(s,n)$	返回 s 的第 n 个字符
$mod(x,y)$	$=x-y*int(x/y)$	系统变量及含义	
$round(x)$	四舍五入	_n	当前观察值的序号
$sqrt(x)$	开方	_N	共有多少观察值
$sum(x)$	求和	_pi	π 为圆周率

下面主要介绍数学函数(Math Functions),其他函数可参考 Stata 的 help 文件或 User's Guide。

Stata 的数学函数主要包括三角函数、指数和对数函数。数学函数可以直接对数据进行运算,例如:

- di sqrt(4)   // 开方,输出 2
- di sqrt(6 + 3)   // 先相加,再开方,输出 3
- di abs(-100)   // 求绝对值,输出 100
- di exp(1)   // 表示 e^1,输出 2.718 281 8
- di ln(exp(2))   // 先求 e^2,再取对数,得到 2
- di _pi   // _pi 为圆周率,得到 3.141 592 7
- di cos(_pi)   // _pi 的余弦值,得到 -1

数学函数也可以对变量进行运算,例如:

- set obs 5   // 设定 5 个观察值
- g x = _n   // 生成新变量 x,取值为 1,2,3,4,5
- g y1 = exp(x)   // 取指数
- g y2 = ln(x)   // 取对数
- g y3 = sin[exp(x)] + cos[ln(x)] // 取对数

取整和四舍五入。取整的例子如下。

- di int(3.49)   // int() 取整,不论后面的小数是什么,只取小数点前的数值
- di int(3.51)   // 输出 3

- di int(- 3.49)   // 输出 - 3
- di int(- 3.51)   // 输出 - 3

四舍五入的例子如下。
- di round(3.49)   // round( ) 取整,四舍五入,结果为 3
- di round(3.51)   // 四舍五入到个位数,结果为 4
- di round(- 3.49)   // 四舍五入,结果为 - 3
- di round(- 3.51)   // 四舍五入到个位数,结果为 - 4
- di round(3.345, .1)   // 四舍五入到十分位,结果为 3.3
- di round(3.351, .1)   // 四舍五入到十分位,结果为 3.4
- di round(3.345, .01)   // 四舍五入到百分位,结果为 3.35
- di round(3.351, .01)   // 四舍五入到百分位,结果为 3.35
- di round(335.1, 10)   // 四舍五入到十位,结果为 340

对变量的操作,例如:
- g nprice = price/10 000   // 将价格变到以万为单位
- g nprice2 = round(nprice, 0.01)   // 四舍五入到百分位

求和及求均值 generate 和 egen。例如:
- set obs 5   // 设定 5 个观察值
- g x = _n   // 生成新变量 x,x 的取值为从 1 到 5
- g y = sum(x)   // 求列累积和
- egen z = sum(x)   // 求列总和,注意比较 y 和 z 的不同
- egen r = rsum(x y z)   // 求 $x + y + z$ 总和
- egen havg = rowmean(x y z)   // 求 $havg = (x + y + z)/3$
- egen hsd = rowsd(x y z)   // 求 x,y 和 z 的方差
- egen rmin = rowmin(x y z)   // 求 x, y, z 这三个变量的最小值
- egen rmax = rowmax(x y z)   // 求 x, y, z 这三个变量的最大值
- egen avgx = mean(x)   // 求列均值
- egen medx = median(x)   // 求列中值

更多关于 egen 命令的用法可以参考帮助 help egen。

第4章 Stata 软件应用

Stata 软件在计量经济学中有着非常广泛的应用,本章先介绍 Stata 软件在线性回归分析(包括简单回归分析、多元回归分析、异方差及序列相关)中的应用,以比较 Stata 软件在操作方法、处理结果等方面与 EViews 软件的差异,然后介绍 Stata 软件在其擅长的面板数据分析领域的应用。

4.1 Stata 在线性回归分析中的应用

4.1.1 简单线性回归分析

如前所述,简单线性回归模型指只有一个解释变量的回归模型。如 $y = \beta_0 + \beta_1 x + \mu$,其中,$y$ 为被解释变量;x 为解释变量;μ 为随机误差项,表示除 x 之外影响 y 的因素;β_1 为斜率;β_0 为截距或常数项。简单线性回归模型的一种特殊情况为 $y = \beta_1 x + \mu$,即假定截距系数 $\beta_0 = 0$,此时该模型为过原点回归。过原点回归在实际中有一定的应用,但除非有非常明确的理论分析表明 $\beta_0 = 0$,否则不宜轻易使用过原点回归模型。

简单回归分析的 Stata 基本命令为

• <u>reg</u>ress y x

以 y 为被解释变量,x 为解释变量进行普通最小二乘(OLS)回归,简称为 y 对 x 的回归。在 regress 的前三个字母"reg"下面标注了横线,表明该命令可简写为横线上方的三个字母。以下同。

• <u>reg</u>ress y x, <u>no</u>constant

y 对 x 的回归,不包含截距项(Constant),即过原点回归。

• predict z

根据最近的回归生成一个新变量 z,其值等于每一个观测的拟合值,即 $\hat{y}$。

• predict u, residual

根据最近的回归生成一个新变量 u,其值等于每一个观测的残差,即 $e = y - \hat{y}$。

下面通过一个例子来介绍 Stata 在简单线性回归分析中的应用。

例 4.1.1 劳动经济学中的一个问题是劳动者工资的决定。决定工资的因素有很多,例如能力、性别、工作经验、教育水平、职业等。这里仅考虑其中一种因素,即教育水平,建立计量模型 wage $= \beta_0 + \beta_1 \text{edu} + \mu$,其中,wage 为被解释变量,表示小时工资,单位为元;edu 为解释变量,表示受教育年限,即个人接受教育的年数,单位为年;μ 为随机误差项。假定该模型满足简单回归模型的全部 5 条基本假定,这样 β_0 和 β_1 的 OLS 估计量将是最佳线性无偏估计量。数据文件"工资方程1.dta"给出了我国某省的相关信息,根据这些数据估计上述模型。

解 首先打开数据文件。直接双击"工资方程1.dta"文件,或者点击Stata窗口工具栏最左侧的Open键,然后选择"工资方程1.dta"即可。下面分步骤进行分析。

第一步,给出数据的简要描述。使用describe命令,在Stata命令窗口键入

· des

回车后在Stata结果窗口显示运行结果,如图4.1所示。显然,"工资方程1.dta"数据文件包含1 225个样本和11个变量。这11个变量的定义及说明见表格的第3列。

第二步,部分定量变量的描述性统计分析。使用summarize命令,简写为

· su age edu wage ln wage

得到运行结果,如图4.2所示。

```
obs:          1,225
vars:            11                            25 Aug 2009 08:38
size:        58,800 (99.4% of memory free)

              storage  display   value
variable name   type   format    label      variable label

age             float  %9.0g                age in years
female          float  %9.0g                1:female; 0:male
married         float  %9.0g                1:married; 0:unmarried
edulevel        float  %9.0g                1:primary; 2:junior; 3:senior;
                                              4:college
edu             float  %9.0g                years of education
exp             float  %9.0g                years of work experience:
                                              age-edu-6
expsq           float  %9.0g                exp^2
health          float  %9.0g                1:bad; 2:good; 3:very good
migrant         float  %9.0g                1:migrant worker; 0:local worker
wage            float  %9.0g                hourly wage
lnwage          float  %9.0g                natural log of wage
```

图4.1 数据的简要描述

Variable	Obs	Mean	Std. Dev.	Min	Max
age	1225	36.79755	10.67631	16	60
edu	1225	8.992653	2.719068	0	19
wage	1225	7.1255	4.766828	1.25	37.5
lnwage	1225	1.808352	.5307399	.2231435	3.624341

图4.2 变量的描述性统计

第三步,wage对edu的OLS回归。使用regress命令,即

· reg wage edu

得到简单回归运行结果,如图4.3所示。

(1) 该表下方区域为基本的回归结果。第1列依次为被解释变量wage,解释变量edu,截距项constant;第2列显示回归系数的OLS估计值;第3列显示回归系数的标准误;第4列显示回归系数的t统计量值;第5列为t统计量的P值;最后一列为回归系数置信度为95%的置信区间。结果表明样本回归方程为

$$\widehat{wage} = 3.5847 + 0.3937edu$$
$$t = (7.81) \quad (8.06)$$

Source	SS	df	MS			
Model	1402.97461	1	1402.97461	Number of obs	=	1225
Residual	26409.5445	1223	21.5940675	F(1, 1223)	=	64.97
				Prob > F	=	0.0000
				R-squared	=	0.0504
				Adj R-squared	=	0.0497
Total	27812.5191	1224	22.7226463	Root MSE	=	4.6469

wage	Coef.	Std. Err.	t	P>|t|	[95% Conf. Interval]	
edu	.3937442	.0488491	8.06	0.000	.2979069	.4895815
_cons	3.584695	.4589088	7.81	0.000	2.684359	4.485031

图 4.3 简单回归结果

即如果受教育年限增加 1 年,平均小时工资会增加 0.39 元。

(2) 该表左上方区域为方差分析表。第 2 列从上到下依次为回归平方和(SSE)、残差平方和(SSR)和总离差平方和(SST);第 3 列为自由度;第 4 列为均方和(MSS),由各项平方和除以相应的自由度得到。

(3) 表右上方区域给出了样本数(Number of obs)、F 统计量的值、判定系数(r-squared)、调整的判定系数(Adj r-squared)以及回归方程标准误或均方根误(Root MSE,$\hat{\sigma}$ 或 S.E.)等信息。

上述回归分析也可以通过菜单操作实现,点击 Statistics → Linear models and related → Linear regression,Stata 会弹出如图 4.4 所示的对话框,在 Dependent variable 选项框中选择或键入 wage,在 Independent variables 选项框中选择或键入 edu,然后点击 OK 即同样得到上述回归结果。

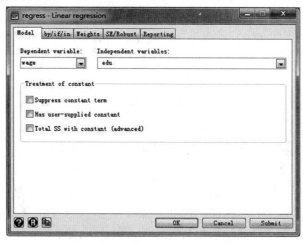

图 4.4 Linear regression 对话框

第四步,生成新变量 z 为最近回归的拟合值,生成新变量 u 为最近回归的残差。然后对 u 进行从小到大排序,并列出 u 最小的 5 个观测值。使用 predict 命令,即

· predict z   // 生成拟合值

- predict u, residual   // 生成残差
- sort u   // 对 u 从小到大排序
- list wage z u in 1/5   // 列出 u 最小的 5 个观测值及对应的实际样本观测值和拟合值

得到运行结果,如图 4.5 所示。

	wage	z	u
1.	2.455357	9.097115	-6.641757
2.	1.785714	7.915882	-6.130167
3.	3	9.097115	-6.097114
4.	2.380952	8.309626	-5.928673
5.	1.25	7.128393	-5.878393

图 4.5 残差排序结果

第五步,画以 wage 为纵轴,以 edu 为横轴的散点图,并加入样本回归线。命令为
- graph twoway lfit wage edu ‖ scatter wage edu
回车后打开 Stata 绘图窗口,如图 4.6 所示。

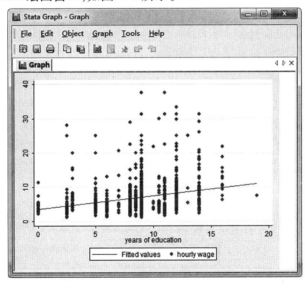

图 4.6 Stata 绘图窗口中显示散点图

第六步,wage 对 edu 的 OLS 回归,只使用年龄小于或等于 30 岁的样本。命令为
- reg wage edu if age <= 30
回车后得到运行结果,如图 4.7 所示。
写出样本回归方程为

$$\hat{wage} = 2.7607 + 0.4146\, edu$$
$$t = (2.85)\quad(4.45)$$

显然,对于年龄在 30 岁及以下的劳动者,增加 1 年受教育年限则工资会增加 0.41 元,略高于针对全体样本的估计值。

第七步,wage 对 edu 的 OLS 回归,不包含截距项,即过原点回归。命令为

· reg wage edu, noconstant

得到回归结果,如图 4.8 所示。

Source	SS	df	MS		
Model	369.712827	1	369.712827	Number of obs =	365
Residual	6786.63095	363	18.695953	F(1, 363) =	19.78
				Prob > F =	0.0000
				R-squared =	0.0517
				Adj R-squared =	0.0490
Total	7156.34378	364	19.6602851	Root MSE =	4.3239

wage	Coef.	Std. Err.	t	P>|t|	[95% Conf. Interval]	
edu	.4145793	.0932286	4.45	0.000	.2312433	.5979153
_cons	2.760707	.9687986	2.85	0.005	.8555447	4.66587

图 4.7 设定条件的回归结果

Source	SS	df	MS		
Model	62281.9911	1	62281.9911	Number of obs =	1225
Residual	27727.1519	1224	22.6529019	F(1, 1224) =	2749.40
				Prob > F =	0.0000
				R-squared =	0.6920
				Adj R-squared =	0.6917
Total	90009.1429	1225	73.4768514	Root MSE =	4.7595

wage	Coef.	Std. Err.	t	P>|t|	[95% Conf. Interval]	
edu	.7590026	.0144752	52.43	0.000	.7306037	.7874016

图 4.8 过原点回归结果

第八步,取半对数模型。以上第三步中估计的水平模型假定增加 1 年受教育年限带来多少数量的工资增长,但更合理的情况是研究增加 1 年受教育年限导致多少百分比的工资增长,这就需要建立半对数模型(对数 – 水平模型),即 $\ln wage = \beta_0 + \beta_1 edu + \mu$,其中 $\ln wage$ 是小时工资的自然对数。该模型的斜率系数的经济含义为:增加 1 年受教育年限导致收入增长的百分比($100\beta_1\%$),该百分比值称为教育收益率或教育回报率。

做 $\ln wage$ 对 edu 的 OLS 回归,命令为

· reg ln wage edu

回车后得到运行结果,如图 4.9 所示。

Source	SS	df	MS		
Model	22.9366521	1	22.9366521	Number of obs =	1225
Residual	321.845558	1223	.263160718	F(1, 1223) =	87.16
				Prob > F =	0.0000
				R-squared =	0.0665
				Adj R-squared =	0.0658
Total	344.78221	1224	.281684812	Root MSE =	.51299

lnwage	Coef.	Std. Err.	t	P>|t|	[95% Conf. Interval]	
edu	.0503448	.0053926	9.34	0.000	.039765	.0609246
_cons	1.355619	.0506605	26.76	0.000	1.256228	1.45501

图 4.9 半对数模型回归结果

写出样本回归方程为

$$\ln \hat{wage} = 1.3556 + 0.0503 edu$$
$$t = (26.76) \quad (9.34)$$

回归结果表明教育收益率的估计值为 5.03%，即平均而言，增加 1 年受教育年限导致工资增长 5.03%。

最后，可把前面本例分析时所执行过的命令通过建立 do 文件保存下来。点击 Stata 工具栏右起第 5 个 New Do-file Editor 键，打开 do 文件编辑窗口。在 do 文件的编辑窗口中键入如下命令和注释，如图 4.10 所示。

use "D:\计量经济学\stata10\工资方程1.dta", clear   // 打开数据文件
des   // 数据的简要描述
su age edu wage ln wage   // 定量变量的描述性统计
reg wage edu   // 简单线性模型的 OLS 估计
graph twoway lfit wage edu ‖ scatter wage edu   // 作散点图
reg wage edu if age <= 30   // 只使用年龄小于或等于 30 岁的样本进行 OLS 估计
reg wage edu, noconstant   // 过原点回归
reg ln wage edu   // 对数 - 水平模型

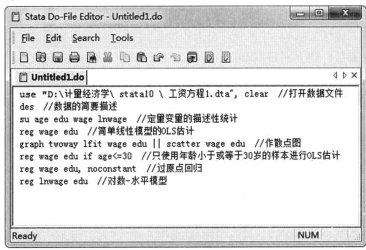

图 4.10 do 文件编辑窗口

点击 do 文件编辑窗口上方工具栏中的 Save 键可保存为"工资方程 1.do"文件。

4.1.2 多元线性回归分析

下面以考察学习努力程度对期末成绩的影响问题为例，介绍 Stata 在多元回归模型的参数估计、检验以及预测中的应用。所涉及的 Stata 基本命令以下逐条列出。

对于多元线性回归模型 $y = \beta_0 + \beta_1 x_1 + \beta_2 x_2 + \cdots + \beta_k x_k + \mu$

· regress y x1 x2…xk

以 y 为被解释变量，$x_1, x_2, \cdots, x_k$ 为解释变量进行普通最小二乘(OLS)回归。简称 y 对 $x_1, x_2, \cdots, x_k$ 的回归。

· regress y x1 x2…xk, noconstant

y 对 $x_1, x_2, \cdots, x_k$ 的回归，不包含截距项，即过原点回归。

· test x1 x2 x3

根据最近的回归进行 F 检验,原假设为 $\beta_1 = 0, \beta_2 = 0, \beta_3 = 0$。

· test（x1 = β1*）（x2 = β1*）（x3 = β3*）

根据最近的回归进行 F 检验,原假设为 $\beta_1 = \beta_1^*, \beta_2 = \beta_2^*, \beta_3 = \beta_3^*$。

· adjust [x1 = x1* x2 = x2*···xk = xk*] [,option]

根据最近的回归得到当解释变量取特定值 $(x_1 = x_1^*, x_2 = x_2^*, \cdots, x_k = x_k^*)$ 时被解释变量的预测值。如果不指定解释变量的取值,表示根据最近的回归得到在所有解释变量均等于其样本均值时被解释变量的点预测值。Option 是选择项,可根据需要选择。常用的选择项有:stdf 表示显示样本外预测的标准误;ci 表示显示预测值的置信区间,即预测区间;level( ) 用于指定置信区间的置信水平,如 level(90) 表示 90% 置信水平,level(99) 表示 99% 置信水平,如果仅输入 ci 而未指定置信水平,则缺省表示指定 95% 置信水平。

例4.1.2 数据文件"大学英语成绩.dta"给出了某高校大一学生英语期末考试成绩及相关信息,所涉及的各变量的含义如下。final:英语期末考试成绩(百分制);attend:本学期英语课的出勤率(百分数,如 90 表示出勤率为 90%);homework:本学期英语课课后作业的完成率(百分数);entry:英语入学考试成绩(百分制)。先仅关注学生的学习努力程度对英语期末成绩的影响,并且学习努力程度采用学生的上课出勤率和完成作业情况这两个变量来衡量。建立回归模型 $final = \beta_0 + \beta_1 attend + \beta_2 homework + \mu$,估计模型,并进行相关检验和预测。

解 打开数据文件。直接双击"大学英语成绩.dta"文件,或点击 Stata 窗口工具栏的 Open 键,选择"大学英语成绩.dta"即可。在 Stata 命令窗口键入命令,即

· reg final attend homework

回车后得到运行结果,如图4.11所示。

Source	SS	df	MS		
Model	3609.98785	2	1804.99393	Number of obs =	674
Residual	131611.901	671	196.142922	F(2, 671) =	9.20
				Prob > F =	0.0001
				R-squared =	0.0267
				Adj R-squared =	0.0238
Total	135221.889	673	200.924055	Root MSE =	14.005

final	Coef.	Std. Err.	t	P>|t|	[95% Conf. Interval]
attend	.0795563	.0419558	1.90	0.058	-.0028242 .1619368
homework	.0651734	.0359256	1.81	0.070	-.0053668 .1357135
_cons	45.40361	2.917787	15.56	0.000	39.67452 51.1327

图4.11 二元回归结果

图4.11回归结果显示,attend 和 homework 在 10% 的显著性水平上显著,可认为学习努力程度的确对英语期末成绩有影响。但模型的判定系数 R^2 和调整的判定系数 $\bar{R}^2$ 仅为0.02,表示 attend 和 homework 两个变量联合起来仅能解释 final 总变异的 2%,表明模型的总体拟合程度较低。

考虑到对于英语学科来说,除了学习努力程度以外,学生先前的英语水平也会对期末成绩具有影响。为此,在上述二元回归模型的基础上,加入英语入学考试成绩(entry)作为解释变量,建立三元回归模型 $final = \beta_0 + \beta_1 attend + \beta_2 homework + \beta_3 entry + \mu$。在 Stata

命令窗口键入命令,即

- reg final attend homework entry

得到运行结果,如图4.12所示。回归结果显示,加入entry作为解释变量后,attend和homework的系数估计值变大了,而且在统计上更为显著。另外,模型的判定系数R^2和$\bar{R}^2$为0.17,相比二元模型大大提高,说明从拟合优度的角度看,三元模型要比二元模型好很多。其样本回归方程为

$$\hat{\text{final}} = 6.084 + 0.123\text{attend} + 0.067\text{homework} + 0.528\text{entry}$$
$$t = (1.36) \quad (3.16) \quad\quad (2.04) \quad\quad\quad (10.99)$$

Source	SS	df	MS		
Model	23705.2964	3	7901.76545	Number of obs =	674
Residual	111516.592	670	166.442675	F(3, 670) =	47.47
				Prob > F =	0.0000
				R-squared =	0.1753
				Adj R-squared =	0.1716
Total	135221.889	673	200.924055	Root MSE =	12.901

final	Coef.	Std. Err.	t	P>|t|	[95% Conf. Interval]	
attend	.1225748	.0388468	3.16	0.002	.0462988	.1988509
homework	.067421	.0330947	2.04	0.042	.0024392	.1324028
entry	.5277705	.0480319	10.99	0.000	.4334593	.6220818
_cons	6.084002	4.475446	1.36	0.174	-2.703585	14.87159

图4.12 三元回归结果

下面对三元回归模型进行系数检验和预测分析。

对三元回归模型的系数进行F检验。其中的系数β_3的估计值为0.528,若想检验β_3的真实值是否为1,即考察入学成绩的变化是否能够带来期末成绩的相同变化,则提出检验的原假设和备择假设$H_0: \beta_3 = 1; H_1: \beta_3 \neq 1$,这时可使用test命令,结果如下。

- test entry = 1

(1) entry = 1

    F(1, 670) = 96.66

      Prob > F = 0.0000

结果显示F统计量为96.66,其概率值为0.0000,可以拒绝$H_0: \beta_3 = 1$的原假设。

类似地,对于检验$H_0: \beta_3 = 0.5; H_1: \beta_3 \neq 0.5$,命令及结果如下。

- test entry = 0.5

(1) entry = .5

    F(1, 670) = 0.33

      Prob > F = 0.5633

结果F统计量的概率值为0.5633,不能拒绝$H_0: \beta_3 = 0.5$的原假设。

使用test命令也可用于回归系数的联合检验。如考察β_1和β_2是否同时为0,原假设和备择假设为$H_0: \beta_1 = 0, \beta_2 = 0; H_1: \beta_1$和$\beta_2$至少有一个不为0。命令及结果如下。

- test attend homework

(1) attend = 0

(2) homework = 0

$F(2, 670) = 18.03$

$Prob > F = 0.0000$

结果 F 统计量的概率值为 0,可以拒绝 β_1 和 β_2 同时为 0 的原假设,也就是说不能认为学习努力程度对期末成绩没有影响。

通过三元回归模型进行预测。如果想要预测一个上课出勤率(attend)、作业完成率(homework)及入学成绩(entry)均为其样本均值的学生的期末成绩(final),则在回归分析完成后使用 adjust 命令,结果表明英语期末成绩 final 的点预测值为 57.666 2。

- reg final attend homework entry

- adjust

```
       Dependent variable: final      Command: regress
       Variables left as is: attend, homework, entry
```

All	xb
	57.6662

```
       Key:  xb  =  Linear Prediction
```

如果想得到 attend = 90,homework = 90,entry = 90 的学生的期末成绩,则应在 adjust 命令中指定各解释变量的取值。如果还要进行样本外预测,加入 stdf、ci 等选项后可得到样本外预测值的标准误和置信水平为 95% 的置信区间。

- adjust attend = 90 homework = 90 entry = 90

```
       Dependent variable: final      Command: regress
       Covariates set to value: attend = 90, homework = 90, entry = 90
```

All	xb
	70.683

```
       Key:  xb  =  Linear Prediction
```

- adjust attend = 90 homework = 90 entry = 90, stdf ci

```
       Dependent variable: final      Command: regress
       Covariates set to value: attend = 90, homework = 90, entry = 90
```

All	xb	stdf	lb	ub
	70.683	(12.9617)	[45.2326	96.1333]

```
       Key:  xb       =  Linear Prediction
             stdf     =  Standard Error (forecast)
             [lb, ub] =  [95% Prediction Interval]
```

结果显示,满足上述条件的学生期末成绩 final 的点预测值为 70.683,样本外预测误差的标准误为 12.961 7,置信水平为 95% 的置信(预测)区间为[45.232 6, 96.133 3]。此外,根据需要,还可在 adjust 命令后加入选项 level,并在括号内注明置信水平,如 level(99) 表示 99% 的置信水平,level(90) 表示 90% 的置信水平等。

4.2 Stata 在检验、修正异方差中的应用

本节介绍 Stata 在处理异方差问题中的应用。产生异方差的常见原因是随机误差项的条件方差与某些解释变量相关,因此,检验异方差的基本思路就是判断随机误差项的条件方差是否与解释变量相关。

异方差检验最常用的方法 White 检验考虑到随机误差项方差与所有解释变量的相关关系,此外还考虑了随机误差项方差与所有解释变量的平方及每两个解释变量的交叉项的相关关系。White 检验分为怀特一般检验(White's general test)和 White 特殊检验(White's special test)。例如,对于包含3个解释变量的原模型,White 一般检验的模型为

$$e^2 = \alpha_0 + \alpha_1 x_1 + \alpha_2 x_2 + \alpha_3 x_3 + \alpha_4 x_1^2 + \alpha_5 x_2^2 + \alpha_6 x_3^2 + \alpha_7 x_1 x_2 + \alpha_8 x_1 x_3 + \alpha_9 x_2 x_3 + \nu \tag{4.1}$$

原假设为 $H_0: \alpha_1 = \alpha_2 = \cdots = \alpha_9 = 0$。原假设实际上是对上述模型(4.1)进行回归总体显著性检验(F 检验),如果拒绝原假设,则说明原模型存在异方差;如果不能拒绝原假设,则说明原模型不存在异方差。容易看出,用于 White 一般检验的模型会包含很多解释变量。例如,原模型有3个解释变量,White 一般检验的模型包含9个解释变量,而如果原模型有6个解释变量,那么 White 一般检验的模型将多达27个解释变量。这样对于样本容量不大的数据,使用 White 一般检验会使估计的时候自由度偏少。

为此,White 特殊检验设计了一个节省自由度的回归模型,即

$$e^2 = \alpha_0 + \alpha_1 \hat{y} + \alpha_2 \hat{y}^2 + \nu \tag{4.2}$$

其中,$\hat{y}$ 是原模型的拟合值;$\hat{y}^2$ 是拟合值的平方。由于 $\hat{y}$ 是所有解释变量的线性函数,而 $\hat{y}^2$ 是这些解释变量的平方项和交叉项的线性函数,因此用该模型代替上述 White 一般检验的模型来进行异方差检验是可行的。具体来说,针对模型(4.2),同方差原假设为

$$H_0: \alpha_1 = \alpha_2 = 0$$

原假设实际上是对模型(4.2)进行回归总体显著性检验(F 检验),如果拒绝原假设,则原模型存在异方差;如果不能拒绝原假设,则原模型不存在异方差。

如果通过 White 检验发现存在异方差性,使用加权最小二乘(WLS)进行修正,其权重的确定取决于异方差的具体形式,在一般情况下,不可能知道异方差的具体形式。这时可以通过 Gleiser 检验等大体判断异方差的具体形式来确定权重,或者直接选取某个与异方差反方向变动的变量如 $1/|e_i|$ 来近似替代权重,在2.3节中,EViews 即采用这样的方法。Stata 的处理方法是先对异方差的函数形式做出估计,然后再进行加权最小二乘估计。这种方法属于可行的广义最小二乘估计(FGLS)的一种。

处理异方差问题的 FGLS 的步骤如下(以一元为例)。

第1步:对 $y_i = \beta_0 + \beta_1 x_i + \mu_i$ 进行 OLS 回归,得到残差平方 e_i^2 及其自然对数 $\ln e_i^2$。

第2步:对以下模型进行 OLS 回归,并得到拟合值 $g_i = \widehat{\ln e_i^2}$。

$$\ln e_i^2 = \alpha_0 + \alpha_1 x_i + \nu_i$$

第3步:计算 g_i 的指数 $\hat{h}_i = \exp(g_i)$。

第 4 步：以 $\hat{h}_i$ 为异方差函数形式的估计，对原模型 $y_i = \beta_0 + \beta_1 x_i + \mu_i$ 进行 WLS 估计，权重为 $1/\sqrt{\hat{h}_i}$，此时，变换后的模型为

$$\frac{y_i}{\sqrt{\hat{h}_i}} = \frac{\beta_0}{\sqrt{\hat{h}_i}} + \beta_1 \frac{x_i}{\sqrt{\hat{h}_i}} + \frac{\mu_i}{\sqrt{\hat{h}_i}}$$

此模型为同方差模型。

异方差检验和修正的 Stata 基本命令为

· whitetst

对最近的回归进行怀特一般检验，即

· whitetst, fitted

对最近的回归进行怀特特殊检验，即

· wls0 y x1 x2…xk, wvar(hh) type(abse) nocon

y 对 $x_1, x_2, \cdots, x_k$ 的 WLS 回归，wvar(hh) 中的 hh 表示异方差函数形式的开平方；选项 type(abse) 和 nocon 是使用上述 FGLS 方法时必须指定的。

例 4.2.1 本例仍使用"工资方程 1.dta"数据文件介绍异方差的检验和修正。利用"工资方程 1.dta"数据文件估计如下工资方程，即

$$\ln wage = \beta_0 + \beta_1 edu + \beta_2 exp + \beta_3 expsq + \mu \tag{4.3}$$

其中 ln wage 为工资对数，exp 为工作经验，expsq 为工作经验的平方。对该工资方程进行异方差性检验并修正。

解 双击"工资方程 1.dta"数据文件导入数据。在 Stata 命令窗口键入命令，即

· reg ln wage edu exp expsq

运行结果如图 4.13 所示。

```
      Source |       SS       df       MS              Number of obs =    1225
-------------+------------------------------           F(  3,  1221) =   33.15
       Model | 25.9664282     3   8.65547607           Prob > F      =  0.0000
    Residual | 318.815782  1221   .261110386           R-squared     =  0.0753
-------------+------------------------------           Adj R-squared =  0.0730
       Total | 344.78221   1224   .281684812           Root MSE      =  .51099

      lnwage |      Coef.   Std. Err.      t    P>|t|     [95% Conf. Interval]
-------------+----------------------------------------------------------------
         edu |   .0552351   .0062268     8.87   0.000     .0430186    .0674516
         exp |   .0142112   .0043774     3.25   0.001     .0056232    .0227992
       expsq |  -.0002567    .000094    -2.73   0.006    -.0004411   -.0000722
       _cons |   1.159347   .0825647    14.04   0.000     .9973624    1.321331
```

图 4.13 工资方程回归结果

1. 异方差的检验（White 检验）

包括 White 一般检验和 White 特殊检验。White 一般检验的步骤如下。

第 1 步，对(4.3)式进行 OLS 回归。此时由于对这一回归结果并不感兴趣，可以在 reg 命令前加上 quietly 选项，其含义是让 Stata 进行回归，但不显示回归结果（注：quietly 可用于任何 Stata 命令的前面，表示不在 Stata 的 Result 窗口中显示结果）。

· quietly reg ln wage edu exp expsq

第 2 步，使用 predict 命令生成残差 u，并生成残差的平方 usq。

- predict u, residual
- gen usq = u^2

第3步，生成(4.3)式中所有解释变量的平方项 edusq、expsqsq（原模型的解释变量中已经有 exp 的平方项 expsq，所以不用再生成 exp 的平方项）；生成每两个解释变量的交叉项：edu_exp,edu_expsq,exp_expsq。

- gen edusq = edu^2
- gen expsqsq = expsq^2
- gen edu_exp = edu * exp
- gen edu_expsq = edu * expsq
- gen exp_expsq = exp * expsq

第4步，做 usq 对所有解释变量本身、解释变量平方项及每两个解释变量的交叉项的回归，即式(4.4)，根据该模型的回归总体显著性检验的 F 统计量来检验同方差性原假设是否成立。

$$usq = \alpha_0 + \alpha_1 edu + \alpha_2 exp + \alpha_3 expsq + \alpha_4 edusq + \alpha_5 expsqsq + \alpha_6 edu\_exp + \alpha_7 edu\_expsq + \alpha_8 exp\_expsq + \nu \tag{4.4}$$

- reg usq edu exp expsq edusq expsqsq edu_exp edu_expsq exp_expsq

运行结果如图4.14所示。

Source	SS	df	MS			
Model	6.1017554	8	.762719425	Number of obs	=	1225
Residual	216.832187	1216	.178315943	F(8, 1216)	=	4.28
				Prob > F	=	0.0000
				R-squared	=	0.0274
				Adj R-squared	=	0.0210
Total	222.933942	1224	.182135574	Root MSE	=	.42227

usq	Coef.	Std. Err.	t	P>|t|	[95% Conf. Interval]	
edu	-.1529231	.0364649	-4.19	0.000	-.2244643	-.081382
exp	-.0557473	.0286069	-1.95	0.052	-.1118717	.0003771
expsq	.0020642	.0016105	1.28	0.200	-.0010955	.0052239
edusq	.005972	.0013236	4.51	0.000	.0033752	.0085688
expsqsq	6.26e-07	4.98e-07	1.26	0.209	-3.51e-07	1.60e-06
edu_exp	.0042543	.0017095	2.49	0.013	.0009005	.0076082
edu_expsq	-.0000526	.0000361	-1.46	0.145	-.0001233	.0000182
exp_expsq	-.0000538	.0000475	-1.13	0.258	-.000147	.0000395
_cons	1.169762	.283617	4.12	0.000	.6133288	1.726195

图4.14 White 一般检验的模型回归结果

White 一般检验的模型回归结果表明，回归总体显著性检验的 F 统计量的 P 值为 0.0000，意味着可以在1%显著性水平上拒绝同方差的原假设。

White 特殊检验的步骤如下。

第1步，对(4.3)式进行 OLS 回归。同样地，可以在 reg 命令前加上 quietly 选项，不显示回归结果。

- quietly reg ln wage edu exp expsq

第2步：使用 predict 命令生成残差 u，并生成残差的平方 usq。

- predict u, residual
- gen usq = u^2

第3步:使用predict命令生成拟合值y以及拟合值的平方ysq。
· predict y
· gen ysq = y^2

第4步:做usq对y和ysq的回归,即式(4.5),根据该模型的回归总体显著性检验的F统计量来检验同方差性原假设是否成立。

$$usq = \alpha_0 + \alpha_1 y + \alpha_2 ysq + \nu \tag{4.5}$$

· reg usq y ysq

运行结果如图4.15所示。

White特殊检验的模型回归结果表明,回归总体显著性检验的F统计量的P值为0.0000,意味着可以在1%的显著性水平上拒绝同方差的原假设,即原模型存在异方差性。

Source	SS	df	MS		
Model	4.18121115	2	2.09060558	Number of obs =	1225
Residual	218.752731	1222	.179012055	F(2, 1222) =	11.68
				Prob > F =	0.0000
				R-squared =	0.0188
				Adj R-squared =	0.0171
Total	222.933942	1224	.182135574	Root MSE =	.4231

usq	Coef.	Std. Err.	t	P>|t|	[95% Conf. Interval]
y	-5.62115	1.200728	-4.68	0.000	-7.976867 -3.265434
ysq	1.615772	.3399292	4.75	0.000	.9488623 2.282681
_cons	5.107231	1.058097	4.83	0.000	3.031343 7.18312

图4.15 White特殊检验的模型回归结果

以上手工进行的White检验过程比较烦琐,为方便可直接使用White检验的命令whitetst。但是该命令的程序文件(ado file)并没有列入Stata软件自身携带的自执行文件中,这就需要在网络上搜索whitetst.ado文件(程序文件)和whitetst.hlp文件(帮助文件)安装到Stata软件的ado/base目录下,这样就可以在Stata中使用whitetst命令进行White异方差检验了。

使用whitetst命令进行White检验的方法是:首先对原模型进行OLS回归,然后键入whitetst,表示对最近的一个回归进行White一般检验。如果在OLS回归后键入whitetst, fitted,则表示对最近的一个回归进行White特殊检验。

· reg ln wage edu exp expsq
· whitetst
White's general test statistic:33.52854 Chi-sq(8)P-value = 4.9e-05
· whitetst, fitted
White's special test statistic:22.9754 Chi-sq(2)P-value = 1.0e-05

可以看出,直接利用whitetst命令得到的结果和通过手工计算的结果几乎完全相同,都拒绝了同方差的原假设。

2. 异方差的修正(加权最小二乘估计)

White检验表明,原模型(4.3)存在异方差性,OLS估计量不再是有效的。此时,异方差的具体形式未知,应使用可行的FGLS方法先估计出异方差的函数形式h,然后进行

WLS 估计。下面是采用 FGLS 方法对模型(4.3)进行异方差调整的步骤。

第 1 步:对式(4.3)进行 OLS 回归。同样,可以在 reg 命令前加上 quietly 选项,不显示回归结果。

- quietly reg lnwage edu exp expsq

第 2 步:使用 predict 命令生成残差 u,残差的平方 usq 以及残差平方的自然对数 ln usq。

- predict u, residual
- gen usq = u^2
- gen ln usq = ln(usq)

第 3 步:做 ln usq 对原模型(4.3)所有解释变量 edu、exp、expsq 的回归,即式(4.6),并得到拟合值 g 的指数 $h = \exp(g)$(注意:exp 为 Stata 指数函数的命令)。

$$\ln usq = \alpha_0 + \alpha_1 edu + \alpha_2 exp + \alpha_3 expsq + \nu \tag{4.6}$$

- reg ln usq edu exp expsq
- predict g
- gen h = exp(g)

第 4 步:以 $\dfrac{1}{\sqrt{h}}$ 为权重对原模型(4.3)进行 WLS 估计。即生成新的被解释变量和解释变量:$z = \dfrac{\ln wage}{\sqrt{h}}, x_1 = \dfrac{1}{\sqrt{h}}, x_2 = \dfrac{edu}{\sqrt{h}}, x_3 = \dfrac{exp}{\sqrt{h}}, x_4 = \dfrac{expsq}{\sqrt{h}}$;然后做 z 对 x_1, x_2, x_3, x_4 的回归,即式(4.7)(注意:这是一个过原点回归,且为同方差模型)。

$$z = \beta_0 x_1 + \beta_1 x_2 + \beta_2 x_3 + \beta_3 x_4 + \nu \tag{4.7}$$

- gen z = ln wage/sqrt(h)
- gen x1 = 1/sqrt(h)
- gen x2 = edu/sqrt(h)
- gen x3 = exp/sqrt(h)
- gen x4 = expsq/sqrt(h)
- reg z x1 x2 x3 x4, noconstant

运行结果如图 4.16 所示。

同样,以上手工进行的加权最小二乘估计过程比较麻烦,为方便可直接使用加权最小二乘的命令 wls0(注意:这里是数字 0,而不是字母 o)。但是该命令的程序文件(ado file)同样也没有列入 Stata 软件自身携带的自执行文件中,需要在网络上搜索 wls0.ado 文件(程序文件)和 wls0.hlp 文件(帮助文件)安装到 Stata 软件的 ado/base 目录下,这样就可以在 Stata 中使用 wls0 命令进行加权最小二乘估计了。

在使用 wls0 命令之前,必须先估计出异方差的函数形式 h,由于上文已经估计出了 h,下面直接使用 h 即可。使用 wls0 命令的结果如图 4.17 所示。

Source	SS	df	MS		Number of obs	=	1225
Model	62222.4933	4	15555.6233		F(4, 1221)	=	3873.54
Residual	4903.37415	1221	4.01586744		Prob > F	=	0.0000
					R-squared	=	0.9270
					Adj R-squared	=	0.9267
Total	67125.8675	1225	54.7966265		Root MSE	=	2.004

z	Coef.	Std. Err.	t	P>|t|	[95% Conf. Interval]	
x1	1.159985	.0787493	14.73	0.000	1.005486	1.314484
x2	.0529406	.0060761	8.71	0.000	.0410199	.0648614
x3	.0162426	.004309	3.77	0.000	.0077887	.0246965
x4	-.0002963	.0000951	-3.12	0.002	-.0004829	-.0001098

图 4.16 WLS 估计结果

· gen hh = sqrt(h)

· wls0 lnwage edu exp expsq, wvar(hh) type(abse) nocon

（注意：wvar 后面括号里必须是估计出的异方差函数形式 h 的开平方根，而不是 h 本身）。

WLS regression - type: proportional to abs(e)

(sum of wgt is 7.9562e+03)

Source	SS	df	MS		Number of obs	=	1225
Model	24.5342189	3	8.17807297		F(3, 1221)	=	31.89
Residual	313.162598	1221	.256480424		Prob > F	=	0.0000
					R-squared	=	0.0727
					Adj R-squared	=	0.0704
Total	337.696817	1224	.275896092		Root MSE	=	.50644

lnwage	Coef.	Std. Err.	t	P>|t|	[95% Conf. Interval]	
edu	.0529406	.0060761	8.71	0.000	.0410199	.0648614
exp	.0162426	.004309	3.77	0.000	.0077887	.0246965
expsq	-.0002963	.0000951	-3.12	0.002	-.0004829	-.0001098
_cons	1.159985	.0787493	14.73	0.000	1.005486	1.314484

图 4.17 WLS 估计结果

可以看出，图 4.17 中各变量所对应的系数估计值、标准误、t 统计量值与图 4.16 中手工计算的结果完全相同。因此异方差修正后的结果为

$$\widehat{\ln wage} = 1.160 + 0.0529edu + 0.0162exp - 0.00296expsq$$
$$(14.73) \quad (8.71) \quad (3.77) \quad (-3.12)$$

4.3 Stata 在检验、修正序列相关性中的应用

本节以波多黎各的就业率问题为例，介绍 Stata 在处理随机误差项序列相关问题中的应用。所涉及的 Stata 基本命令以下逐条列出（包括序列相关检验方法 DW 检验、BG 检验以及序列相关修正方法广义差分法的 Stata 基本命令）。

- estat dwatson

对最近的回归进行德宾 – 沃森检验(DW 检验)。

- estat bgodfrey [, lags$\left(\frac{1}{q}\right)$ small nomiss0]

对最近的回归进行布罗斯 – 戈弗雷检验(BG 检验)。选项 lag$\left(\frac{1}{q}\right)$ 中的 q 表示指定序列相关为 AR(q) 过程,缺省为 $q=1$。事实上,使用该命令后,Stata 会依序给出对 AR(1),AR(2),…,AR(q) 序列相关的检验结果。选项 small 表示使用 F 检验(适用于小样本数据),缺省表示使用 LM 检验(大样本数据)。选项 nomiss0 表示在 BG 检验的辅助回归模型中令所有缺失的残差滞后项均为 0(小样本数据),缺省表示不对缺失的残差滞后项进行处理。

注意:对于模型 $y_t = \beta_0 + \beta_1 x_{1t} + \beta_2 x_{2t} + \cdots + \beta_k x_{kt} + \mu_t$,BG 检验的模型为

$$e_t = \alpha_0 + \alpha_1 x_{1t} + \alpha_2 x_{2t} + \cdots + \alpha_k x_{kt} + \rho_1 e_{t-1} + \rho_2 e_{t-2} + \cdots \rho_q e_{t-q} + \nu_t \quad (4.8)$$

在进行 BG 检验时,如果是大样本数据,一般使用 LM 检验;而对于小样本数据则常用 F 检验。另外,在辅助回归(4.8)中,前 q 个观测值不存在滞后 q 期的残差,所以会损失 q 个观测值。为此,Davidson 和 MacKinnon 提出,在辅助回归中令所有缺失的残差滞后项均为 0,这种处理办法对于小样本数据可能是必要的。

- prais y x1 x2…xk [, corc twostep]

以 y 为被解释变量,$x_1, x_2, \cdots, x_k$ 为解释变量进行回归分析,并使用 PW 或 CO 方法进行 FGLS 估计,以消除 AR(1) 序列相关。选项 corc 表示使用 CO 方法,缺省表示使用 PW 方法(大样本数据,CO 和 PW 方法均可;小样本数据,建议使用 PW 方法)。选项 twostep 表示使用两步回归,缺省为使用迭代方法。

注意:序列相关的修正方法广义差分法属于可行的广义最小二乘估计(FGLS)方法中的一种,由于在细节方面稍有不同而分别被称为普莱斯 – 温斯顿(Prais – Winsten,PW)和科克伦 – 奥克特(Cochrane – Orcutt,CO)估计。对于大样本数据,CO 方法和 PW 方法差异很小,但对于小样本数据,两者的结果可能差别较大,建议使用 PW 方法。在估计 ρ 时,CO 方法和 PW 方法可使用两步(Two step)回归法,但在实际应用中,CO 方法和 PW 方法经常使用迭代方法(Iterative Method)估计 ρ。在 2.4 节中 EViews 默认采用的是科克伦 – 奥克特迭代法。

- tsset t

表明数据为时间序列数据,并且以变量 t 表示时间顺序。

例 4.3.1 北美洲小国波多黎各(Puerto Rico)曾是美国的殖民地,其经济严重依赖于美国。数据文件"波多黎各的就业率.dta"包含了 1950 ~ 1987 年波多黎各和美国的一些经济数据。根据这些时间序列数据资料建立如下弹性模型,即

$$\text{lprepop}_t = \beta_0 + \beta_1 \text{lmincov}_t + \beta_2 \text{lusgnp}_t + \beta_3 \text{lprgnp}_t + \beta_4 t + \mu_t \quad (4.9)$$

其中,prepop 为波多黎各的就业率(就业人口占总人口的比例),lprepop 为 prepop 的自然对数;mincov 为美国最低工资相对于平均工资的重要性,lmincov 为自然对数;usgnp 为美国的实际国民生产总值,lusgnp 为自然对数;prgnp 为波多黎各的实际国民生产总值,

lprgnp 为自然对数；t 为时间趋势的变量，1950 年取值为 1，1951 年取值为 2，以此类推。估计模型(4.9)并进行序列相关检验及修正。同时，由于理论上 mincov 对 prepop 的影响应该为负，为了对这一理论推断做出经验检验，因而主要关注解释变量 lmincov 的系数估计情况。

解 双击"波多黎各的就业率.dta"文件导入数据。在 Stata 命令窗口键入命令，即

· tsset t   // 以变量 t 表示时间顺序

· reg lprepop lmincov lusgnp lprgnp t

运行结果如图 4.18 所示。

Source	SS	df	MS		
Model	.284430187	4	.071107547	Number of obs =	38
Residual	.035428331	33	.001073586	F(4, 33) =	66.23
				Prob > F =	0.0000
				R-squared =	0.8892
				Adj R-squared =	0.8758
Total	.319858518	37	.008644825	Root MSE =	.03277

lprepop	Coef.	Std. Err.	t	P>|t|	[95% Conf. Interval]
lmincov	-.2122612	.0401524	-5.29	0.000	-.2939518 -.1305706
lusgnp	.4860463	.2219829	2.19	0.036	.0344188 .9376739
lprgnp	.2852386	.0804922	3.54	0.001	.121476 .4490012
t	-.0266633	.0046267	-5.76	0.000	-.0360765 -.0172502
_cons	-6.663432	1.257831	-5.30	0.000	-9.222508 -4.104356

图 4.18 弹性模型回归结果

OLS 回归结果显示，在控制其他变量的情况下，美国最低工资的相对重要性(lmincov)对波多黎各就业率(lprepop)的弹性约为 -0.212 3%，而且非常显著，这与理论预期是一致的。

1. 序列相关的检验

对回归模型(4.9)进行序列相关检验。进行以下两个检验：一是对 AR(1) 序列相关的 DW 检验；二是在一般情况下对 AR(q) 序列相关的 BG 检验。在 BG 检验中，设定 $q=2$，由于本例中样本数仅为 38 个，在 BG 检验中使用 F 检验，并且依据 Davidson 和 MacKinnon 的方法，在辅助回归(4.8)中令所有缺失的残差滞后项均为 0。Stata 命令及结果如下。

· estat dwatson

Durbin-Watson d-statistic(5, 38) = 1.013709

DW 检验的 DW 统计量为 1.013 7，对于样本数为 38，解释变量个数为 5(Stata 这里把截距项也作为一个解释变量)，给定显著性水平 5%，查表得 DW 分布的临界值 $d_L = 1.261, d_U = 1.722$。由于 DW < d_L，故存在一阶正自相关 AR(1)。

· estat bgodfrey, lags$\left(\dfrac{1}{2}\right)$ small nomiss0

Breusch-Godfrey LM test for autocorrelation

lags(p)	F	df	Prob > F
1	8.967	(1, 31)	0.0054
2	4.921	(2, 29)	0.0145

H0: no serial correlation

Stata 给出了 BG 检验的结果。由于 AR(1)、AR(2) 所对应的 F 统计量的 P 值均小于给定显著水平 0.05，故应该拒绝不存在 AR(1)、AR(2) 序列相关的原假设，也就是说原模型存在一阶自相关，也存在二阶自相关。显然，DW 检验和 BG 检验都表明原模型(4.9)存在序列相关。

2. 序列相关的修正

上述分析表明模型(4.9)存在序列相关，这样的话，图 4.18 中的 OLS 估计结果就存在问题。为此必须对序列相关进行修正。可分别采用不同方法进行 FGLS 估计。

- prais lprepop lmincov lusgnp lprgnp t, twostep
- prais lprepop lmincov lusgnp lprgnp t, corc twostep

```
Iteration 0:   rho = 0.0000
Iteration 1:   rho = 0.4197

Prais-Winsten AR(1) regression -- twostep estimates
```

Source	SS	df	MS		
Model	.092149908	4	.023037477	Number of obs =	38
Residual	.028301135	33	.00085761	F(4, 33) =	26.86
				Prob > F =	0.0000
				R-squared =	0.7650
				Adj R-squared =	0.7366
Total	.120451043	37	.003255434	Root MSE =	.02928

lprepop	Coef.	Std. Err.	t	P>|t|	[95% Conf. Interval]
lmincov	-.1773628	.0447898	-3.96	0.000	-.2684884 -.0862372
lusgnp	.3279334	.2339507	1.40	0.170	-.148043 .8039097
lprgnp	.2719855	.098797	2.75	0.010	.0709815 .4729975
t	-.0225599	.0052978	-4.26	0.000	-.0333384 -.0117815
_cons	-5.371864	1.355499	-3.96	0.000	-8.129647 -2.614081
rho	.4196565				

```
Durbin-Watson statistic (original)    1.013709
Durbin-Watson statistic (transformed) 1.515675
```

图 4.19　采用 PW 方法且使用两步回归法的 FGLS 估计结果

```
Iteration 0:   rho = 0.0000
Iteration 1:   rho = 0.4197

Cochrane-Orcutt AR(1) regression -- twostep estimates
```

Source	SS	df	MS		
Model	.080271331	4	.020067833	Number of obs =	37
Residual	.023284914	32	.000727654	F(4, 32) =	27.58
				Prob > F =	0.0000
				R-squared =	0.7751
				Adj R-squared =	0.7470
Total	.103556245	36	.002876562	Root MSE =	.02698

lprepop	Coef.	Std. Err.	t	P>|t|	[95% Conf. Interval]
lmincov	-.1433995	.0432373	-3.32	0.002	-.2314709 -.0553281
lusgnp	.4945587	.2246476	2.20	0.035	.0369666 .9521508
lprgnp	.2463666	.0915258	2.69	0.011	.0599348 .4327985
t	-.026896	.0051518	-5.22	0.000	-.0373899 -.0164021
_cons	-6.335645	1.301421	-4.87	0.000	-8.986552 -3.684738
rho	.4196565				

```
Durbin-Watson statistic (original)    1.013709
Durbin-Watson statistic (transformed) 1.397169
```

图 4.20　采用 CO 方法且使用两步回归法的 FGLS 估计结果

图 4.19 和图 4.20 的结果显示:用 PW 和 CO 方法进行 FGLS 估计后,模型的 DW 统计量均增大。用 PW 方法(两步回归)得到的 lmincov 系数估计值为 −0.177 4,标准误为 0.044 8;用 CO 方法(两步回归)得到的 lmincov 系数估计值为 −0.143 4,标准误为 0.043 2。二者存在一定差异。而根据图 4.18 的 OLS 估计结果得到的 lmincov 系数估计值为 −0.212 3,标准误为 0.040 2。因此,消除序列相关的 PW 和 CO 方法的系数估计值的绝对值小于 OLS 估计值,但标准误大于 OLS 的标准误。PW 和 CO 方法都显示 lmincov 统计显著。

在使用 PW 方法和 CO 方法时,除了采用两步回归法,实际应用中常采用迭代方法。

- prais lprepop lmincov lusgnp lprgnp t
- prais lprepop lmincov lusgnp lprgnp t, corc

```
Iteration 0:   rho = 0.0000
Iteration 1:   rho = 0.4197
Iteration 2:   rho = 0.5325
Iteration 3:   rho = 0.5796
Iteration 4:   rho = 0.5999
Iteration 5:   rho = 0.6086
Iteration 6:   rho = 0.6123
Iteration 7:   rho = 0.6139
Iteration 8:   rho = 0.6146
Iteration 9:   rho = 0.6149
Iteration 10:  rho = 0.6150
Iteration 11:  rho = 0.6151
Iteration 12:  rho = 0.6151
Iteration 13:  rho = 0.6151
Iteration 14:  rho = 0.6151
Iteration 15:  rho = 0.6151
Iteration 16:  rho = 0.6151
```

Prais-Winsten AR(1) regression -- iterated estimates

Source	SS	df	MS		Number of obs	=	38
Model	.080888012	4	.020222003		F(4, 33)	=	24.87
Residual	.026835918	33	.00081321		Prob > F	=	0.0000
					R-squared	=	0.7509
					Adj R-squared	=	0.7207
Total	.10772393	37	.002911458		Root MSE	=	.02852

lprepop	Coef.	Std. Err.	t	P>|t|	[95% Conf. Interval]	
lmincov	−.1477111	.0458423	−3.22	0.003	−.2409779	−.0544443
lusgnp	.2557114	.2317498	1.10	0.278	−.2157872	.72721
lprgnp	.2513828	.1164623	2.16	0.038	.0144384	.4883271
t	−.0205016	.005856	−3.50	0.001	−.0324158	−.0085875
_cons	−4.652853	1.37647	−3.38	0.002	−7.453303	−1.852404
rho	.6151374					

Durbin-Watson statistic (original)   1.013709
Durbin-Watson statistic (transformed) 1.736277

图 4.21 采用 PW 方法且使用迭代法的 FGLS 估计结果

从图 4.21 和图 4.22 可以看出,采用 PW 和 CO 方法以及迭代方法进行 FGLS 估计后,模型的 DW 统计量进一步增大。用 PW 方法(迭代法)得到的 lmincov 系数估计值为 −0.147 7,标准误为 0.045 8;用 CO 方法(迭代法)得到的 lmincov 系数估计值为 −0.110 8,标准误为 0.044 7。使用迭代法以后的 PW 和 CO 方法得到的 lmincov 系数估计值的绝对值变得更小了,标准误变得更大,但都显示 lmincov 统计显著。

```
Iteration  0:  rho = 0.0000
Iteration  1:  rho = 0.4197
Iteration  2:  rho = 0.5225
Iteration  3:  rho = 0.5724
Iteration  4:  rho = 0.5996
Iteration  5:  rho = 0.6155
Iteration  6:  rho = 0.6253
Iteration  7:  rho = 0.6315
Iteration  8:  rho = 0.6355
Iteration  9:  rho = 0.6381
Iteration 10:  rho = 0.6398
Iteration 11:  rho = 0.6410
Iteration 12:  rho = 0.6418
Iteration 13:  rho = 0.6423
Iteration 14:  rho = 0.6426
Iteration 15:  rho = 0.6429
Iteration 16:  rho = 0.6430
Iteration 17:  rho = 0.6431
Iteration 18:  rho = 0.6432
Iteration 19:  rho = 0.6432
Iteration 20:  rho = 0.6433
Iteration 21:  rho = 0.6433
Iteration 22:  rho = 0.6433
Iteration 23:  rho = 0.6433
Iteration 24:  rho = 0.6433
Iteration 25:  rho = 0.6433
Iteration 26:  rho = 0.6433
Iteration 27:  rho = 0.6433
Iteration 28:  rho = 0.6433
Iteration 29:  rho = 0.6433
```

Cochrane-Orcutt AR(1) regression -- iterated estimates

Source	SS	df	MS		
Model	.03101624	4	.00775406		Number of obs = 37
Residual	.022428249	32	.000700883		F(4, 32) = 11.06
					Prob > F = 0.0000
					R-squared = 0.5803
					Adj R-squared = 0.5279
Total	.05344449	36	.001484569		Root MSE = .02647

lprepop	Coef.	Std. Err.	t	P>|t|	[95% Conf. Interval]
lmincov	-.1107558	.0446555	-2.48	0.019	-.2017161 -.0197955
lusgnp	.3664665	.2201893	1.66	0.106	-.0820444 .8149775
lprgnp	.2673665	.1119365	2.39	0.023	.0393593 .4953736
t	-.024328	.0057919	-4.20	0.000	-.0361257 -.0125302
_cons	-5.518965	1.339614	-4.12	0.000	-8.24767 -2.79026
rho	.6433401				

Durbin-Watson statistic (original)   1.013709
Durbin-Watson statistic (transformed) 1.630394

图 4.22 采用 CO 方法且使用迭代法的 FGLS 估计结果

上述四个回归分析表明,在消除了序列相关的影响后,美国的最低工资(lmincov)对波多黎各的就业率(lprepop)存在显著的负影响(弹性系数的估计值为负数)。

4.4 Stata 在面板数据模型中的应用

在实际经济研究和应用中,往往碰到的数据并不是单一的时间序列数据或者截面数据,而是两者的混合,即同时包括了截面和时间序列的信息,这种数据被称为面板数据(Panel data),也称时间序列截面数据(Time Series and Cross Section Data)。面板数据模型则是一类利用面板数据分析变量间相互关系并预测其变化趋势的计量经济模型,它同时利用了时间和截面的信息,可以构造出比单独使用截面数据或时间序列数据更为真实的变量变化过程,从而进行更加深入的分析。处理面板数据的模型主要有三种:固定效应模型、差分模型和随机效应模型。下面简要介绍面板数据模型的基本形式。

令 i 表示个体,$i=1,2,\cdots,N$;t 表示时期,$t=1,2,\cdots,T$。则面板数据回归模型的基本形式为

$$y_{it} = \beta_0 + \beta_1 x_{it1} + \beta_2 x_{it2} + \cdots + \beta_k x_{itk} + \alpha_i + \mu_{it} \tag{4.10}$$

式中,α 和 μ 是影响 y 的不可观测因素。与单一横截面回归模型相比,面板数据模型的基本形式无非是加入了不同时间(t)的观测,并将无法观测因素(误差项)分解成两部分:α 和 μ。令 $v_{it} = \alpha_i + \mu_{it}$,称作复合误差。没有下标 t 的 α_i 表示的是影响 y_{it} 但不随时间而变化的无法观测因素,一般称为不随时间而变的非观测效应或固定效应(Fixed effect)。μ_{it} 表示影响 y_{it} 且随时间而变化的不可观测因素,常被称为特异误差或时变误差。

固定效应模型、差分模型和随机效应模型的不同在于对非观测效应 α_i 和特异误差 μ_{it} 的不同假定。当 μ_{it} 与 x_{itj} 无关时,如果 α_i 与 x_{itj} 相关,则可以采用一定的方法消去 α 的影响,这样的方法就是固定效应(Fixed Effect,FE)模型或一阶差分(First Difference,FD)模型;如果 α_i 与 x_{itj} 无关,但是 μ_{it} 可能存在时序相关问题,这时采用的分析方法就是随机效应(Random Effects,RE)模型。

在实践中对以上三个模型的选择方法:第一,可以依据经济理论或经验直觉来判断。第二,对于 $T=2$,FE 和 FD 两者无差异,这时难于选择,可同时使用两种方法。第三,可以同时估计 FE 和 RE,然后采用一定的方法对结果进行检验。常用的方法是 Hausman 检验,其基本思想是,对 FE 和 RE 的估计结果进行差异显著性检验,如果原假设是无显著差异,即是 RE;如果检验结果拒绝原假设,则应采用 FE。具体过程见例 4.4.1。

Stata 比较适合处理面板数据,且个性化强。处理面板数据的 Stata 基本命令为 xtreg,在执行该命令之前,一般需要界定个体标识变量和时期标识变量。

- iis id   // id 为个体标识变量
- tis year   // year 为年份标识变量
- xtreg depvar [indepvars] [if] [in] [, re fe be_options]

depvar 为因变量,indepvars 为解释变量;选项 re、fe、be 分别为随机效应模型、固定效应模型和组间模型,缺省状态为 re;通过 _options 选项可以定义稳健标准误、常数项等,可参见 help 文件。对于差分模型的 Stata 操作见例 4.4.1。

例 4.4.1 研究县小学教育经费支出受到了哪些因素的影响。使用数据文件"县小学教育经费支出.dta"进行面板数据模型的回归分析。该数据文件中含有以下时间为三

年的变量面板数据。

(1)id。县代码(个体标识变量)。

(2)year。年份(时期标识变量)。

(3)texp。县小学生均教育经费支出(元)。

(4)pgdp。县人均 GDP(元)。

(5)rlfin。县地方一般预算财政收入占 GDP 的比重(%)。

(6)stu。县小学学生数(人)。

(7)land。县国土面积(km^2)。

(8)pop。县人口数(万人)。

(9)policy。西部县 = 1。

回归模型中的核心解释变量是表示经济发展水平的 pgdp 和财政能力的 rlfin,其他变量为控制变量。

解 双击"县小学教育经费支出.dta"文件导入面板数据。

1. 随机效应(RE) 模型估计

利用随机效应模型对县小学教育经费支出影响因素的估计命令和结果如下。

- iis id

- tis year

- xtreg texp pgdp rlfin stu land pop, re

```
Random-effects GLS regression              Number of obs      =       633
Group variable: id                         Number of groups   =       211

R-sq:  within  = 0.4337                    Obs per group: min =         3
       between = 0.6870                                   avg =       3.0
       overall = 0.6691                                   max =         3

Random effects u_i ~ Gaussian              Wald chi2(5)       =    784.38
corr(u_i, X)       = 0 (assumed)           Prob > chi2        =    0.0000
```

texp	Coef.	Std. Err.	z	P>|z|	[95% Conf. Interval]	
pgdp	.0905827	.0041672	21.74	0.000	.0824152	.0987502
rlfin	5502.869	1431.122	3.85	0.000	2697.92	8307.817
stu	-.0179185	.0020016	-8.95	0.000	-.0218416	-.0139955
land	.0279092	.0421866	0.66	0.508	-.054775	.1105934
pop	7.748594	2.362515	3.28	0.001	3.11815	12.37904
_cons	1102.007	147.4703	7.47	0.000	812.9705	1391.043

sigma_u	577.37055					
sigma_e	277.02573					
rho	.81286697	(fraction of variance due to u_i)				

图4.23 随机效应模型估计结果

图 4.23 中的 RE 估计结果显示,除了 land 以外,其他几个解释变量对县小学教育经费支出都有显著影响。pgdp 和 rlfin 的系数估计值符号都为正,表明经济水平和财政能力越好的地区,教育经费支出水平也越高。此外,图 4.23 右上方报告的联合显著性检验的 Wald 统计量也显示了显著性的结果。图 4.23 左上方报告的三个可决系数 R^2、分别为组内 R^2、组间 R^2、整体 R^2,一般报告的 R^2 可以用组内 R^2。

图 4.23 最后三行报告了随机效应估计的不可观测因素的标准差,其中,sigma_u 表示不随时间而变的非观测因素 α_i 的标准差;sigma_e 表示特异误差 μ_{it} 的标准差;rho 表示复合误差方差中非观测因素的方差占的比重,即 $rho = \frac{(sigma\_u)^2}{[(sigma\_u)^2 + (sigma\_e)^2]}$。

2. 固定效应(FE)模型估计

固定效应模型的估计命令和结果如下。

- iis id
- tis year
- xtreg texp pgdp rlfin stu land pop, fe

```
Fixed-effects (within) regression              Number of obs    =      633
Group variable: id                             Number of groups =      211

R-sq:  within  = 0.4458                        Obs per group: min =        3
       between = 0.3641                                       avg =      3.0
       overall = 0.3650                                       max =        3

                                               F(5, 417)        =    67.10
corr(u_i, Xb)  = -0.4407                       Prob > F         =   0.0000

------------------------------------------------------------------------------
    texp  |     Coef.   Std. Err.      t    P>|t|     [95% Conf. Interval]
----------+-------------------------------------------------------------------
    pgdp  |  .0965734   .0064945    14.87   0.000     .0838074    .1093394
   rlfin  |  1778.821   1639.182     1.09   0.278    -1443.267    5000.91
     stu  | -.0200849   .0026098    -7.70   0.000    -.0252149   -.0149548
    land  | -.0693083   .4760229    -0.15   0.884    -1.005012    .8663952
     pop  |  33.50822   16.39151     2.04   0.042     1.28792     65.72851
   _cons  |  82.32593   1366.11      0.06   0.952    -2602.994   2767.646
----------+-------------------------------------------------------------------
 sigma_u  |  990.08807
 sigma_e  |  277.02573
     rho  |  .92739643   (fraction of variance due to u_i)
------------------------------------------------------------------------------
F test that all u_i=0:       F(210, 417) =    14.15             Prob > F = 0.0000
```

图 4.24 固定效应模型估计结果

图 4.24 中的 FE 估计结果显示,只有 pgdp 和 stu 两个解释变量的 FE 估计量与 RE 估计量基本一致(显著性和系数符号),而其他几个解释变量的影响则与随机效应模型存在较大差异,如 rlfin 变量,FE 估计量在统计上不显著;land 变量的 FE 估计量与 RE 估计量符号不同,但同样都统计不显著。

图 4.24 最下面一行是对 α_i 与 x_{itj} 之间关系的 F 检验,由于原假设是两者没有关系,根据 F 值可以拒绝原假设,因而满足固定效应模型的假设。图 4.24 中其他统计量的含义与随机效应模型是一致的。

3. 一阶差分(FD)模型估计

Stata 的 xtreg 命令没有 FD 估计的选项。在 Stata 中可采用以下命令做 FD 估计。

- tsset id year
- regress D.(texp pgdp rlfin stu land pop), noconstant

该命令中一般需加上去掉常数项的选项 noconstant,如果不加该选项,则表示原始模型具有时间趋势。

差分模型估计结果如图 4.25 所示。

Source	SS	df	MS		Number of obs	=	422
					F(5, 417)	=	39.92
Model	23034135.3	5	4606827.06		Prob > F	=	0.0000
Residual	48127076.1	417	115412.653		R-squared	=	0.3237
					Adj R-squared	=	0.3156
Total	71161211.4	422	168628.463		Root MSE	=	339.72

D.texp	Coef.	Std. Err.	t	P>|t|	[95% Conf. Interval]	
pgdp						
D1.	.0887373	.0074601	11.89	0.000	.0740733	.1034012
rlfin						
D1.	3069.168	1751.264	1.75	0.080	-373.2374	6511.574
stu						
D1.	-.0145373	.002481	-5.86	0.000	-.0194142	-.0096604
land						
D1.	.0758899	.4609964	0.16	0.869	-.8302765	.9820563
pop						
D1.	30.96493	16.35142	1.89	0.059	-1.176556	63.10642

图 4.25 差分模型估计结果

对图 4.25 中的 FD 估计结果以及各个统计量的解释与一般 OLS 回归相同。

4. 用 Hausman 检验选择 FE 或 RE

以上对三种面板数据模型 FE、RE 和 FD 分别进行了估计,下面进一步说明应该选择哪个模型的估计结果。FE 和 FD 的假设具有相似性,当数据多于两期时,并不容易决定到底采用哪一个模型的结果,因此这里主要对 FE 和 RE 的结果进行比较。

如前所述,对于 FE 和 RE 的选择常用的方法是 Hausman 检验。检验的原假设是 FE 和 RE 无显著差异(或者是 RE 模型),通过两者之间的比较得到 χ^2 统计量,然后就像以往的假设检验那样进行判断,即如果在给定显著性水平上(如 5%)显著,则拒绝原假设,应该采用 FE 模型;否则,应该采用 RE 模型。Hausman 检验命令和检验结果如下。

- iis id
- tis year
- xtreg texp pgdp rlfin stu land pop, fe
- est store fixed
- xtreg texp pgdp rlfin stu land pop, re
- hausman fixed

	Coefficients			
	(b) fixed	(B) .	(b-B) Difference	sqrt(diag(V_b-V_B)) S.E.
pgdp	.0965734	.0905827	.0059907	.0049813
rlfin	1778.821	5502.869	-3724.047	799.2529
stu	-.0200849	-.0179185	-.0021664	.0016747
land	-.0693083	.0279092	-.0972175	.4741498
pop	33.50822	7.748594	25.75962	16.22037

b = consistent under Ho and Ha; obtained from xtreg
B = inconsistent under Ha, efficient under Ho; obtained from xtreg

Test: Ho: difference in coefficients not systematic

chi2(3) = (b-B)'[(V_b-V_B)^(-1)](b-B)
 = 23.59
Prob>chi2 = 0.0000

图 4.26 Hausman 检验结果

由图 4.26 中的 χ^2 统计量结果可知,显然应该拒绝原假设,这样对县小学教育经费支出影响因素的研究应该采用 FE 模型。

第三部分 RATS 使用基础及应用

第5章 RATS 软件使用基础

5.1 RATS 简介

RATS, 全称是 Regression Analysis of Time Series（时间序列的回归分析），是一种目前处于领先地位的计量经济学和时间序列分析专用软件包。RATS 最初由美国明尼苏达大学的 Thomas Doan 等人在 Specter 程序的基础上设计开发的，后由 Estima 出版公司推出。该软件自问世以来，深受全世界各国用户特别是经济学研究者的欢迎和好评。目前最新稳定版是 Estima 于 2018 年推出的 RATS 10.0 版，本书使用的是 RATS 8.0 版本。

RATS 作为计量经济方面的专用软件，分析功能强，适用范围广，能完成各种有关计量经济的任务，从简单的回归、预测及统计分析，到非常复杂的计量经济学问题。用户可根据自己的需要，采用几个简单的指令或用 RATS 语言编写程序组合指令，就能让计算机完成烦琐而又庞大的数学运算，来解决各自的问题。因而可以说 RATS 基本上能解决计量经济学方面的各种问题。

RATS 在大多数情况下是一种指令驱动的软件，用户需要提供一条指令或一组指令给 RATS 处理。例如，使用 LINREG 指令就可以让 RATS 估计一个最小二乘回归，还可以将用户的工作保存为一个程序文件，然后可以在任何时间重新运行这些保存的程序文件，只需点击几下鼠标而已。这种做法的好处在于，进行分析时，用户创建一个 RATS 指令序列，使用该指令序列，用户可以在任何时间迅速、方便、可靠地复制和验证工作结果。RATS 同时还为很多常用任务提供了几个菜单驱动"向导"，包括读取数据、进行转换、估计模型以及假设检验。用户只要简单地从"向导框"中选择需要的选项，"向导"将生成并执行适当的 RATS 指令。这种可点击的"向导框"简化了学习过程，能够帮助用户迅速完成工作。

使用 RATS 有两种模式：交互和批处理。在交互模式中，用户使用 RATS 编辑器，可以解释和执行 RATS 指令，并提供访问菜单驱动的向导。之所以把这种使用模式称之为交互模式，是因为用户始终在一个交互的过程中进行分析。在批处理模式中，用户向 RATS 提供一个完整的程序，RATS 会自动按顺序执行程序中的所有指令，并将输出结果保存到一个文件中。本书只涉及交互模式的使用。

5.2　RATS 的主界面

启动 RATS 交互模式,打开 WinRATS 8.0 文件夹,双击 WinRATS 8.0 图标(ratsv8_pro),打开 RATS 的主界面,即 RATS 编辑器(RATS Editor),如图 5.1 所示。用户将看到 RATS 的菜单栏、工具栏以及一个空白的工作页窗口,即 noname00.txt。

RATS 的主界面,也就是 RATS 编辑器是一个文本编辑器,它允许用户完成以下工作。

(1) 执行、修改及重新执行 RATS 指令。用户可以逐行执行指令,或者选择一整套指令,然后通过单击回车键或者鼠标,一整套指令都被执行。

(2) 使用菜单和对话框驱动的向导执行各种任务。

(3) 编辑任何文本文件。例如,用户可以将 RATS 指令保存到一个文件以供以后按批处理方式执行;检查和编辑输出文件,等等。

(4) 获得大量的关于 RATS 编辑器和所有 RATS 指令的在线帮助信息。

(5) 显示、保存、加载和打印 RATS 图形。用户还可以将 RATS 图形以其他常见的图形文件格式导出,再导入到其他应用软件中。

(6) 创建或编辑 RATS 格式的数据序列文件。

下面介绍 RATS 编辑器的一些基本特征,并提供更详细的信息。

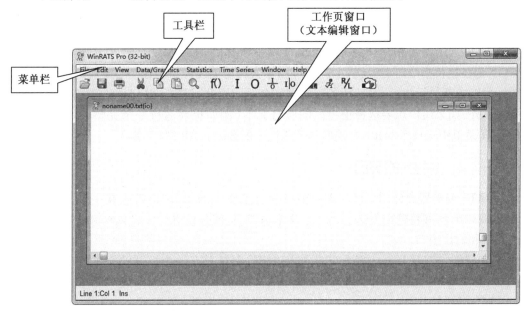

图 5.1　RATS 的主界面

5.2.1　RATS 执行指令和 Ready/Local 模式转换

RATS 编辑器是一个可进行模式转换的标准的文本编辑器。如果用户在一文本行单击 Enter 键,该行将作为 RATS 指令被执行。例如,键入 SHOW MEMORY,然后单击 Enter 键,将会显示关于 RATS 可用内存数量的一些统计数字。如果用户只要编辑文本而不需要执行指令时,点击 RATS 工具栏中的 Ready/Local 图标(R/L)或键盘 Ctrl + L 键,将转换到 Local 模式,此时单击 Enter 键只是简单地插入一个回车。比如在 Local 模式下,键入 SHOW MEMORY,然后单击 Enter 键,只是光标移动到下一行,其他什么都不会发生。如果想返回到 Ready 模式,再点击工具栏中的 Local/Ready 图标(L/R)或键盘 Ctrl + L 键即可,这时将光标移到 SHOW MEMORY 这一行的任何位置,然后按 Enter 键,RATS 将执行该指令。

下面举例介绍 RATS 如何执行已有的 RATS 命令。首先,键入下列指令行而暂不执行(将 RATS 置于 Local 模式)。

- calendar(m) 1959:1
- allocate 1996:2
- open data basics. xls
- data(format = xls, org = columns)
- table

然后将 RATS 返回到 Ready 模式。执行以上这些指令的一种方法是逐行执行,即一次只执行一行。使用鼠标或箭头键把光标放在第一行(CALENDAR)的任何地方,按 Enter 键,RATS 将执行第一行指令(设定时间频率和起始日期),然后光标移至第二行,连续地按 Enter 键直至每一行指令均被执行,最后一行的 TABLE 命令执行后应生成一个数据序列的基本统计量表,而该数据序列由 DATA 命令读入。或者,当用户需要执行一个指令块时,可选中整个指令块并按 Enter 键或用鼠标点击工具栏上的 Run 图标( ),当 RATS 正在执行指令时,工具栏上的 Run 图标会自动更改为 Stop 图标( ),此时点击 Stop 图标可以中断执行指令,一旦任务完成则又会返回到 Run 图标,RATS 准备接受更多的指令。此外,如果用户想要选择窗口内的所有文本(例如想要运行一个完整的程序),可以从 Edit 菜单中选择 Select All 或单击工具栏上的 Select All 图标( )。

5.2.2 RATS 的窗口

RATS 编辑器允许用户使用多个窗口同时工作。例如,用户可以在一个文本窗口输入 RATS 指令,并将输出发送到另一个文本窗口,也就是说 RATS 的文本窗口可以分为输入窗口和输出窗口。

(1)输入窗口(Input window)。任何时刻,有且只有一个打开的文本窗口被指定为"输入窗口"。输入窗口用于输入和执行指令。

(2)输出窗口(Output window)。RATS 指令的执行结果显示在指定的"输出窗口"中。输入输出可以在同一个窗口中,也可以是两个不同的窗口。RATS 在文本窗口的标题栏处附加{i}表示输入窗口,{o}表示输出窗口,{io}表示输入和输出在一个窗口中。此外,在 Window 菜单中也有窗口列表显示。

当启动 RATS 交互模式后,由于打开的空白窗口 noname00. txt 是唯一的,因而该窗口为激活的输入和输出窗口,如图 5.1 所示。RATS 将执行在该窗口内输入的任意指令,并显示输出结果。此时如果点击 RATS 工具栏上的 I／O 图标(或)，则可将输入和输出窗口分成两个窗口，呈水平排列或垂直排列，如图 5.2 和图 5.3 所示。

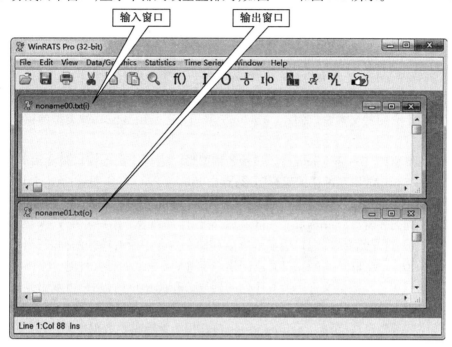

图 5.2　水平排列的输入和输出窗口

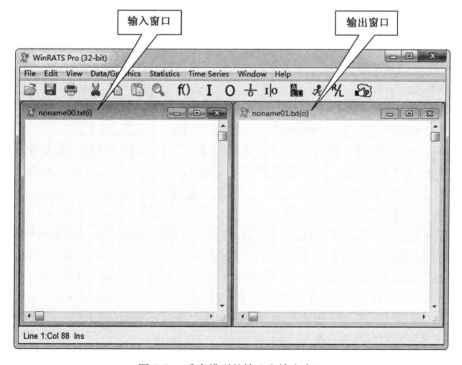

图 5.3　垂直排列的输入和输出窗口

如果在启动 RATS 打开空白窗口 noname00. txt 的情况下,用户想使用一个特定的文件,应该先关闭此空白窗口,然后打开要使用的文件,这样打开的新窗口才为激活的输入和输出窗口。如果用户打开一个新窗口而没有先关闭 noname00. txt 窗口,那么打开的新窗口为激活窗口但不是输入或输出窗口,并不能执行指令。若要执行指令,可选择 Window 菜单中的 Use for Input 或点击工具栏上的 I 图标(**I**),该窗口将变为输入窗口。类似地,选择 Window 菜单中的 Use for Output 或点击工具栏上的 O 图标(**O**),该窗口将变为输出窗口。

除了以上介绍的文本窗口(Text window),RATS 还采用其他几种类型的窗口显示信息。

(1)图形窗口(Graph window)。显示各种图形。当一个图形窗口被激活时,可点击菜单 File → Save As 以几种格式保存图形;点击 File → Print 打印图形;点击 Edit → Copy 将图形复制到剪贴板。

(2)序列列表窗口(Series list window)。显示序列列表。用户可在 View 菜单中点击 Series Window 打开此窗口,窗口内显示当前存储在内存中所有序列的列表;当用户点击菜单 File → Open 或 File → New 打开或创建一个 RATS 格式数据文件时,RATS 也将打开序列列表窗口以显示数据文件中所有序列的列表。在此窗口内,用户可双击某序列对其进行编辑,使用工具栏图标作图和描述性统计分析,或者点击 File → Export 导出数据。

(3)序列编辑窗口(Series editing window)。用于编辑单个数据序列。用户可编辑存储在内存中的序列或者存储在 RATS 格式数据文件中的序列(双击 Series List window 中的某序列,即打开序列编辑窗口)。

5.2.3 RATS 的菜单栏

RATS 编辑器提供了 8 个菜单选项:File、Edit、View、Data/Graphics、Statistics、Time Series、Window 和 Help。用鼠标单击任意选项会出现对应的下拉菜单,下面介绍一下这些菜单所包含的主要功能。

【File】提供标准的文件处理操作,如打开文件,保存文件等,以及其他相关操作。

< New > :打开一个新的、空白的文本窗口或者一个新的 RATS 格式数据文件窗口。对于文本窗口,RATS 分配其窗口标题栏显示 nonamexx. txt。注意,这个新的窗口还不是输入窗口,除非此时并没有其他文本窗口打开。对于 RATS 格式数据文件窗口,其窗口标题栏显示 nonamexx. rat。

< Open > :打开一个已有的文本文件(通常是扩展名为 RPF 或 PRG 的 RATS 程序文件,或者扩展名为 SRC 的源文件以及其他任何文本文件)。在一个新窗口内显示其内容,如果没有其他文本窗口打开,该窗口即为输入窗口。而且,还允许用户打开一个已有的 RATS 格式数据文件(扩展名为 RAT)以及 RATS 图文件(扩展名为 RGF)。

< Recent Files > :RATS 提供的最近使用的文件列表(最多列出 8 个文件)。用户借此可以很容易地重新打开以前使用过的文件。

< Close > :关闭激活窗口。如果窗口有内容更改尚未保存,RATS 会提示将其保存到磁盘。用户也可以使用 Window 菜单中的 Close All 来关闭所有打开的窗口。

< Save > :使用当前文件名将当前窗口中的全部内容保存到磁盘(如果文件之前没有保存过,则提示用户选择文件名后保存)。

< Save As > :使用用户选择的文件名将当前窗口中的全部内容保存到磁盘。

< Page Setup > :选择打印机和设置不同的打印机选项。它使用的是标准的Windows打印机设置对话框。

< Print > :打印激活窗口的内容(或标记的选择内容)。可以应用于文本窗口或图形窗口。

< Clear Memory > :清除所有数据和程序的内存信息。但并不关闭任何窗口,也不删除任何窗口内的文本或关闭任何打开的文件。

< Exit > :关闭所有的窗口,退出RATS程序。在退出之前,RATS会提示用户保存。

【Edit】提供标准的文本编辑操作,如剪切、复制、粘贴以及其他编辑功能。

< Undo/Redo > :撤销或重复最后一次操作。适用于文本编辑以及在数据编辑窗口中编辑更改数据。

< Cut > :删除所选中的文本,并将它们复制到Windows剪贴板;然后可将文本粘贴回RATS或另一个应用程序。

< Copy > :复制所选文本或者图到Windows剪贴板以便粘贴,但并没有删除所选信息。复制的文本可粘贴回RATS或者另一个Windows应用程序;复制的图可粘贴到其他的Windows应用程序,包括文字处理程序、图程序等。

< Paste > :将存储在Windows剪贴板的文本粘贴到当前窗口的当前光标位置。粘贴的文本可以是从RATS或另一个应用程序中剪切或复制的。注意不能将图粘贴到RATS。

< Delete > :删除选中的文本而不将其复制到剪贴板。

< Select All > :选择当前窗口中的所有文本。此选项不适用于图形窗口。

< Find/Find Next > :搜索当前窗口中的指定字符串。三个单选按钮用来控制搜索范围。

"File beginning"指让RATS向前搜索,并从文件顶部开始;而"Forward"和"Backward"分别指让RATS向前和向后搜索,并从当前光标位置处开始。打开"Case Sensitive"选项为区分大小写的搜索。使用"Find Next"为重复前面的搜索。

< Show Last Error > :将光标移动到出错行。

RATS提供了20多个菜单驱动的向导(Wizards),通过简单的鼠标点击方式就可以使用RATS的许多重要的任务功能,包括读取数据、估计回归模型、预测等。在RATS 8.0版本中,Wizards操作按基本功能被分为View、Data/Graphics、Statistics和Time Series四个独立的菜单。

【View】提供查看当前内存中的变量和序列列表以及快速生成简单的图和统计表等。

< Series Window > :打开序列列表窗口显示当前内存中的所有序列。从该窗口,用户可使用View菜单下面的操作或工具栏按钮生成各种图和计算统计量,或通过双击某序列来查看或编辑该序列等。

< Standard Functions > :打开函数向导,使用它可以浏览可用的函数,检查函数语法并将函数粘贴到输入窗口。

　　< Standard Variables > :提供访问所有的由各种 RATS 指令定义的保留变量。用户可以查看所有变量的字母顺序列表,或者变量的类别列表。

　　< User Variables > :显示所有用户定义的变量的列表。对于实值数组(array),可通过双击数组的名称查看其维度。

　　< All Symbols > :显示全部全局变量和函数名的列表,包括 RATS 定义的保留变量和函数以及用户定义的变量和函数。对于实值数组(array),可通过双击数组的名称在一个单独的窗口中查看其值。

　　以下操作只有在一个序列列表窗口打开时才可用,通过这些操作可快速生成序列的图和基本统计量报告。最后两个操作(Covariance Matrix 和 Data Table)仅适用于内存中的序列列表,而当一个 RATS 格式数据文件列表打开时,它们是不可用的。

　　< Time Series Graph > :产生所选序列的时间序列图。

　　< Histogram > :产生所选序列的直方图(一次只能应用于一个序列)。

　　< Box Plot > :产生所选序列的箱线图。

　　< Autocorrelations > :产生序列的自相关图和偏自相关图。

　　< Statistics > :产生所选序列的基本描述性统计量。

　　< Covariance Matrix > :产生协方差/相关系数矩阵。

　　< Data Table > :在数据表窗口以列的形式显示所选序列。注意,在此窗口内无法编辑序列数据。

　　【Data/Graphics】提供若干向导框用于读取数据到内存、进行数据转换以及许多其他数据相关的操作等。

　　< Calendar > :打开 Calendar 向导框,该向导框提供了一种简便的方法用于设定时间序列数据的时间频率和起始时间等。

　　< Create Series (Data Editor) > :打开一个序列编辑窗口,用于输入或粘贴数据以生成一个新序列,然后将其保存到内存中。

　　< Transformations > :提供了一种便利的方法进行各种数据转换,比如生成自然对数、平方根或者生成增长率、季节虚拟变量等。

　　< Differencing > :打开 Differencing 向导框,可对序列进行常规的或季节性差分。

　　< Graph Settings > :生成一个 GRPARM 指令,可设置图标签的字体、字号和风格。

　　< Graph > :打开 Graph 向导框,可生成时间序列的时序图。

　　< Scatter (X – Y) Graph > :打开 Scatter Graph 向导框,可生成 X – Y 散点图。

　　【Statistics】提供若干向导框用于计算基本统计量、做最小二乘回归以及假设检验等。

　　< Univariate Statistics > :打开 Univariate Statistics 向导框,可产生单个序列的描述性统计量。

　　< Covariance Matrix > :计算一组序列的方差/协方差矩阵。

　　< Linear Regressions > :打开 Linear Regressions 向导框,可执行基本单变量线性回

归的估计,包括 OLS、工具变量、GMM 和 AR1 等。

< Limited/Discrete Dependent Variables > :该向导框用于执行有限和离散因变量模型的估计。

< Panel Data Regressions > :该向导框用于执行面板(混合截面时间序列)数据模型的估计。

< Regression Tests > :做最近回归的假设检验。

< Nonparametric Regression > :打开 Nonparametric Regression 向导框,即 NPREG 指令的界面,用于进行非参数回归。

【Time Series】提供若干向导框执行多种时间序列分析的任务。

< Autocorrelations > :计算序列的自相关和偏自相关系数。

< Cross Correlations > :计算两个序列之间的交叉相关系数和协方差。

< Unit Root Test > :打开 Unit Root Test 向导框,提供七种不同的单位根检验程序,用户可从中选择,包括使用的原假设、检验类型以及是否允许结构性突变过程。

< ARCH/GARCH > :打开 GARCH 向导框,估计单变量和多变量 ARCH、GARCH 和相关模型。

< Box – Jenkins (ARIMA) Models > :该向导框用于估计 ARIMA 模型。

< Exponential Smoothing > :该向导框用于执行指数平滑法。

< VAR (Setup/Estimate) > :该向导框用于定义和估计 VAR 模型。

< VAR (Forecast/Analyze) > :VAR 模型以及其他多方程模型的预测、脉冲响应、方差分解和历史分解。

< Single – Equation Forecasts > :单方程预测。

【Window】提供了若干与 RATS 窗口有关的操作。此外,所有打开窗口的列表均会出现在 Window 菜单的底部,用户从该列表中选择某项即可切换到该窗口。

< Tile Horizontal > (横向平铺):以水平方向平铺打开的窗口,使其在屏幕上可见(此时窗口的宽度大于高度)。

< Tile Vertical > (垂直平铺):以垂直方向平铺打开的窗口(此时窗口的高度通常大于宽度)。

< Cascade > :堆叠所有打开的窗口,使其顶部均可见。

< Close All > :关闭所有打开的窗口。当文本窗口的内容有改动时,RATS 将会在窗口关闭前提示用户保存。

< Close All Graphs > :关闭所有打开的图形窗口。如果图形有改动,此操作将不会提示用户保存,因此选择此操作前用户一定要确定已保存图形。

< Use for Input > :指定激活的文本窗口为输入窗口。

< Use for Output > :指定激活的文本窗口为输出窗口。

5.2.4 RATS 的工具栏

RATS 的工具栏(Tool bar)出现在屏幕顶部,位于菜单栏(Menu bar)下方。工具栏中的各项以图标按钮形式显示,鼠标单击相应按钮便可迅速实现各种操作。由于不同类型窗口处于当前窗口时,工具栏内容不同,故分别加以介绍。

1. 文本窗口(Text window)

文本窗口被激活以后(图5.1),RATS工具栏就会出现如下图标;其中部分图标(暗灰色)在当前条件下被禁用。

📂(Open):File → Open 菜单操作的快捷方式,即打开一个文本文件。

💾(Save):File → Save 菜单操作的快捷方式,即保存文本内容到磁盘的一个文件里。

🖨(Print):File → Print 菜单操作的快捷方式,即打印当前窗口中的内容。

✂(Cut):Edit → Cut 菜单操作的快捷方式。

📋(Copy):Edit → Copy 菜单操作的快捷方式。

📋(Paste):Edit → Paste 菜单操作的快捷方式。

🔍(Find):Edit → Find 菜单操作的快捷方式,即搜索当前窗口中的文本。

f()(Functions):View → Standard Functions 菜单操作的快捷方式,即打开函数向导。

I(Input):Window → Use for Input 菜单操作的快捷方式,即指定当前窗口为输入窗口。

O(Output):Window → Use for Output 菜单操作的快捷方式,即指定当前窗口为输出窗口。

✂ I|O(Split I/O Windows):提供一种简便的方法将输入和输出窗口分开。点击两者之中的任何一个按钮将打开一个新窗口,并指定该新窗口为输出窗口,同时执行与 Window → Tile 菜单等价的操作来平铺窗口。第一个按钮为横向平铺,等价于 Window → Tile Horizontal 菜单操作;第二个按钮为垂直平铺,等价于 Window → Tile Vertical 菜单操作。

▦(Select All):Edit → Select All 菜单操作的快捷方式,即选择当前文本窗口中的所有内容。

🏃(Run):运行当前行指令或选中的指令,等价于单击 Enter 键。但如果当前窗口并不是输入窗口,则此功能无法使用。

🛑(Stop):当 RATS 正在执行指令时,Run 图标会更改为此 Stop 图标。点击该图标将停止指令的执行。这时,RATS 会弹出一个对话框询问用户是否想要跳过(停止)当前指令,还是忽略该"停止"的信号,继续执行指令。

R/L(Ready/Local):"R/L"图标显示 RATS 处于"Ready"模式,点击该图标 RATS 将转换到 Local 模式,此时图标将变为 L/R;再次单击 L/R 图标又转换回 Ready 模式。这两个按钮与键盘 < Ctrl > + L 操作等价。

🔄(Clear Mem):File → Clear Memory 菜单操作的快捷方式,即清处内存中的所有信息,包括日历设置,数据序列以及其他变量、方程、公式等。如果用户想重新开始或重新运行整个程序的话,只使用该操作即可。

2. 图形窗口(Graph window)

图形窗口被激活以后,如图 5.4 所示,RATS 工具栏同样也显示 Save、Print 和 Copy 图标,此外还显示如下的 Fix 和 Black and White 图标。

FIX(Fix):点击此图标以当前比例固定图形,调整图形窗口将会改变图形的大小,但并不改变图形的比例和总体外观。如果打印或保存图(以任何可用的文件格式),可以采

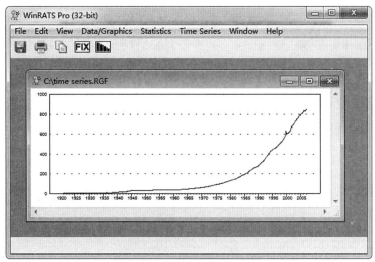

图 5.4　RATS 的图形窗口

用几种固定比例。点击此图标时,此图标更改为 Unfix 图标(▨)。点击 Unfix 图标,RATS 可以任意地改变图形的比例,在用户调整图形窗口时。

▨(Black and White):点击此图标,图的显示将从彩色模式转换到黑白模式,此时图的线条、风格和符号都将切换到相应的黑白风格,以便在黑白输出设备上查看图。当图在黑白模式时,此图标处在彩色模式,意味着点击此图标将切换回彩色模式。

3. 序列列表窗口(Series list window)

选择 View → Series Window 菜单操作即打开序列列表窗口(显示存储在内存中所有序列的列表),如图 5.5 所示;在使用 File → Open 或 File → New 菜单操作打开或创建一个 RATS 格式数据文件时,RATS 也将打开序列列表窗口(显示数据文件中所有序列的列表),如图 5.6 所示。序列列表窗口打开后,RATS 工具栏就会出现如下图标。

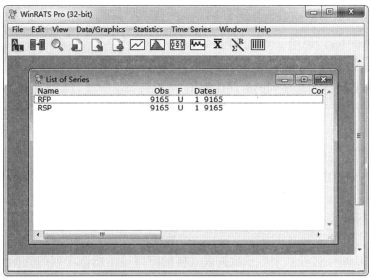

图 5.5　RATS 的序列列表窗口

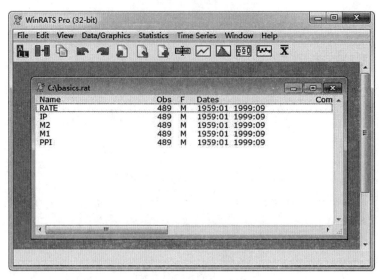

图 5.6　RATS 的序列列表窗口

■(Select All)：Edit → Select All 菜单操作的快捷方式，即选择当前序列列表窗口中的所有序列。

■(Change Layout)：对于 RATS 格式数据文件，将打开一个对话框，以供用户根据不同的标准筛选序列列表以及更改序列的排序次序。

■(Find)：搜索一个特定的数值。

■(Copy)：复制选中的序列到剪贴板。

■(Undo)：撤销最后一次编辑。

■(Redo)：重复最后一次编辑。

■(Import)：从外部文件导入数据。

■(Export)：将数据导出到外部文件中。

■(New Series)：创建一个新序列。

■(Rename)：对已有序列重命名或更改注释(仅限于 RATS 格式数据窗口)。

■(Graph)：产生所选序列的时间序列图。

■(Histogram)：产生所选序列的直方图(一次只适用于一个序列)。

■(Box Plot)：产生所选序列的箱线图。

■(Autocorr.)：产生序列的自相关系数和偏自相关系数图。

■(Statistics)：产生所选序列的基本描述性统计量，包括样本数、平均值、标准差、最大值和最小值。

■(Cov./Corrr.)：产生所选序列的协方差和相关系数矩阵(仅限于内存中的序列)。

■(View Data)：打开一个电子数据表式样的窗口显示所选序列的数据(相当于双击该序列)。除了查看数据，用户可以复制和粘贴窗口中的内容到另一个应用程序，或者使用 File → Export 菜单操作将窗口中的内容导出到一个文件中。

4. 序列编辑窗口(Series editing window)

双击序列列表窗口中的某序列(内存中或 RATS 格式数据文件中),就可以打开序列编辑窗口,如图 5.7 所示,在该窗口内可实现对序列的编辑。RATS 工具栏中除了标准的 Select All、Copy、Paste 和 Print 图标以外,还有如下一些专门的工具栏图标可用。

(Insert):在当前光标位置插入一个新的单元格(单元值设置为 NA)。

(Remove):删除当前单元格,其余数据向左移动一个单元格以填补这个位置。

NA(NA):将当前单元格设置为缺失值代码(NA 或者不可用)。

(Undo):撤销最后一次编辑。

(Redo):重复最后一次编辑。

max(Max. value):将光标移动到序列中最大值所在的单元格处。

min(Min. value):将光标移动到序列中最小值所在的单元格处。

(Find):搜索一个特定的数值。

$\overline{X}$(Statistics):打开一个窗口显示序列的基本统计量,包括样本数、平均值、方差、偏度等。

(Graph):显示时间序列的时序图。

(Histogram):显示序列的直方图。

(Graph Xform):显示带有幂变换的时间序列时序图。

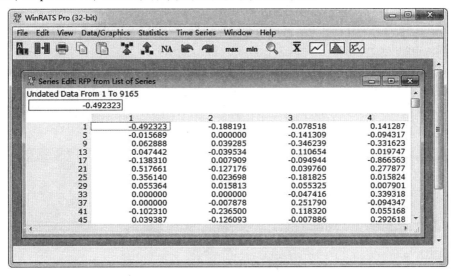

图 5.7　RATS 的序列编辑窗口

5.3　RATS 指令及语法格式

使用 RATS 估计模型的步骤包括:把数据读进 RATS;检查数据以确认数据能被顺利读入,并且计算一些基本的统计量;作简单的数据转换;产生时间序列时序图(或散点图)以检查序列的行为走势;运行回归程序,估计模型。考虑到 RATS 多数情况下是一种指令驱动的软件,用户需要提供一条指令或一组指令给 RATS 处理,因而本节主要介绍完成计量分析工作所涉及的 RATS 常用指令以及 RATS 指令的基本格式。

5.3.1 RATS 常用指令

1. 描述数据的指令

(1) CALENDAR 指令。

在读取数据之前,需要向 RATS 提供关于数据的一些信息。由于所处理的是时间序列数据,采用 CALENDAR 指令可设置时间序列数据的起始时间和时间频率。输入以下指令,按回车键执行命令。

· calendar(m) 1959:1

其中,括号内为时间频度选项,m 代表月度数据。此外,a 代表年度数据,q 代表季度数据,b 代表两周或半月数据,w 代表周数据,d 代表日数据(每周 5 天),7 代表日数据(每周 7 天)。1959:1 为起始时间参数,即数据起始于 1959 年 1 月。多数 RATS 指令包含 1 个或多个参数。CALENDAR 指令举例如下。

· calendar(q) 1960:2   // 季度数据,始于 1960 年的第二季度
· calendar(7) 1999:10:4   // 每周 7 天日数据,始于 1999 年 10 月 4 日
· calendar(a) 1980:1   // 年度数据,始于 1980 年(对于年度数据,年份后面必须加上":1",否则 RATS 无法识别为时间)

RATS 还提供了 CALENDAR 指令的向导框,即在 Data/Graphics 菜单中选择 Calendar 后将打开 Calendar 向导框,它提供了一种很方便的设定时间的方式。只要在该向导框内选择合适的 Frequency 和 Structure 选项,并输入起始时间,点击 OK 后,RATS 将生成并执行相应的 CALENDAR 指令,同时将 CALENDAR 指令写入 RATS 的输入窗口(Input window)。图 5.8 为 Calendar 向导框的示例。提示:RATS 在处理截面数据时不使用 CALENDAR 指令。

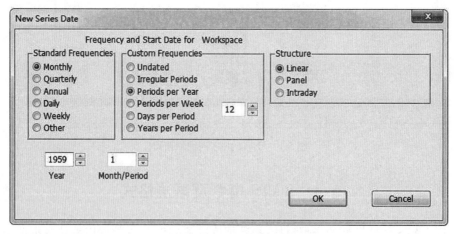

图 5.8 Calendar 向导框

(2) ALLOCATE 指令。

采用 ALLOCATE 指令可设置时间序列数据的结束时间,即 ALLOCATE 指令可设置时间序列数据的系统默认长度。实际上,ALLOCATE 指令可以被省略,在这种情况下,RATS 会试着去猜测从第一个数据开始的结束日期。但是通常还是建议用户使用 ALLOCATE 指令来设置一个默认的范围,除非用户根本不知道数据文件中有多少数据。

ALLOCATE 指令通常出现在 CALENDAR 指令后面,具体例子如下。

· calendar(m) 1950:1
· allocate 2002:12

月度数据,数据始于 1950 年 1 月,结束于 2002 年 12 月。

· calendar(a) 1791:1
· allocate 1856:1

年度数据,数据始于 1791 年,结束于 1856 年。

· calendar(w) 1985:5:8
· allocate 1989:3:1

周数据,第一周数据截至 1985 年 5 月 8 日,1989 年 3 月 1 日数据结束。

另外,也可以在 ALLOCATE 指令后面使用一个数字来设置数据的范围,例如

· calendar(a) 1922:1
· allocate 20

该命令等价于

· calendar(a) 1922:1
· allocate 1941:1

其中 1941:1 对应的正是 CALENDAR 指令设定的第 20 项。需要注意的是,年度数据日期设定时必须加上":1"。如果此时漏掉":1",写为

· calendar(a) 1922:1
· allocate 1941

RATS 将假定用户需要数据序列包含 1941 项,即相当于到 3862 年。这时,RATS 会发出警告提示用户可能想使用日期(如 1941:1)。如果用户真的想用一个条目数,忽略该警告就可以了,否则应修正并重新执行 ALLOCATE 指令。

对于截面数据来说,由于不使用 CALENDAR 指令,只采用如下 ALLOCATE 指令形式即可。

· allocate (样本观测值个数)

2. 读取数据的指令

(1) OPEN 指令。

首先用户输入如下指令,即

· calendar(m) 1959:1
· allocate 1996:2

然后用户需要告诉 RATS 指定数据文件的路径,这时可使用 OPEN 指令。由于所提供的数据文件有多种类型,以下选择 BASICS.XLS 文件(RATS 软件自带)为输入数据,这是

一个 excel 格式的电子表格文件(后缀名为 XLS),即输入指令

· open data basics. xls

如果所选数据文件并不在当前目录中,用户可以指定一个目录(或文件夹)路径作为文件名的一部分,即输入指令

· open data c:\winrats\basics. xls

如果指定的路径名中包含空格,则应把整个路径和文件名加双引号,例如

· open data "c:\My Documents\RATS Projects\basics. xls"

(2)DATA 指令。

在设置数据文件后,用户还可以使用 DATA 指令将数据文件中的数据序列读入内存。输入如下指令,即

· data(format = xls,org = columns) / rate m1 m2 ip ppi

注意:data 与左括号之间不允许有空格,而 / 的左右两侧必须都有空格。该指令共包括 5 个变量(rate,m1,m2,ip 和 ppi)的数据。括号内为指令的选项(options),多数 RATS 指令都包含选项(options)以提供附加信息。DATA 指令采用两个选项:format 选项和 organization(缩写为 org)选项。可将选项名缩写为前三个或更多的字母。如:

· data(for = xls,org = col) / rate m1 m2 ip ppi

Format 选项给出数据文件的格式。如前所述,BASICS. XLS 文件是一个 excel 电子表格文件,所以在 DATA 指令中使用 format = xls,这也是最常用的。和参数一样,大多数选项都有一个默认值,format 选项的默认设置为 format = free,意为使用纯文本文件,其中只包含数据而不包含标签或日期。RATS 还支持多种不同格式的数据文件,包括自身的 RATS 格式数据文件(后缀名为 RAT),这样就必须采用 format 选项明确给出文件格式,因为 RATS 仅依据数据文件名是不能确定文件格式的。

Organization 选项描述数据文件中的数据是如何排列的,共有两种选择: org = columns(或 org = col,即数据序列以列的形式排列,一个序列一列,这种较常用)和 org = rows(或 org = row,即数据序列以行的形式排列,一个序列一行,这种较少用)。

关于范围参数设置,DATA 指令中的"/"作为一个参数表示数据序列采用当前默认的范围,即由 CALENDAR 和 ALLOCATE 指令设置的 1959:1 至 1996:2。当然也可以使用日期或数字明确地指定一个数据序列范围,例如以下指令与上面的 DATA 指令等价,其中 446 为数据序列的最大样本数。

· data(for = xls,org = col) 1959:1 1996:2 rate m1 m2 ip ppi

· data(for = xls,org = col) 1 446 rate m1 m2 ip ppi

所有的 RATS 指令都可以明确地设置序列范围或使用 / 为默认范围。

数据文件中都包含序列名称,因此 DATA 指令后面的序列名列表参数是可选项。如果省略,则代表 RATS 将读入文件中包含的所有序列;如果提供序列名列表,则 RATS 只读这些序列。

3. 计算数据统计量的指令

(1) TABLE 指令。

数据读入 RATS 后,需对数据进行检查,以确认数据的正确合理性,可采用 TABLE 指令。输入如下指令

· table

注意:TABLE 指令无任何选项和参数。执行该指令 RATS 将计算内存中的所有序列的基本统计量(包括样本数、均值、最大值、最小值、标准差),并有如下类似的输出结果。

```
Series     Obs       Mean         Std Error      Minimum        Maximum
RATE       446       6.05858744   2.77510466     2.27000000     16.29000000
M1         446     448.06255605 312.00002739   138.90000000   1152.30000000
M2         446    1577.37847534 1141.42636764  286.60000000   3673.10000000
IP         446      57.46704036  16.87177721    27.40000000     91.30000000
PPI        446      71.52242152  34.84734464    31.30000000    126.30000000
```

如果要生成一组选定序列的基本统计量表,可在 TABLE 指令后加上范围参数和序列名列表参数,例如

· table / ppi rate

这时只计算 PPI 和 RATE 序列的基本统计量。注意:同以上 DATA 指令一样,这里的"/"表示数据序列采用当前默认的范围;当然这里也可以明确地指定一个序列范围。

· table 1970:1 1980:12 ppi rate

采用 RATS 的序列窗口同样可实现以上功能,它提供了另一种简单的方法来生成这些基本统计量。在 View 菜单中选择 Series Window 后打开如图 5.9 所示的序列窗口,窗口内显示当前内存中的所有序列。

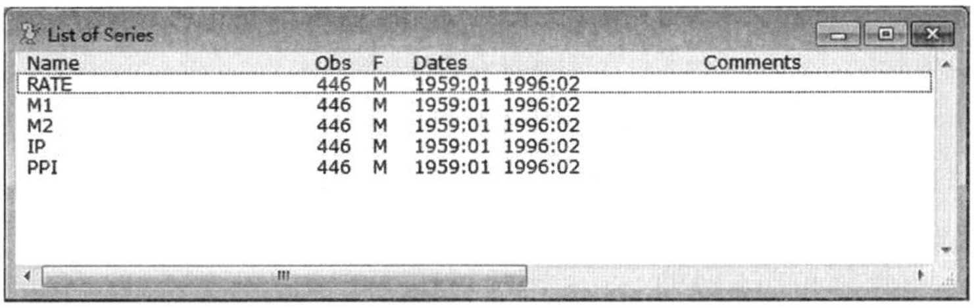

图 5.9 序列窗口

注意:此时 RATS 工具栏上的图标已经变为适用于当前序列的各种操作。为了生成基本统计量表,选中当前窗口内的所有序列,再单击工具栏上的 Basic Statistics 图标(𝐗̄),将生成一个电子表格式样的窗口,显示同 TABLE 指令一样的结果,如图 5.10 所示。用户可根据需要打印该窗口的内容,或者将这些内容复制并粘贴到一个电子表格程序中。

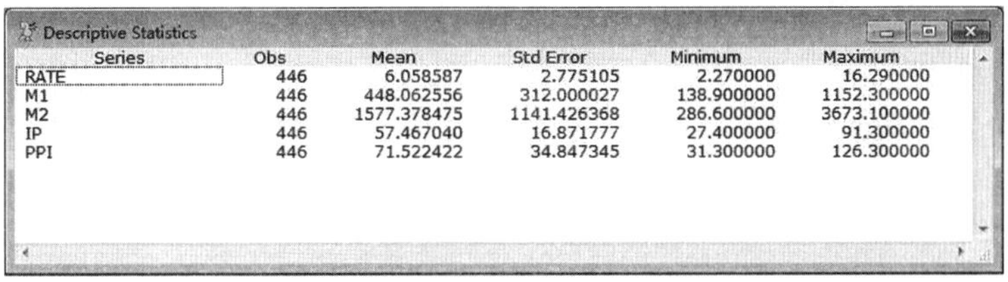

图 5.10 描述性统计量窗口

(2) STATISTICS 指令。

如果用户想获得某单个序列更详细的统计量信息,可采用 STATISTICS 指令。下面是一个示例指令和其输出结果。

·statistics rate

```
Statistics on Series RATE
Monthly Data From 1959:01 To 1996:02
Observations            446
Sample Mean         6.058587    Variance                  7.701206
Standard Error      2.775105    of Sample Mean            0.131405
t-Statistic (Mean=0) 46.106212  Signif Level              0.000000
Skewness            1.186328    Signif Level (Sk=0)       0.000000
Kurtosis (excess)   1.587381    Signif Level (Ku=0)       0.000000
Jarque-Bera         151.440700  Signif Level (JB=0)       0.000000
```

用户还可以采用 Univariate Statistics 向导框来获得一个数据序列的描述性统计量和其他信息。在 Statistics 菜单中选择 Univariate Statistics,RATS 将打开如图 5.11 所示的对话框。

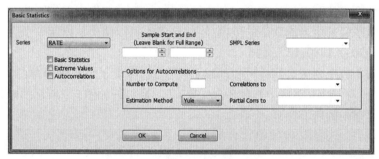

图 5.11 Univariate Statistics 向导框

在图 5.11 所示的对话框中,首先用户在左侧的 Series 下拉列表中选择要使用的序列,然后可勾选 Basic Statistics、Extreme Values 和 Autocorrelations 复选框中的一个或多个。Basic Statistics 复选框生成 STATISTICS 指令;Extreme Values 复选框生成 EXTREMUM 指令,报告序列的极值;Autocorrelations 复选框生成 CORRELATE 指令,计算序列的自相关系数和偏自相关系数(需要在 Partial Corrs 选项区选择一个序列)。用户可以任意组合使用这三个复选框。此外,用户还可以在图 5.11 对话框的其他选项区对需要计算的数据范围进行设定,以及对自相关系数计算的各选项进行选择。

4. 显示数据的指令

采用 PRINT 指令可将序列数据显示出来。输入指令

·print / m1 m2

将有如下输出结果。

```
ENTRY        M1        M2
1959:01     138.9     286.6
1959:02     139.4     287.7
1959:03     139.7     289.2
1959:04     139.7     290.1
1959:05     140.7     292.2
1959:06     141.2     294.1
1959:07     141.7     295.2
1959:08     141.9     296.4
            etc.
```

如果只想显示 M1 序列 1960 年的数据,则输入指令

· print 1960:1 1960:12 m1

如果需要 RATS 显示内存中的全部序列数据,则只需输入指令

· print

显示序列数据不仅有助于对数据进行检查,而且对解决程序出现的问题也是有很大帮助的。当程序运行出现意想不到的结果时,比如一个错误消息提示有缺失值,这时用户就可以用 PRINT 指令显示序列数据进行检查,可能会发现先前检查中漏掉的错误。

用户还可以使用 PRINT 指令的 PICTURE 选项来控制输出结果中小数点后的位数。例如,选项 PICTURE = " *.#" 意味着告诉 RATS 只保留小数点后的一位。

· print(picture =" *.#") / rate

输出结果如下所示。注意,其中显示的值均四舍五入到小数点后一位。

```
ENTRY        RATE
1959:01      2.8
1959:02      2.7
1959:03      2.9
1959:04      3.0
1959:05      2.9
1959:06      3.2
             etc.
```

5. 数据转换和建立新序列的 SET 指令

进行数据转换,创建新序列是使用 RATS 进行计量分析的常用操作。对于以上例子,用户可采用 SET 指令来定义新序列。首先生成若干差分序列,输入如下指令

· set ppidiff = ppi – ppi{1}

· set m1diff = m1 – m1{3}

其中,{1} 表示 PPI 序列的滞后一阶,{3} 表示 M1 序列的滞后三阶。第一个指令产生 PPI 的一阶差分序列 PPIDIFF,即 $PPIDIFF_t = PPI_t - PPI_{t-1}$,并且 RATS 会自动调整缺省值;第二个指令产生 M1 的三阶滞后差分序列 M1DIFF,即 $M1DIFF_t = M1_t - M1_{t-3}$。可比较一下 PPI 和 PPIDIFF 以及 M1 和 M1DIFF 序列的值,即输入指令

· print / ppi ppidiff m1 m1diff

得到输出结果如下,其中"NA"表示缺失值,即 Not Available 的缩写。

```
ENTRY        PPI       PPIDIFF        M1        M1DIFF
1959:01      31.7         NA         138.9        NA
1959:02      31.7         0.0        139.4        NA
1959:03      31.7         0.0        139.7        NA
1959:04      31.8         0.1        139.7        0.8
1959:05      31.8         0.0        140.7        1.3
1959:06      31.7        -0.1        141.2        1.5
1959:07      31.7         0.0        141.7        2.0
1959:08      31.6        -0.1        141.9        1.2
1959:09      31.7         0.1        141.0       -0.2
1959:10      31.6        -0.1        140.5       -1.2
1959:11      31.5        -0.1        140.4       -1.5
1959:12      31.5         0.0        140.0       -1.0
1960:01      31.6         0.1        140.0       -0.5
1960:02      31.6         0.0        139.9       -0.5
etc.
```

其次创建一些增长率序列,输入如下指令

- set grm2 = (m2 − m2{1})/m2{1}
- set grppi = (ppi − ppi{1})/ppi{1}
- set grip = (ip − ip{1})/ip{1}
- set anngrppi = 100 * ((ppi/ppi{1}) ** 12 − 1.0)
- set anngrip = 100 * ((ip/ip{1}) ** 12 − 1.0)

其中,{1}表示滞后一阶,/为除法运算符,**为乘方(幂)运算符。

还可以创建一个三期移动平均项。先定义 PRATIO 为 PPIDIFF 与 PPI 序列的比值,再定义 PPISUM 为 PRATIO 的当期以及两个滞后期序列之和,可采用如下 SET 指令。

- set pratio = ppidiff/ppi
- set ppisum = pratio + pratio{1} + pratio{2}

事实上,还有一些专门的指令可用于上述一些操作,如 DIFFERENCE、FILTER,但 SET 指令具有更大的灵活性,因此也更为常用。SET 指令还可以用于一些其他类型的转换,如

- set loggdp = log(gdp)
- set sqx = sqrt(x)
- set abx = abs(x)
- set ex = exp(x)

分别表示生成自然对数序列、取 x 的平方根、取 x 的绝对值、取指数 e^x。

RATS 也提供了 Data Transformations 向导框,在 Data/Graphics 菜单中选择 Transformations,将打开如图 5.12 所示的对话框。

在图 5.12 所示的对话框中,左侧的 Create 选项区用于输入或选择要创建或重新定义的序列名称。By/As 选项区用于控制数据转换的类型,如果用户想输入自己的转换公式或者使用一个预定义的转换(包括差分、取对数和平方根),那么可选择 General-Input Formula 这一项。

例如,要创建 PPI 序列的一阶差分序列 PPIDIFF,可在 Create 选项区输入 PPIDIFF,然后在 By/As 选项区选择 Difference,并且在 From 选项区的下拉列表中选择 PPI,如图 5.13

所示。

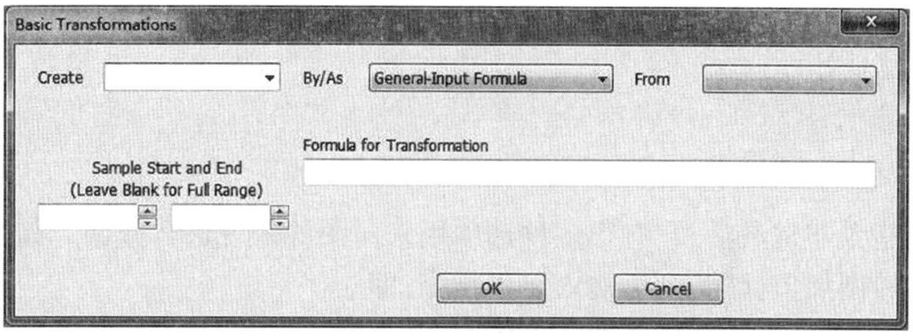

图 5.12 Data Transformations 向导框

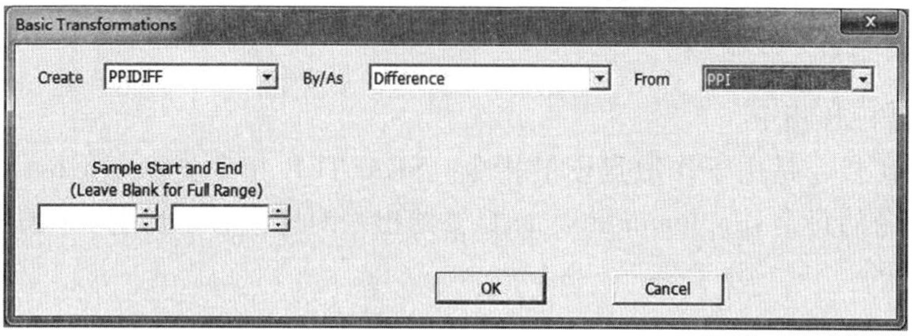

图 5.13 进行一阶差分设置的 Data Transformations 向导框

6. 绘制数据序列图形的指令

(1)GRAPH 指令。

GRAPH 指令是专门用于作时间序列时序图的指令。输入如下指令

graph(key = upleft) 3

rate

ip

ppi

作 RATE、IP 和 PPI 三个时间序列的时序图,并且图例(key)在图的左上角显示,如图 5.14 所示。参数 3 意为共画 3 个时间序列的时序图。接下来的三行带 # 符号的内容为 supplementary cards(补充信息),许多 RATS 指令中都采用 supplementary cards 以显示附加信息,附加信息通常是序列名列表或方程列表。Supplementary cards 总是由 # 号开头,且 # 号不能有缩进空格。

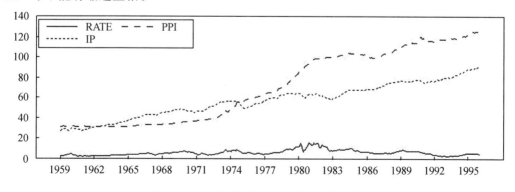

图 5.14 RATE、IP 和 PPI 时间序列的时序图

采用 GRAPH 指令时，每个 supplementary cards 对应一个序列名，且图例(key)还可以在图的下方显示，如输入指令

graph(key = below) 2
m1
m2

GRAPH 指令非常灵活，它有很多种选项用来对图的外观进行微调。如果想让图更美观一点，比如给图加上标题，则可输入以下指令，即

graph(key = upleft, header ="Real Money Supply(m1 and m2)") 2
m1
m2

（2）SCATTER 指令。

SCATTER 指令是用于作散点图的指令。SCATTER 指令类似于 GRAPH 指令，只是 SCATTER 指令的每个 supplementary cards 要给出一对序列，即分别为 X 轴序列和 Y 轴序列。如输入指令

scatter 1
grppi rate

或者，如果想给图加一些美观的标签，则可输入指令

scatter(vlabel ="Interest Rate", hlabel ="PPI Growth Rate", $
header ="Interest Rates vs. PPI Growth") 1
# grppi rate

其中符号 $ 表示该指令在下一行继续。这将生成一个高分辨率的 X – Y 散点图，X 轴为 GRPPI，Y 轴为 RATE，如图 5.15 所示。

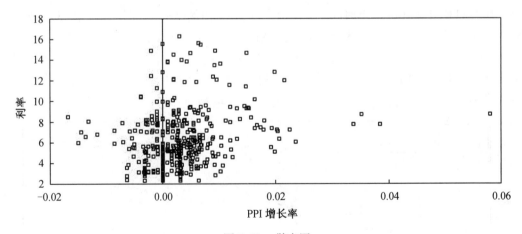

图 5.15　散点图

作时间序列时序图还可以采用 Graph 向导框，在 RATS 的 Data/Graphics 菜单中选择 Graph，将打开如图 5.16 所示的对话框。

要作一个标准的时序图，应首先在 Available Series 栏中选中一个或多个序列，再点击

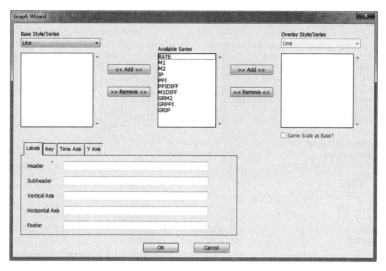

图 5.16 Graph 向导框

<<Add<< 按钮,所选序列将添加到 Base Style/Series 列表中,然后在 Style 选项区选择时序图的样式。如果想要从列表中删除某个序列,那么选中该序列后再点击>>Remove>>即可。底部的标签框用来在几个方面控制图形,包括给图加标签(Labels)、控制图例(Key)、控制时间轴(Time Axis)和 Y 轴(Y Axis)。当所有选项都处理完毕后,点击 OK 将生成 GRAPH 指令,同时显示图形。

7. 估计回归模型的 LINREG 指令

LINREG 指令是估计线性回归模型的基本指令。如输入指令

linreg rate 1960:2 1980:12

constant ip m1diff ppisum

这是被解释变量 rate 对解释变量 ip、m1、diff 和 ppisum 进行回归,并且在回归模型中包含一个常数项(截距)。注意:linreg 后面是回归模型的被解释变量,以及回归的时间范围为 1960 年 2 月到 1980 年 12 月;# 号后的 supplementary cards 中给出回归模型的解释变量(包括常数项)。LINREG 指令采用普通最小二乘法(OLS)估计模型,输出结果如图 5.17 所示。

该表的下半部分区域为基本的回归结果,包括:解释变量、常数项、回归系数的 OLS 估计值、回归系数的标准误、回归系数的 t 统计量值以及 t 统计量的显著性水平(P 值)。该表的上半部分区域给出了方程的描述说明以及方程的统计量。

下面看另一个例子。输入指令

linreg rate 1960:1 1995:8 resids_rate

constant ip grm2 grppi{1}

这是被解释变量 rate 对解释变量 ip、grm2 和 grppi 的滞后一阶进行回归。注意:这里在时间范围后面添加了一个附加参数,意为将回归模型的残差保存到 resids_rate 序列中,RATS 将创建该残差序列。图 5.18 为回归结果的输出。

LINREG 指令要求给出回归的时间范围,如以上的 1960:1 到 1995:8。这里也可以使

```
Linear Regression - Estimation by Least Squares
Dependent Variable RATE
Monthly Data From 1960:02 To 1980:12
Usable Observations      251        Degrees of Freedom      247
Centered R**2         0.674259      R Bar **2     0.670303
Uncentered R**2       0.945263      T x R**2      237.261
Mean of Dependent Variable          5.4658167331
Std Error of Dependent Variable     2.4613624744
Standard Error of Estimate          1.4132960737
Sum of Squared Residuals            493.35923057
Regression F(3,247)                 170.4239
Significance Level of F             0.00000000
Log Likelihood                      -440.96454
Durbin-Watson Statistic             0.189315

    Variable              Coeff         Std Error       T-Stat      Signif
****************************************************************************
1.  Constant           -2.59825936      0.50111595     -5.18495    0.00000045
2.  IP                  0.16946855      0.01273584     13.30643    0.00000000
3.  M1DIFF             -0.10954083      0.04099987     -2.67174    0.00804792
4.  PPISUM             31.42821440      7.30011996      4.30516    0.00002408
```

图 5.17 RATS 的 OLS 估计结果

```
Linear Regression - Estimation by Least Squares
Dependent Variable RATE
Monthly Data From 1960:01 To 1995:08
Usable Observations      428        Degrees of Freedom      424
Centered R**2         0.220016      R Bar **2     0.214497
Uncentered R**2       0.866749      T x R**2      370.969
Mean of Dependent Variable          6.1453504673
Std Error of Dependent Variable     2.7927192256
Standard Error of Estimate          2.4751482014
Sum of Squared Residuals            2597.5760545
Regression F(3,424)                 39.8669
Significance Level of F             0.00000000
Log Likelihood                      -993.19280
Durbin-Watson Statistic             0.173981

    Variable              Coeff         Std Error       T-Stat      Signif
****************************************************************************
1.  Constant            0.92623530      0.57345098      1.61520    0.10701226
2.  IP                  0.07035206      0.00789203      8.91432    0.00000000
3.  GRM2              140.74624080     35.95855432      3.91412    0.00010568
4.  GRPPI{1}          100.89326383     17.41690025      5.79284    0.00000001
```

图 5.18 RATS 的 OLS 估计结果

用"/"符号来表示时间范围,则输入如下指令。

linreg rate / resids_rate
constant ip grm2 grppi{1}

"/"表示采用当前默认范围,即 1959:1 至 1996:2。但由于解释变量 grm2 和 grppi 在 1959:2 才有数据,而 grppi 的滞后一阶在 1959:3 才有数据,因而当执行该 LINREG 指令时,RATS 将自动扫描数据并决定 1959:3 为回归的时间起点。RATS 的这种自动处理数据范围的能力是非常强大的。

用户还可以采用 Regression 向导框执行各种回归。在 RATS 的 Statistics 菜单中选择 Linear Regressions,将打开如图 5.19 所示的对话框。

针对以上例子,在 Dependent Variable 的下拉列表中选择 RATE 作为被解释变量;并且使用 Method 下拉列表的默认设置 Least Squares(最小二乘),其余的方法还包括两阶段

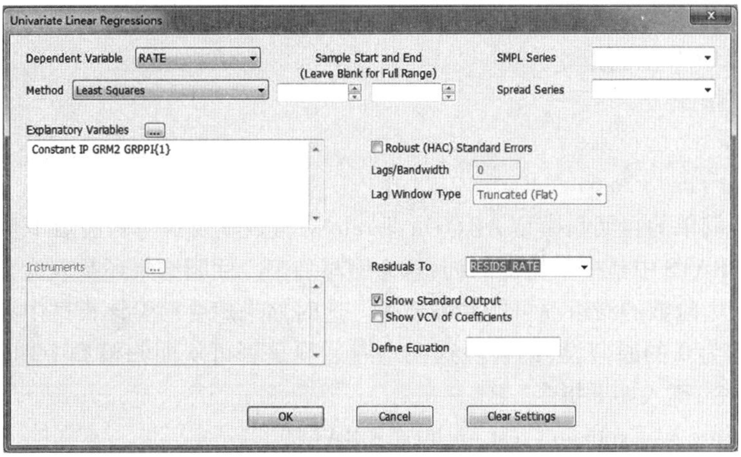

图 5.19　Linear Regression 向导框

最小二乘、GMM、AR1 以及稳健和逐步回归。

添加解释变量时,可直接在 Explanatory Variables 选项区键入解释变量,即 LINREG 指令 supplementary cards 的内容。或者点击 list 按钮(▨)显示如图5.20所示的对话框。与前面的 Graph 向导框一样,可在 Available Series 列表中选中要添加的解释变量序列,然后单击 Add 按钮,所选序列将添加到左侧的 Variables 列表中。这里注意:在添加 GRPPI 的滞后一阶时,应从列表中选中 GRPPI 后单击 Add Lags 按钮,将弹出一个小对话框可设定滞后阶数,在其中输入"1"并点击 OK 即可。所有回归解释变量选择完毕后,在图5.19 所示的主对话框中单击 OK 将生成相应的回归指令,同时显示回归结果。

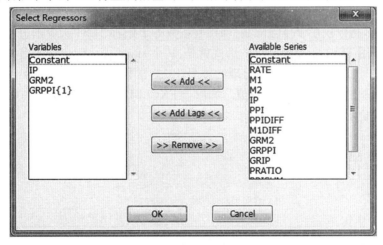

图 5.20　选择回归量向导框

注意:如果先前已经做了回归(使用向导或者使用回归指令),然后再选择使用 Regression 向导框,这时向导框内"预先加载"着来自前一个回归的设置,这样对前一个回归进行小的修改就很容易了。但是如果用户想重新开始的话,点击向导框内的 Clear Settings 按钮将使所有选项区恢复默认值。

8. 进行假设检验的指令

(1) EXCLUDE 限制指令。

输入如下指令

linreg rate

constant rate{1 to 6}

这是一个简单的自回归模型 AR(6), 即 rate 对常数项及自身的滞后 1 至 6 阶进行回归, 其中 to 在 RATS 中是一个特殊的词, 意为缩写列表。回归结果还是较为合理的, 尽管 t 统计量显示较大阶数的滞后项可能并不显著。这时如果想要检验该模型中滞后 4、5、6 阶三项的系数均为 0 的原假设, 即检验这三个滞后项是否可从回归模型中剔除掉, 可使用 EXCLUDE 指令, 键入如下指令

exclude(title ="Exclusion test on lags of RATE")

rate{4 to 6}

注意, 同 LINREG 指令一样, EXCLUDE 指令使用 supplementary cards 给出要进行限制的变量。下面是 EXCLUDE 限制指令的 F 检验输出结果。

```
Exclusion test on lags of RATE

Null Hypothesis : The Following Coefficients Are Zero
RATE              Lag(s) 4 to 6
F(3,433)=       0.87529 with Significance Level 0.45382609
```

以上 F 统计量的显著性水平相对较大(P 值为 0.4538), 这说明应接受原假设, 即滞后 4 到 6 阶的系数均为零。

(2) TEST 和 RESTRICT 限制指令。

EXCLUDE 指令仅用于排除限制, 即检验系数等于 0; 而 TEST 指令则进行更普遍的相等性限制。采用 TEST 指令最常见的形式就是, 一个 supplementary card 提供要检验的回归项系数的序号, 即在回归模型中出现的序号(包括常数项在内); 另一个 supplementary card 提供要检验的回归系数的限制值。如以上 EXCLUDE 指令用于对 rate 滞后 4 到 6 阶的排除检验等价于

linreg rate

constant rate{1 to 6}

test

5 6 7

0.0 0.0 0.0

这里 TEST 指令执行了一个联合假设检验, 即检验前面回归中的第 5 项、第 6 项和第 7 项(rate 的滞后 4 到 6 阶)的回归系数均等于零。如果想检验原假设, 即 rate{1} 的系数等于 1.0, rate{2} 的系数等于 0.0, 则须输入

test

2 3

1.0 0.0

输出结果为

```
     F(2,433)=       24.55334 with Significance Level 0.00000000
```
由 F 统计量的显著性水平(P 值为 0.0000) 可知应拒绝原假设。

RESTRICT 指令用于检验回归系数的某个线性组合是否等于给定值。将该指令用于以上 LINREG 指令中的第二个回归,则输入

```
linreg rate 1960:1 1995:8
# constant ip grm2 grppi{1}
restrict 1
# 3    4
# 1.0 -1.0  0.0
```

其中,第一个 supplementary card 中的 3 和 4 为回归项系数的序号,即检验 grm2 系数是否等于 grppi{1} 系数。由于 RESTRICT 指令是检验回归系数的线性组合是否等于某个给定值,这样检验 grm2 系数是否等于 grppi{1} 系数的原假设 H_0 应写为 $\beta_2 - \beta_3 = 0$;因此 RESTRICT 指令的第二个 supplementary card 应写为 1.0、-1.0 和 0.0。

以上以回归为基础的假设检验还可以通过 Regression Tests 向导框来执行。在 RATS 的 Statistics 菜单中选择 Regression Tests,将打开如图 5.21 所示的对话框。在该对话框中选择 Exclusion Restrictions 一项可做简单的排除检验(等价于 EXCLUDE 指令);选择 Other Constant Restrictions 可对回归系数等于特定值进行检验(等价于 TEST 指令);选择 General Linear Restrictions 可对回归系数的线性组合限制进行检验(等价于 RESTRICT 指令)。上述每一个选项都会弹出一个针对该选项的对话框。

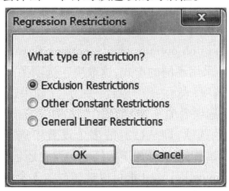

图 5.21　Regression Tests 向导框

除以上介绍的常用指令外,RATS 指令还包括回归模型的预测指令、标量和矩阵运算指令等。关于 RATS 指令更多的具体细节可参阅 RATS 的 help 文件或 User's Guide。

5.3.2　RATS 指令的语法格式

本节给出 RATS 指令语法格式正式的定义,并介绍其中各构成要素。
RATS 指令的一般形式如下。

```
instruction(option field) parameters
#supplementary cards
```

一个完整的 RATS 指令的例子为

graph(extend, key = upleft, header ="Industrial Product and PPI") 2
ip
ppi

RATS 指令通常由指令名(instruction name)、选项域(option field)、指令参数(instruction parameters)以及 supplementary cards 等构成。下面逐一进行介绍。

1. 指令名(Instruction name)

指令名是第一项(上例中的 graph)。注:指令名中只有前三个字符是重要的,因此上例中的 graph 指令可缩写为 gra。实际应用时常用缩写形式。

2. 选项域(Option field)

紧跟指令名后面的是选项域,有三方面需要注意。

(1) 选项域的内容必须由括号括起来,并且注意左边括号和指令名之间不要有空格。对于 RATS 的初学者来说,一个常犯的错误就是在选项域前加空格。

(2) 括号内的选项域的内容,不同的选项要用逗号隔开。

(3) 如果某指令并无选项,或者不需要更改它的默认设置,则省略整个选项域即可。

不同的选项可提供信息,即用户希望指令如何被执行的信息。比如在上例中,GRAPH 指令的 extend 选项意为延长虚线使之穿过整个图。大多数选项均有一个默认值,如果不特别指出,均采用默认设置。比如在上例中,GRAPH 指令有超过 40 个独立的选项可供用户选择,这些选项可使用户做出的图更美观、信息含量更大或者更容易理解。但是仅采用默认选项也能做出合理的图。

3. 选项类型(Option types)

共有三种类型的选项:switch options,choice options 和 value options。选项名(可被缩写为 3 个或更多的字母)采用不同的形式,这取决于选项类型。

Switch options:开关选项,表示"开"或者"关闭"。如果选项名为自身(如上例中的 extend),则表示"开";如果选项名加了 NO 前缀(如上例中的 noextend),则表示"关闭"。

Choice options:选择性选项,即从已有的多个设置中选择出一个。采用的形式为 Option = Choice keyword。如 KEY = UPLEFT,其他的设置还包括 KEY = NONE 和 KEY = BELOW。其中选项名和 Choice keyword 都可以被缩写为 3 个或更多的字母。

Value options:赋值选项,提供必要的信息如序列名或表达式。采用的形式为 Option = Constant, Variable name or Expression。如:HEADER ="Retail and farm price"。

4. 指令参数(Instruction parameters)

对于大多数指令而言,选项域后面跟着的是一个或多个指令参数。指令参数通常是指该指令要作用于其中的序列和条目等。

(1) 把不同参数之间彼此分开,且参数与选项域或指令名之间必须留有 1 个或多个空格。

(2) 通常,参数域可采用表达式形式。

上例中的 GRAPH 指令包含一个单独的参数,即数字"2"。对 GRAPH 指令来说,意为画 2 个时间序列的时序图。多数指令有固定数目的参数,通常不超过 5 个或 6 个,但是一些重要指令,比如 DATA 指令后面的参数域要列出一系列的序列名,因此这样的指令就可以有更多的参数。

5. Supplementary cards

某些指令,如 GRAPH 指令,需要额外的信息,这些额外信息在指令行并没有被提供,而需要在 supplementary cards 处表示出来。通常 supplementary cards 特别针对某个指令,例如 LINREG 指令的回归量就列在 supplementary cards 处。

上例中的 GRAPH 指令包含的两个 supplementary cards 指的是要画时序图的两个序列分别为 IP 和 PPI。Supplementary cards 由符号 # 非空格开头。如果不能在一行内表述完所有信息,要另起一行继续表述,此时需在第一行末端放置 $ 符号,表示下行内容续接上一行。这样做主要是出于可读性方便考虑,而 RATS 本身可接受任何长度的一行。举例如下。

linreg m1 1970:1 1988:6
constant ppi{1 to 12} m1{1 to 12} $
ip{1 to 12}

6. 字符集(Character set)

除了在字符串内("…"),用户均可以使用大写或小写字母互换。其他可使用的字符为数字和以下符号。

. , # $ ( ) ; * / + - = " " _ & : @ > <
{ } [ ] % | ^

7. 符号名(Symbolic names)

符号名指的是序列或者其他变量的名称。RATS 对符号名有如下限制。
(1) 必须以字母或者 % 符号开头。
(2) 必须是字母、数字以及符号 %,_ 和 $ 的组合。
(3) 不能超过 16 个字符长度,或者更准确地说,只有前 16 个字符有效。

举几个例子,比如:M1,GNP82 $,IPD_TOTAL,STOCKPRICES。字母的大小写并不重要。在 RATS 的输出结果中,变量名均为大写。

变量名必须是唯一的,因此必须避开 RATS 的自有函数和自有变量名。大多数 RATS 的自有变量名以符号 % 开头,这有助于将它们与用户自定义的变量名区分开来;但是一些非常常见的函数名(如 SIN 和 COS)并不以符号 % 开头。尤其需要注意的是,为避免冲突,不要以 I,T,J 作为变量名,因为它们是 RATS 的自有整数变量。可参阅 RATS 的 Reference Manual 的附录 B,提供了 RATS 自有变量名的完整列表。

8. 数字(Numbers)

可以以几种形式输入数据值和数值常量。
(1) 有或者没有小数点,如 5、13.6、.393。
(2) 科学记数法,其后缀可采用这几种形式之一:En,E + n,E - n,其中 n 为一个非负整数,如 2.3E5(= 230000), - .4 E - 4(= - .00004)。

9. 注释行和注释块(Comment lines and comment blocks)

以 * 作为第一个字符(无空格)的一行称为一个注释行,注释行通常被忽略不执行。

也可以通过采用符号标记整块行(若干行)为一个注释块,即以 / * 标记注释块开始,以 * / 标记注释块结束。注意:/ * 和 * / 必须是一行的第一个字符(无空格)。这样就提供了一种便捷的方式来输入若干注释行。例如

　　* This is a comment line
　　/ *
　　This is a comment block
　　linreg (inst) y
　　# constant x1 x2
　　* /
　　linreg y
　　# constant x1 x2

以上意思是跳过工具变量回归,而执行常规的线性回归。

10. 连续行(Continuation lines)

RATS 本身接受任何自然长度的指令行。但是有时,一个指令行过长是很难把握处理的。这时候,可以考虑把一行分成更易处理的几部分,在未完成行的末尾添加符号 $ 即可。例如

　　set gnp = consumption + investment + govtexpend + $
　　　export − import

在行末尾处添加符号 $,可把较长的一行分成两部分。就单个指令而言,对其连续行的数目没有限制。

11. 一行内多陈述语句(Multiple statements on a line)

可以把多个指令放在一行内,多个指令之间必须用分号(;)相隔开。这种方法仅适用于采用一系列相似的简短指令时,或者是对指令附加简短的注释时。例如

　　set gdp = log(gdp) ; set m1 = log(m1)
　　smpl 1960:1 1985:3 ; * Set Sample for Remaining Instructions

5.4　RATS 程序文件

RATS 程序是 RATS 指令的集合,通过一个单独的调用命令就能被执行。每一个程序通常被保存在自己的文本文件(text file)中,扩展名为 *.SRC。RATS 的程序文件不用事先载入,RATS 能够按照程序名(程序名一般包含1 ~ 16 个字符)自动查找识别相应的程序文件(扩展名为.SRC)。

执行 RATS 程序时,使用如下格式。

　　@ procedure name(options) parameters
　　# < supplementary cards >

也就是说,以上和标准的 RATS 指令格式是一样的,除了以下两方面。

(1)程序名前面一定要加 @。

(2) 程序名不能缩写。

例如,下面是运用 DFUNIT 程序,即 Dickey-Fuller(DF) 单位根检验程序对两个不同序列进行单位根检验。RATS 能够自动查找识别 DFUNIT.SRC 程序文件,而不需要事先输入载入程序文件的指令。

cal (q) 1980
open data gdpdat.rat
data(format = rats) 1980:1 1999:4
@ dfunit logusagnp
@ dfunit loggbrgdp
又如
@ bdindtests(number = 20) z1
@ bdindtests(number = 5) z2

以上是运用 BDINDTESTS 程序对序列 Z1 和 Z2 进行序列自相关检验,括号内的选项表示序列相关的滞后阶数。执行该程序时,输入以上调用命令,回车后将打开 File for SOURCE 对话框,双击其中的 TextbookExamples 文件夹,进入后再双击其中的 Brockwelldavis 文件夹,进入后选择 BDINDTESTS.SRC 程序文件双击即可。

5.5 RATS 出错提示信息

使用 RATS 工作时,偶尔会遇到出错提示信息的情况。下面介绍如何解释出错信息以及如何纠正错误。

1. RATS 错误和出错提示信息(RATS errors and error messages)

如果 RATS 成功地识别了某指令行,该指令行将不会显示任何字符;但当 RATS 发现了一个错误,就会显示一个出错信息描述存在的问题,指出具体的错误所在。

每个出错信息通常由一个错误代码开头,错误代码包括一个、两个或三个字符码(指出错误的一般类型),再加上一个数字码(指出具体的错误)。例如,字符码"SX"指的是一般的语法错误(general syntax errors);"OP"指的是涉及选项的语法错误(syntax errors involving options);"REG"指的是涉及线性回归的错误(errors involving linear regressions)。

参阅 RATS 的 Reference Manual 的附录 C,附录 C 提供了 RATS 所有出错信息的完整列表,同时还提供了出错的原因和纠正方法。

2. 语法错误(Syntax errors)

语法错误可能是最常见的,发生在 RATS 读指令行的过程中。出现语法错误通常意味着 RATS 无法识别它正在处理的指令行。语法错误的常见原因包括:缺括号或指令名、选项名拼写错误、有非法字符、不正确地输入数字等。

在交互模式下,RATS 显示语法错误时通常显示两行信息,即出错信息和指令行中导致错误的部分,并将其用符号 >>>> 和 <<<< 围起来;这里 RATS 将只显示指令行中恰好出错的地方,并且最多显示 20 个字符。

例如,在交互模式下输入以下指令

· set trendsq 1 50 = t * *2

这里,在结束参数"50"和"="之间应至少有一个空格;但由于该指令中空格缺失,RATS 将会产生如下出错信息,并立即停止处理该指令行。

Error SX15. Trying to Store Into Constant or Expression

＞ ＞ ＞ ＞ set trendsq 1 50 = t ＜ ＜ ＜ ＜

有时,如果语法错误并不明显,则应检查整个指令行,而不是仅仅检查 RATS 停止读指令行的地方,因为 RATS 允许其在实际发生错误的地方继续阅读更多的字符。

比如,输入以下指令

· data (unit = input) / gnpdata

将产生如下出错信息

Error SX11. Identifier INPUT Is Not Recognizable

＞ ＞ ＞ ＞ data (unit = input) ＜ ＜ ＜ ＜

这里,RATS 在右括号处停止读指令行,但问题实际上是在 DATA 指令与左括号之间留有非法空格,这就导致 RATS 认为(unit = input) 为开始参数,不是选项域,而采用类似这样的表达式作为开始参数是符合规则的。然而,由于 input 是一个不可识别的变量名,因此 RATS 会显示以上的出错信息。

第6章 RATS 软件应用

本章主要介绍 RATS 软件在金融时间序列分析领域的应用,即使用时间序列回归分析 RATS 程序对资产收益率的波动率模型进行参数估计。波动率模型主要包括单变量条件异方差 ARCH、GARCH 模型及其推广形式,以及多变量 GARCH 模型的几种形式。

6.1 RATS 在单变量条件异方差 ARCH 和 GARCH 模型中的应用

微观金融时间序列的波动性特征经常会受到普遍关注。特别是在股票或期货市场,其价格可能会发生突然性的波动,并且在一个大的波动后面常跟随着另一个大的波动,而在一个小的波动后面又常跟着一个小的波动。这就是金融时间序列经常表现出的波动集群,或称为聚类现象。自回归条件异方差模型(Autoregressive Conditional Heteroscedasticity,ARCH)最初就是用来分析这种波动集群现象的,该模型描述了方差随时间变化而变化的规律,很好地解决了时间序列分析中的条件异方差问题。目前,ARCH 模型及其各种推广形式已广泛应用于金融时间序列的分析中。本节简要介绍单变量 ARCH 模型及其常用推广形式,并介绍如何使用 RATS 内置的 GARCH 指令和向导框实现对这些模型的估计。RATS 具有灵活的极大似然估计能力,已被证明它是用于估计标准 ARCH、GARCH 模型及其复杂变形的一个理想工具。

ARCH 模型最早由 Engle 于 1982 年提出,此后 Bollerslev 在 1986 年又提出了广义自回归条件异方差(GARCH)模型。ARCH 和 GARCH 模型的一般形式为

$$y_t = X_t \beta + u_t \tag{6.1}$$

$$h_t = \mathrm{Var}(u_t) = h(u_{t-1}, u_{t-2}, \cdots u_{t-q}, h_{t-1}, h_{t-2}, \cdots, h_{t-p}, X_t, X_{t-1}, \cdots, X_{t-k}, \alpha) \tag{6.2}$$

其中 α 为 h 函数的一组未知参数。假定扰动项 u_t 服从正态分布,则某一样本点 t 所对应的对数似然函数(省略了常数项)为

$$-\frac{1}{2}\log h_t - \frac{1}{2}\frac{(y_t - X_t \beta)^2}{h_t} \tag{6.3}$$

以上包含了一个标准的回归模型用于对时间序列的均值建模,以及一个独立的模型用于对方差进行建模,即所谓的"均值模型"和"方差模型",通常二者可以分别进行分析。比如,均值模型(6.1)的参数可以通过最小二乘得到一致估计量;如果不考虑异方差性的话,它们就不会是有效的。在许多情况下,均值模型只包含一个截距项,并且这是 GARCH 指令的默认选项。

6.1.1 ARCH/GARCH 向导框 —— 单变量模型

在 RATS 8.0 版本中,选择 Time Series 菜单中的 ARCH/GARCH 可实现对各种单变量和多变量 ARCH、GARCH 模型的估计。选择这一操作将打开如图 6.1 所示的对话框。

在图6.1所示的向导框中,Dependent Variable(被解释变量)选项区已输入序列名 DLOGDM(其具体定义见6.1.5节),其余选项区设置均为默认值。由于只选择了一个被解释变量,Model Type选项区仅限于目前可用的单变量模型;如果选择多个被解释变量的话,该选项区会有更多不同的选项可用。图6.1所示向导框中的各选项区及可用选项将在本章后续部分涉及相关问题时,再加以详细介绍。

如果先打开Series Window(选择菜单View → Series Window),在其中选择模型中要使用的序列,然后再选择菜单Time Series → ARCH/GARCH,所选择的序列将会自动设置为模型的被解释变量。

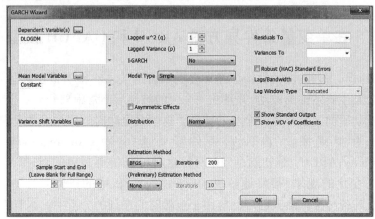

图6.1 ARCH/GARCH向导框

6.1.2 标准单变量模型(Standard Univariate Model)

1. ARCH模型

最简单的"方差模型"是ARCH(q)模型,即

$$h_t = c_0 + a_1 u_{t-1}^2 + a_2 u_{t-2}^2 + \cdots + a_q u_{t-q}^2 \tag{6.4}$$

如要估计一个ARCH(6)模型,则输入GARCH指令

· garch(q = 6) / dlogdm

GARCH指令旨在处理单变量或多变量模型,需要设定估计范围(如/),然后给出所估计模型的被解释变量序列名,即dlogdm。

以上指令对应图6.1所示的向导框操作为:选择被解释变量序列后,在"Lagged u^2 (q)"选项区选择6,在"Lagged Variance (p)"选项区选择0。

2. GARCH模型

当用ARCH模型描述某些时间序列,阶数q需取一个很大的值时,可以采用GARCH模型。若式(6.4)为避免u_t^2的滞后项过多,可采用加入h_t滞后项的方法。标准GARCH(p,q)模型的一般形式为

$$h_t = c_0 + a_1 u_{t-1}^2 + a_2 u_{t-2}^2 + \cdots + a_q u_{t-q}^2 + b_1 h_{t-1} + b_2 h_{t-2} + \cdots + b_p h_{t-p} \tag{6.5}$$

即包含q个ARCH项和p个GARCH项。一般地,GARCH(1,1)模型能够描述大量的金融时间序列数据,因而在实际中最为常用。针对以上序列,要估计一个GARCH(1,1)

模型,则输入 GARCH 指令

· garch(p=1,q=1) / dlogdm

正是由于 GARCH(1,1) 模型最常用,因此,在图 6.1 所示的向导框中,"Lagged u^2 (q)"和"Lagged Variance (p)"选项区的默认设置均为 1。如果要进行其他的 p,q 组合,则要更改默认设置,否则直接点击 OK 即可。

3. 非对称模型:EGARCH 与 TGARCH

Nelson 对 GARCH 模型进行了一些改进,提出了一种非对称 GARCH 模型,即 EGARCH 模型。EGARCH 模型的全称为"Exponential GARCH",即指数 GARCH 模型,其方差等式分析的不是 h_t,而是 $\ln h_t$,因而避免了标准 ARCH、GARCH 模型中对参数的非负约束,这是 EGARCH 模型的一大优点。RATS 中所使用的 EGARCH 模型的方差形式为

$$\ln h_t = c_0 + \frac{a_1|u_{t-1}|}{\sqrt{h_{t-1}}} + \frac{a_2|u_{t-2}|}{\sqrt{h_{t-2}}} + \cdots + \frac{a_q|u_{t-q}|}{\sqrt{h_{t-q}}} + b_1 \ln h_{t-1} + \cdots + b_p \ln h_{t-p} \tag{6.6}$$

模型(6.6)并没有体现非对称影响。Nelson 在模型(6.6)中又增加了一个额外的非对称项,用来捕捉正负冲击给波动性带来的非对称影响。常用的 EGARCH(1,1) 模型的方差形式为

$$\ln h_t = c_0 + \frac{a_1|u_{t-1}|}{\sqrt{h_{t-1}}} + b_1 \ln h_{t-1} + \frac{d_1 u_{t-1}}{\sqrt{h_{t-1}}} \tag{6.7}$$

其中,波动的非对称效应可通过系数 d_1 得到检验。

另一种典型的非对称 GARCH 模型为 Glosten 等人提出的 TGARCH 模型(又称 GJR 模型),常用的 TGARCH(1,1) 模型的方差形式为

$$h_t = c_0 + a_1 u_{t-1}^2 + b_1 h_{t-1} + d_1 u_{t-1}^2 I_{t-1} \tag{6.8}$$

其中,I 为一个名义变量,当 $u<0$ 时,其值为 1,其他情况均为 0。同样波动的非对称效应可通过系数 d_1 得到检验。

估计模型(6.6)(p,q 均取 1)的 GARCH 指令为

· garch(p=1,q=1,exp) / dlogdm

对应图 6.1 所示的向导框中,在 Model Type 选项框的下拉菜单中选择"E-GARCH w/o asymmetry"。

估计带有非对称效应的模型(6.7)和(6.8),则在 GARCH 指令中增加 ASYMMETRIC 选项,即

· garch(p=1,q=1,exp,asymmetric) / dlogdm
· garch(p=1,q=1,asymmetric) / dlogdm

对应图 6.1 所示的向导框中,勾选"Asymmetric Effects"开关即可。

4. 均值模型:ARCH-M/GARCH-M

如前所述,RATS 的 GARCH 指令默认均值模型只包含一个常数项,比这更简单的情况则是被解释变量为零均值过程,此时在 GARCH 指令中使用 NOMEAN 选项。如果均值模型包含其他更多的内容,则应在 GARCH 指令中使用 REGRESSORS 选项,并添加一个由 # 开头的 supplementary card,给出均值模型的解释变量(包括常数项)。例如,要估计

一个均值为 AR(1) 过程的 GARCH(1,1) 模型,则输入指令

　　· garch(p = 1, q = 1, regressors) / dlogdm
　　# constant dlogdm{1}

对应图 6.1 所示的向导框中,在"Mean Model Variables"选项区设定均值模型的解释变量列表。如果均值为 ARMA 模型,则在解释变量列表中使用"%MVGAVGE"滞后项表示任何移动平均项。例如,要估计一个均值为 ARMA(1,1) 过程的 GARCH(1,1) 模型,则输入指令

　　· garch(p = 1, q = 1, regressors) / dlogdm
　　# constant dlogdm{1} % mvgavge{1}

ARCH – M 模型主要是对均值模型进行修正,将条件方差(或条件标准差)引入到均值模型中,条件方差(或条件标准差)用来表示随机扰动项的波动程度,具体到金融理论中表示风险的大小。因而,ARCH – M 或 GARCH – M 模型通常用来研究金融市场的收益率与其风险之间的关系。要估计 ARCH – M 或GARCH – M 模型,应在解释变量列表中使用特殊的字符"%GARCHV"来表示引入的条件方差项,同时可在其后添加标准的"{ }"符号表示滞后项。例如,要估计一个均值为 AR(1) 过程的 GARCH(1,1) – M 模型,即在均值 AR(1) 过程中添加当期条件方差 h_t,则输入指令

　　· garch(p = 1, q = 1, regressors) / dlogdm
　　# constant dlogdm{1} % garchv

如果使用图 6.1 所示向导框,则在"Mean Model Variables"选项区输入"%GARCHV"。

此外,还可以在 GARCH 指令中使用 EQUATION 选项来指定被解释变量和均值模型。例如

　　· boxjenk(ar = 1, ma = 1, constant, define = arma11) dlogdm
　　garch(p = 1, q = 1, equation = arma11)

这意味着先用最小二乘法估计均值 ARMA(1,1) 模型,然后再估计其随机误差项的条件方差 GARCH(1,1) 模型。

5. ARCH – X/GARCH – X 模型

如果在条件方差模型中加入除滞后残差项和滞后方差项以外的其他解释变量,就得到了 ARCH – X 或 GARCH – X 模型。此时应在 GARCH 指令中使用 XREGRESSORS 选项,并添加一个由 # 开头的 supplementary card,给出方差模型中所附加的额外解释变量(不用给出常数项 CONSTANT,因为它总包含在方差模型中)。如果在均值模型和方差模型中均包含回归项,则先写均值模型的 supplementary card 给出回归项。

假设有一个代表"周一"的哑变量"Monday"要加入到方差模型中,即在方差模型中加入"周一效应",可输入指令

　　· garch(p = 1, q = 1, regressors, xreg) / dlogdm
　　# constant dlogdm{1}
　　# monday

如果使用图 6.1 所示的向导框,则在"Variance Shift Variables"选项区将相应序列加

入到方差模型中。

6.1.3 GARCH 类模型残差肥尾分布问题

在许多情况下,模型随机误差项 u_t 服从条件正态分布的假定不能成立,因为在实践中,许多时间序列特别是金融时间序列的无条件分布往往具有比正态分布更宽的尾部。为了更精确地描述这些时间序列分布的尾部特征,还需要对误差项 u_t 的分布进行假设。除了默认的正态分布,RATS 还提供了另外两种替代的分布可选择:学生 t 分布和广义误差分布(Generalized Error Distribution,GED)。选择不同的分布,应在 GARCH 指令中使用 DISTRIB 选项,DISTRIB 选项包括 NORMAL(默认)、T 和 GED 三个选择。由于学生 t 分布和 GED 分布均包含有一个形状参数(shape parameter)以决定其分布的峰度,因此用户可采用 SHAPE 选项自己设定形状参数的值,或者也可由 RATS 估计出此值,如果不包括 SHAPE 选项就默认为是这种情况。例如,下面两个指令为估计一个基于 t 分布的 GARCH(1,1) 模型,其中第一个指令为用户自己设定形状参数的值为5,第二个指令为由 RATS 估计出形状参数的值。

· garch(p = 1,q = 1,distrib = t,shape = 5) / dlogdm
· garch(p = 1,q = 1,distrib = t) / dlogdm

在图 6.1 所示的向导框中,可使用"Distribution"选项框来选择"Student t"或"GED"分布,这时将在下方显示一个"Shape(Blank = Estimated)"选项框,如果此选项框空白不填,则默认由 RATS 估计出形状参数的值;否则用户必须向 RATS 提供形状参数的值。

本节内容可与以上任何一种 GARCH 模型以及其他选项结合使用。

6.1.4 GARCH 类模型估计相关问题

给定一个分布假设,GARCH 类模型常常使用极大似然估计法进行估计。正态分布是 t 分布和 GED 分布的特殊形式,因此不同分布假设下所产生的 GARCH 模型的对数似然函数值是相当的。

1. 估计方法(Estimation methods)

RATS 的 GARCH 指令提供了四种估计方法,分别是 BFGS、BHHH、SIMPLEX 和 GENETIC 算法,这可在 GARCH 指令中采用 METHOD 选项进行选择,其中 RATS 默认的是 BFGS 算法,但实际中常用的选择则是 BHHH 算法。在采用 BFGS 算法或 BHHH 算法进行估计时,可能会遇到收敛问题,需要设定最大迭代次数(RATS 默认为 200 次)和收敛准则(RATS 默认为 0.000 01),只要最后的标准值小于 0.000 01,则迭代就此停止,达到收敛状态。另外,为了帮助收敛,可在 GARCH 指令中采用 PMETHOD 选项结合 SIMPLEX 或 GENETIC 方法,并结合 PITERS 选项来改进初始设置。注意:SIMPLEX 和 GENETIC 方法对后面 6.2 节介绍的多变量 GARCH 模型更为有效,而对单变量模型并不重要。

以上算法适用于极大似然估计法。此外,很多外文文献中采用的是准极大似然估计法(Quasi - Maximum Likelihood Estimate,QMLE),使用该方法能得到稳健(robust)的 t 统计量值和参数估计值。若采用准极大似然估计法并选择 BFGS 算法进行参数估计,则输入指令

· garch(method = bfgs, robust, other options) ···

2. 估计输出结果(Output)

GARCH 指令执行后，RATS 则显示如图 6.2 所示的模型估计输出结果，它类似于线性回归模型的 OLS 估计输出结果，但是不显示模型的总体统计量，如 R^2 等。

```
GARCH Model - Estimation by BFGS
Convergence in    21 Iterations. Final criterion was   0.0000045 <=   0.0000100
Dependent Variable DLOGDM
Usable Observations                   1866
Log Likelihood               -2068.1265

    Variable               Coeff      Std Error     T-Stat    Signif
***************************************************************************
1.  Mean                -0.020636474  0.015283247  -1.35027   0.17693015
2.  C                    0.016179338  0.005009104   3.22999   0.00123796
3.  A                    0.110120607  0.015477644   7.11482   0.00000000
4.  B                    0.868375343  0.018313807  47.41643   0.00000000
```

图 6.2 RATS 的 GARCH 类模型估计输出结果

图 6.2 中系数按顺序显示依次为：

(1) Mean：均值模型的系数估计值。如果采用默认的均值模型，即只包含一个常数项的情况，则系数显示为"Mean"；如果采用 REGRESSORS 选项使均值模型包含其他内容，则将有其他回归项的显示。

(2) C：方差模型中的常系数估计值。

(3) A 或 A(lag)：方差模型中滞后残差平方项，即 ARCH 项的系数估计值。如果不只包括滞后 1 阶，还包括滞后高阶时，则 A(lag) 括号里面显示滞后阶数。

(4) B 或 B(lag)：方差模型中滞后条件方差项，即 GARCH 项的系数估计值。同样，如果包括滞后高阶时，则 B(lag) 括号里面显示滞后阶数。

(5) D：方差模型为非对称模型时，非对称项系数或杠杆效应系数估计值。

(6) 其他：方差模型中的其他附加解释变量的系数估计值，即 GARCH 指令中包括 XREGRESSORS 选项时。

3. RESIDS 和 HSERIES 选项

对于单变量 GARCH 类模型，在 GARCH 指令中使用 RESIDS 和 HSERIES 选项(在多变量 GARCH 模型中，选项名会不同)，就可以获得模型参数估计后产生的相应残差(u_t)和条件方差(h_t)估计值序列。通过这两个序列，可生成标准化残差(v_t)序列，因为 $v_t = \dfrac{u_t}{\sqrt{h_t}}$。例如，生成 GARCH(1,1) 模型的标准化残差 USTD 序列，则输入指令

· garch(p = 1, q = 1, resids = u, hseries = h) / dlogdm

· set ustd = u/sqrt(h)

4. 标准化残差的诊断性检验

标准化残差理论上要求是服从独立同分布 iid 过程。如果模型设定正确，标准化残差(v_t)本身不存在序列相关，这说明均值模型选择设定正确；并且标准化残差平方(v_t^2)也不存在序列相关，这说明方差模型选择设定正确，即已不再有 ARCH 效应。所谓诊断性检

验就是对标准化残差 v_t 和 v_t^2 的序列相关性分别进行检验,以确定均值和方差模型设定的合理性。对 v_t 的自相关性检验采用的是 Ljung – Box 检验,而对 v_t^2 的自相关性检验采用的是 McLeod – Li 检验,这两种检验都包含在 RATS 的 @BDINDTESTS 程序中,同时还包含其他几种独立性检验。此外,还可以采用 RATS 的 @REGCORRS 程序,该程序不仅能够计算出检验统计量的值,还能画出自相关图,举例如下。

- garch(p = 1,q = 1,resids = u,hseries = h)/dlogdm
- set ustd = u/sqrt(h)
- set ustdsq = ustd^2
- @regcorrs(qstat,number = 40,dfc = 1,title = "GARCH – LB Test") ustd
- @regcorrs(qstat,number = 40,dfc = 2,title = "GARCH – McLeod – Li Test") ustdsq

后两条指令含义为采用 @REGCORRS 程序中的 Ljung – Box 检验和 McLeod – Li 检验,对标准化残差及标准化残差平方进行序列相关检验。

注意:在样本容量很大的情况下,以上对标准化残差 v_t 和 v_t^2 的序列相关检验在传统的 5% 显著水平下都通过的可能性不大。因此,即使检验在 5% 显著水平下未通过,也可认为实际残差自相关的可能性也不大。

6.1.5 GARCH 类模型估计举例

本节对 RATS 自带的 GARCHUV.PRG 程序文件进行分析,该程序文件用于估计上述介绍的各种 GARCH 类模型。在 RATS 的 File 菜单中选择 Open,然后在打开的对话框中双击 GARCHUV.PRG 即可打开该程序文件。读者可调用该程序自行练习。

首先打开数据文件(RATS 自带),将数据文件中的数据序列读入内存,并定义所估计模型的被解释变量 dlogdm。输入如下指令:

- open data garch.asc
- data(format = free,org = columns) 1 1867 bp cd dm jy sf
- set dlogdm = 100 * log(dm/dm{1})

估计 ARCH(6) 模型、GARCH(1,1) 模型和非对称 EGARCH(1,1) 模型,并保存相应的条件方差(h_t)估计值序列。输入如下指令:

- garch(p = 0,q = 6,hseries = hh06) / dlogdm
- garch(p = 1,q = 1,hseries = hh11) / dlogdm
- garch(p = 1,q = 1,exp,asymmetric,hseries = hha) / dlogdm

得到的估计结果如图 6.3 ~ 6.5 所示。

生成以上三个模型的条件标准差($\sqrt{h_t}$)估计值序列,并作时序图。输入如下指令:

- set h06 = sqrt(hh06)
- set h11 = sqrt(hh11)
- set hha = sqrt(hha)
- graph(key = below,klabels = || "ARCH6","EGARCH11","GARCH11" ||) 3
- # h06 1770
- # hha 1770

h11 1770

```
GARCH Model - Estimation by BFGS
Convergence in    25 Iterations. Final criterion was   0.0000082 <=   0.0000100
Dependent Variable DLOGDM
Usable Observations                     1866
Log Likelihood                      -2079.3769

     Variable              Coeff       Std Error       T-Stat      Signif
  ****************************************************************************
  1. Mean             -0.010198568    0.016252268    -0.62752    0.53032064
  2. C                 0.227545187    0.022818259     9.97207    0.00000000
  3. A{1}              0.091945644    0.025657892     3.58352    0.00033899
  4. A{2}              0.080940437    0.016152549     5.01100    0.00000054
  5. A{3}              0.123419944    0.030012646     4.11226    0.00003918
  6. A{4}              0.137649904    0.032870233     4.18768    0.00002818
  7. A{5}              0.121832675    0.027471029     4.43495    0.00000921
  8. A{6}              0.100586886    0.027398009     3.67132    0.00024130
```

图6.3　ARCH(6) 模型估计输出结果

```
GARCH Model - Estimation by BFGS
Convergence in    21 Iterations. Final criterion was   0.0000045 <=   0.0000100
Dependent Variable DLOGDM
Usable Observations                     1866
Log Likelihood                      -2068.1265

     Variable              Coeff       Std Error       T-Stat      Signif
  ****************************************************************************
  1. Mean             -0.020636474    0.015283247    -1.35027    0.17693015
  2. C                 0.016179338    0.005009104     3.22999    0.00123796
  3. A                 0.110120607    0.015477644     7.11482    0.00000000
  4. B                 0.868375343    0.018313807    47.41643    0.00000000
```

图6.4　GARCH(1,1) 模型估计输出结果

```
GARCH Model - Estimation by BFGS
Convergence in    45 Iterations. Final criterion was   0.0000000 <=   0.0000100
Dependent Variable DLOGDM
Usable Observations                     1866
Log Likelihood                      -2065.1214

     Variable              Coeff       Std Error       T-Stat      Signif
  ****************************************************************************
  1. Mean             -0.027982600    0.015376323    -1.81985    0.06878187
  2. C                -0.184512957    0.022896339    -8.05862    0.00000000
  3. A                 0.215086732    0.026260598     8.19047    0.00000000
  4. B                 0.967686212    0.009122239   106.07990    0.00000000
  5. D                -0.017257637    0.012219717    -1.41228    0.15786815
```

图6.5　EGARCH(1,1) 模型估计输出结果

得到的时序图如图6.6所示。

再估计一个均值为常数项的 GARCH(1,1) - M 模型。输入如下指令

· garch(p = 1, q = 1, regressors) / dlogdm

constant %garchv

得到的估计结果如图6.7所示。

估计一个均值为 AR(1) 过程的 GARCH(1,1) 模型,并保存相应的残差(u_t) 和条件方差(h_t) 估计值序列。输入如下指令:

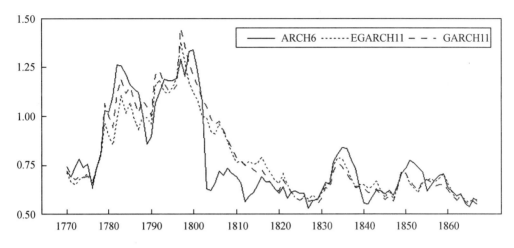

图 6.6　条件标准差 h06、h11 和 hha 序列的时序图

```
GARCH Model - Estimation by BFGS
Convergence in    24 Iterations. Final criterion was   0.0000010 <=   0.0000100
Dependent Variable DLOGDM
Usable Observations                     1866
Log Likelihood                       -2065.0577

       Variable               Coeff       Std Error      T-Stat     Signif
       ****************************************************************************
  1.   Constant           -0.086403563   0.031162191   -2.77271   0.00555925
  2.   GARCH-V             0.138076221   0.056244104    2.45495   0.01409059
  3.   C                   0.015531849   0.004785266    3.24577   0.00117135
  4.   A                   0.107941072   0.015682361    6.88296   0.00000000
  5.   B                   0.871332372   0.018052272   48.26719   0.00000000
```

图 6.7　GARCH(1,1) - M 模型估计输出结果

· garch(p = 1 , q = 1 , regressors , resids = u , hseries = h) / dlogdm
constant dlogdm{1}

得到的估计结果如图 6.8 所示。

```
GARCH Model - Estimation by BFGS
Convergence in    21 Iterations. Final criterion was   0.0000041 <=   0.0000100
Dependent Variable DLOGDM
Usable Observations                     1865
Log Likelihood                       -2063.0356

       Variable               Coeff       Std Error      T-Stat     Signif
       ****************************************************************************
  1.   Constant           -0.022621763   0.015751403   -1.43617   0.15095268
  2.   DLOGDM{1}          -0.075891042   0.026798216   -2.83194   0.00462660
  3.   C                   0.015801139   0.004763732    3.31697   0.00091000
  4.   A                   0.110540452   0.016002503    6.90770   0.00000000
  5.   B                   0.868626861   0.018298552   47.46970   0.00000000
```

图 6.8　AR(1) - GARCH(1,1) 模型估计输出结果

最后对以上 AR(1) - GARCH(1,1) 模型的标准化残差进行诊断性检验。先生成标准化残差序列,再采用 RATS 的 @REGCORRS 程序进行序列相关检验。输入如下指令

· set ustd = u/sqrt(h)

· set ustdsq = ustd^2
@ regcorrs(qstat, number = 40, dfc = 1, title = "GARCH – LB Test") ustd
@ regcorrs(qstat, number = 40, dfc = 2, title = "GARCH – McLeod – Li Test") ustdsq

回车后,打开残差分析的自相关图,并显示相应的检验统计量(Q统计量)值及其伴随概率P值。Ljung – Box 检验的 Q 统计量值为 61.28,P 值为 0.012 87,应在 5% 的显著性水平下拒绝不存在序列相关的原假设;而 McLeod – Li 检验的 Q 统计量值为 44.73,P 值为 0.210 05,应在 5% 的显著性水平接受不存在序列相关的原假设。

此外,还可以采用 RATS 的 @BDINDTESTS 程序进行残差的诊断性检验。输入如下指令

@ bdindtests(number = 40) ustd

回车后得到如下输出结果:

```
Independence Tests for Series USTD
Test                Statistic    P-Value
Ljung-Box Q(40)     61.785079    0.01508
McLeod-Li(40)       44.990701    0.27086
Turning Points       1.098912    0.27181
Difference Sign     -1.443468    0.14889
Rank Test            3.885417    0.00010
```

其中 Ljung – Box Q 统计量值为 61.78,P 值为 0.015 08,而 McLeod – Li 检验统计量值为 44.99,P 值为 0.270 86。显然,@BDINDTESTS 程序与 @REGCORRS 程序的检验结果一致。

6.2 RATS 在多变量 GARCH 模型中的应用

多变量 GARCH 模型是在单变量 ARCH 和 GARCH 模型的基础上扩展形成的。由于单变量 ARCH 和 GARCH 模型只考虑了单个时间序列变量的时变方差特征,而并没有考虑方差即波动之间的相互影响,因此有必要将单变量 GARCH 模型扩展推广到多元的情形。多变量 GARCH 模型相当于单变量 GARCH 模型的联立形式,在联立方程中存在波动的交叉项,并且具有动态协方差和条件相关系数,正是这些特征使多变量 GARCH 模型比单变量模型能更有效地研究市场间的波动传递机制。因而近年来多变量 GARCH 模型成为研究市场间波动溢出效应的一种强有力的工具,得到了广泛应用,在期货套利、汇率波动对贸易的影响以及风险评价等学术研究领域也得到了广泛应用。本节先简要介绍多变量 GARCH 模型的几种常见形式,然后再介绍如何使用 RATS 内置的 GARCH 指令和向导框实现对这些模型的估计。据近年来的金融计量学术文献记录,RATS 已成为估计多变量 GARCH 模型的最常用的软件之一。

6.2.1 ARCH/GARCH 向导框 —— 多变量模型

在图 6.1 所示的 ARCH/GARCH 向导框中,如果在 Dependent Variables(被解释变量)选项区输入或选择两个或两个以上的序列名,则其他的几个选项区也相应更改为允

许进行多变量模型的选择。

如在 6.2.4 节的例子中,在 Dependent Variables 选项区选择三个变量(xjpn,xfra 和 xsui,其具体定义见 6.2.4 节)作为所估计模型的被解释变量后,相应右侧的 Model Type 选项区变为多变量模型选项,选择其中的 BEKK 模型,然后在下方的 Preliminary Estimation Method(初始估计方法)选项区选择 Simplex,右侧的 Iterations(最大迭代次数)RATS 默认为 10。如图 6.9 所示。

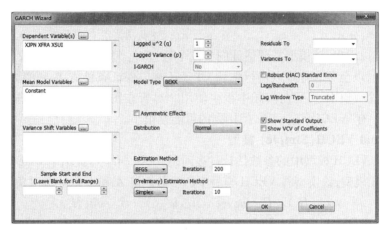

图 6.9 ARCH/GARCH 向导框

需要注意的是,当在 Model Type 选项区和 Distribution 选项区选取某些项时,图 6.9 所示的 ARCH/GARCH 向导框中会出现新增加的选项区,尤其是在 Model Type 选项区下方空间会出现一个"Univariate Models"框以提供一些模型类型选项。这些都将在后面详细介绍。

图 6.9 所示的 ARCH/GARCH 向导框的设置将会产生如下 GARCH 指令。

· garch(p = 1,q = 1,mv = bek,method = bfgs,pmethod = simplex,piters = 10) / xjpn xfra xsui

因此 GARCH 指令的基本语法格式可写为

· garch(options) start end list of series

其中 *list of series* 为列出多变量模型的所有被解释变量序列名。

6.2.2 多变量 GARCH 模型

1. VECH(Full) 模型

将单变量模型扩展到多变量模型,设存在 n 个变量,则残差向量 $\boldsymbol{u}_t$ 为一个 $n \times 1$ 维随机序列,且 $\boldsymbol{u}_t | \boldsymbol{\Omega}_{t-1} \sim N(0, \boldsymbol{H}_t)$,其中 $\boldsymbol{H}_t$ 为 n 维条件方差 - 协方差正定阵。以最简单的二元为例,残差向量 $\boldsymbol{u}_t = \begin{bmatrix} u_{1t} \\ u_{2t} \end{bmatrix}$,其方差 - 协方差矩阵 $\boldsymbol{H}_t = \begin{bmatrix} h_{11t} & h_{12t} \\ h_{12t} & h_{22t} \end{bmatrix}$,其中对角线元素 (h_{11t}, h_{22t}) 为条件方差,非对角线元素 (h_{12t}) 为条件协方差。构建一个多变量 GARCH(1,1) 过程的自然方法是让所有的波动项相互影响,即考虑 VECH 模型。RATS

给出的完全 VECH(多元向量误差条件异方差)模型形式($p=1, q=1$)为

$$\text{vech}(\boldsymbol{H}_t) = \boldsymbol{C} + \boldsymbol{A}\text{vech}(\boldsymbol{u}_{t-1}\boldsymbol{u}'_{t-1}) + \boldsymbol{B}\text{vech}(\boldsymbol{H}_{t-1}) \quad (6.9)$$

其中,vech 为向量半算子,其意义是将一 n 维对称方阵的下三角部分按列依次堆积成一个 $\frac{n(n+1)}{2}$ 维列向量。$\boldsymbol{C}$ 是 $\frac{n(n+1)}{2}$ 维常数列向量,$\boldsymbol{A}$ 和 $\boldsymbol{B}$ 为 $\frac{n(n+1)}{2}$ 维参数矩阵。

以二元且 $p=1, q=1$ 为例,该模型的具体展开形式为

$$h_{11t} = c_{11} + a_{11}u_{1t-1}^2 + a_{12}u_{2t-1}^2 + a_{13}u_{1t-1}u_{2t-1} + b_{11}h_{11t-1} + b_{12}h_{22t-1} + b_{13}h_{12t-1}$$

$$h_{22t} = c_{21} + a_{21}u_{1t-1}^2 + a_{22}u_{2t-1}^2 + a_{23}u_{1t-1}u_{2t-1} + b_{21}h_{11t-1} + b_{22}h_{22t-1} + b_{23}h_{12t-1}$$

$$h_{12t} = c_{31} + a_{31}u_{1t-1}^2 + a_{32}u_{2t-1}^2 + a_{33}u_{1t-1}u_{2t-1} + b_{31}h_{11t-1} + b_{32}h_{22t-1} + b_{33}h_{12t-1}$$

从式中可以看出,该模型需要估计的参数个数过多,尤其当变量多于 2 个时,整个模型将更加复杂,以至于非常难以进行估计,并且还难以保证条件方差 – 协方差矩阵的正定性,因而完全 VECH 模型在实际中很少使用。尽管在图 6.9 所示向导框中,在 Model Type 选项区中有"VECH"这一项,但用到的可能性很小。

2. Diagonal VECH(Simple) 模型

为了解决 VECH 模型中的参数估计过多问题,Bollerslev 等提出了 Diagonal VECH 模型,即 DVECH 模型,该模型将 VECH 模型中的参数矩阵 $\boldsymbol{A}$ 和 $\boldsymbol{B}$ 限定为对角阵,即

$$\text{vech}(\boldsymbol{H}_t) = \boldsymbol{C} + a_{ii}\text{vech}(\boldsymbol{u}_{t-1}\boldsymbol{u}'_{t-1}) + b_{jj}\text{vech}(\boldsymbol{H}_{t-1}) \quad (6.10)$$

其中,a_{ii} 和 b_{jj} 分别为对角阵 $\boldsymbol{A}$ 和 $\boldsymbol{B}$ 对角线上的元素。

同样,以二元且 $p=1, q=1$ 为例,该模型的具体展开形式为

$$h_{11t} = c_{11} + a_{11}u_{1t-1}^2 + b_{11}h_{11t-1}$$

$$h_{22t} = c_{21} + a_{22}u_{2t-1}^2 + b_{22}h_{22t-1}$$

$$h_{12t} = c_{31} + a_{33}u_{1t-1}u_{2t-1} + b_{33}h_{12t-1}$$

显然,Diagonal VECH 模型大大减少了待估参数个数,模型相对较容易估计。每一条件方差都等价于单变量 GARCH 过程的条件方差,并且条件协方差也非常类似。但该模型也不能保证 $\boldsymbol{H}_t$ 的正定性,而且由于 $a_{ij}=b_{ij}=0 (i \neq j)$(即参数矩阵 $\boldsymbol{A}$ 和 $\boldsymbol{B}$ 的非对角线元素),该模型的方差间不存在相互影响,不适用于研究市场间的波动溢出现象。使用 GARCH 指令估计该模型则非常简单,只需设定阶数 p、q,而不用做其他任何选项。在图 6.9 所示向导框中,当选择两个或两个以上的序列时,Model Type 选项区的第一项即为"Simple(Diagonal VECH)"。

另外,在估计 Diagonal VECH 模型以及后面几种多变量 GARCH 模型时,需要采用初始 Simplex 迭代以帮助收敛,并且注意不能过分迭代,通常 10 次 Simplex 迭代就足够了。可在 GARCH 指令中加入 PMETHOD 选项,结合 SIMPLEX 方法,并结合 PITERS 选项来设置最大迭代次数,即

· garch(p = 1, q = 1, pmethod = simplex, piters = 10) / xjpn xfra xsui

3. BEKK(BEK) 模型

为了保证正定性限制,由 Engle 和 Kroner 提出的 BEKK(BEK) 模型直接施加正的约束在方差矩阵上,从而保证了条件方差为正。其思想是强制所有参数以二次方形式输入模型,这就保证了所有参数为正值。该模型的一般形式($p=1, q=1$)为

$$H_t = CC' + Au_{t-1}u'_{t-1}A' + BH_{t-1}B' \tag{6.11}$$

其中,C 为 n 维下三角阵,而 A 和 B 均为 n 维方阵。从方程(6.11)可以看出,BEKK 模型比 VECH 模型估计参数要少,并且还可以保证 H_t 的正定性。

以二元且 $p=1,q=1$ 为例,方程(6.11)的具体展开形式为

$$h_{11t} = c_{11}^2 + (a_{11}^2 u_{1t-1}^2 + 2a_{11}a_{12}u_{1t-1}u_{2t-1} + a_{12}^2 u_{2t-1}^2) +$$
$$(b_{11}^2 h_{11t-1} + 2b_{11}b_{12}h_{12t-1} + b_{12}^2 h_{22t-1})$$

$$h_{22t} = (c_{21}^2 + c_{22}^2) + (a_{21}^2 u_{1t-1}^2 + 2a_{21}a_{22}u_{1t-1}u_{2t-1} + a_{22}^2 u_{2t-1}^2) +$$
$$(b_{21}^2 h_{11t-1} + 2b_{21}b_{22}h_{12t-1} + b_{22}^2 h_{22t-1})$$

$$h_{12t} = c_{11}c_{21} + a_{11}a_{21}u_{1t-1}^2 + (a_{11}a_{22} + a_{12}a_{21})u_{1t-1}u_{2t-1} + a_{12}a_{22}u_{2t-1}^2 +$$
$$b_{11}b_{21}h_{11t-1} + (b_{11}b_{22} + b_{12}b_{21})h_{12t-1} + b_{12}b_{22}h_{22t-1}$$

其中,$H_t = \begin{bmatrix} h_{11t} & h_{12t} \\ h_{12t} & h_{22t} \end{bmatrix}$, $C = \begin{bmatrix} c_{11} & 0 \\ c_{21} & c_{22} \end{bmatrix}$, $A = \begin{bmatrix} a_{11} & a_{12} \\ a_{21} & a_{22} \end{bmatrix}$, $B = \begin{bmatrix} b_{11} & b_{12} \\ b_{21} & b_{22} \end{bmatrix}$。显然,BEKK 模型考虑了对一个变量的冲击会"扩散"到其他的变量上,因而该模型非常适合于研究市场间的波动溢出现象。问题是估计 BEKK 模型存在难度,模型中存在大量可识别的参数。A、B、C 中的所有参数符号的变动对似然方程的值没有影响,因此难以达到收敛。使用 RATS 的 GARCH 指令估计 BEKK 模型,则要加入 MV = BEK 选项,并且同样也需要采用初始 Simplex 迭代以帮助收敛。即

· garch(p = 1, q = 1, mv = bek, pmethod = simplex, piters = 10) / xjpn xfra xsui

采用如图 6.9 所示的向导框时,则在 Model Type 选项区选择"BEKK"这一项。

4. 限制相关模型(CCC 模型、DCC 模型和 DIAG 模型)

限制相关模型指采用 GARCH 模型形式的方差,但却以更多的限制方式产生协方差。这里有几个选择来设定条件方差模型。最简单的限制相关模型是 DIAG(对角)模型,即 MV = DIAG,对应的在如图 6.9 所示的向导框中,在 Model Type 选项区选择"Diagonal"这一项。DIAG(对角)模型定义变量之间的协方差为零,从而变量之间的条件相关系数为零。该模型针对每个被解释变量估计其独立的单变量 GARCH 模型,但采用 RATS 的 GARCH 指令时则同时处理所有的变量(而不是做单独的单变量 GARCH 指令)以确保它们在一个共同的范围被估计。

估计 DIAG(对角)模型的 GARCH 指令,即

· garch(p = 1, q = 1, mv = diag) / xjpn xfra xsui

或

· garch(p = 1, q = 1, mv = diag, pmethod = simplex, piters = 10) / xjpn xfra xsui

另外一个流行的多变量 GARCH 模型是常数条件相关(Constant Conditional Correlation, CCC)模型。CCC 模型定义变量之间的条件相关系数为常数,从而变量之间的协方差就可以表示为:对于每个 $i \neq j$,$h_{ijt} = \rho_{ij}(h_{iit}h_{jjt})^{0.5}$,其中 h_{ijt} 为方差-协方差矩阵 H_t 非对角线上的元素,h_{iit} 和 h_{jjt} 为 H_t 对角线上的元素。在某种意义上,CCC 模型折中地解决了方差项不需要对角化,而同时协方差项与 $(h_{iit}h_{jjt})^{0.5}$ 成比例的问题。对于二元的情况而言:$h_{12t} = \rho_{12}(h_{11t}h_{22t})^{0.5}$,因此协方差方程只包含了一个参数。估计 CCC 模型时,要加

入 MV = CC 选项,对应的在如图 6.9 所示的向导框中,在 Model Type 选项区选择"CC (Constant Correlation)"这一项。

估计 CCC 模型的 GARCH 指令,即

· garch(p = 1,q = 1,mv = cc) / xjpn xfra xsui

或

· garch(p = 1,q = 1,mv = cc,pmethod = simplex,piters = 10) / xjpn xfra xsui

由于在实际应用中,时变相关性的普遍性和重要性,Engle 指出如何一般化 CCC 模型,以使条件相关系数随时间变化。为了解决这一问题,Engle 提出了动态条件相关系数(Dynamic Conditional Correlation,DCC)模型。DCC 模型使用了两步估计过程:第一步是使用 CCC 模型估计 GARCH 模型的参数,第二步是估计条件相关系数。假定

$$H_t = D_t R_t D_t$$

其中,H_t 为 n 维条件方差 – 协方差正定阵,D_t 为对角线上具有时变标准差 $(h_{iit})^{0.5}$ 的对角矩阵,R_t 为随时间变化的条件相关系数矩阵。即

$$D_t = \text{diag}(h_{11t}^{0.5}, \cdots, h_{nnt}^{0.5})$$

$$R_t = D_t^{-1} H_t D_t^{-1} = \text{diag}(qq_{11t}^{-0.5}, \cdots, qq_{nnt}^{-0.5}) Q_t \text{diag}(qq_{11t}^{-0.5}, \cdots, qq_{nnt}^{-0.5})$$

式中,Q_t 是一个对称正定矩阵,表示为

$$Q_t = (1 - \theta_1 - \theta_2)\bar{Q} + \theta_1 \xi_{t-1} \xi'_{t-1} + \theta_2 Q_{t-1}$$

其中,$\bar{Q}$ 为标准化残差 ξ_{it} 的无条件协方差矩阵,参数 θ_1 和 θ_2 的值为非负且二者和小于 1。则动态(时变)条件相关系数的估计值为

$$\rho_{ijt} = \frac{q_{ijt}}{\sqrt{q_{iit} q_{jjt}}}$$

实际上,对于常条件相关系数 CCC 模型,$R_t = R$ 且 $R_{ij} = \rho_{ij}$;对于对角 DIAG 模型,$\rho_{ij} = 0$(针对所有的 i 和 j 而言)。对于二元的情况而言,上述动态(时变)条件相关系数表示为 $\rho_{12t} = q_{12t} / (q_{11t} q_{22t})^{0.5}$。

估计 DCC 模型的 GARCH 指令,即

· garch(p = 1,q = 1,mv = dcc) / xjpn xfra xsui

或

· garch(p = 1,q = 1,mv = dcc,pmethod = simplex,piters = 10) / xjpn xfra xsui

对应在如图 6.9 所示的向导框中,在 Model Type 选项区选择"DCC(Dynamic Conditional)"这一项。

5. VARIANCES 选项

对于上述三种模型(DIAG 模型、CCC 模型和 DCC 模型)均要求每个变量有各自的方差方程,RATS 默认的是标准的 GARCH 模型形式,即每一个方差方程均为 GARCH(1,1) 过程。此外,对于 DIAG、CCC 和 DCC 模型,RATS 还提供了其他三种条件方差方程形式,用户可在 RATS 的 GARCH 指令中添加 VARIANCES 选项进行选择。

第一种是 VARIANCES = EXP。该选项给出了多变量 EGARCH 模型,即每一个条件方差方程均为不包含非对称项的 EGARCH 模型形式,如 6.1.2 节方程(6.6)所描述。以

二元且 $p=1,q=1$ 为例,方程(6.6)可写为

$$\ln(h_{11t}) = c_{11} + a_{11}|u_{1t-1}|/\sqrt{h_{11t-1}} + b_{11}\ln h_{11t-1}$$

$$\ln(h_{22t}) = c_{21} + a_{22}|u_{2t-1}|/\sqrt{h_{22t-1}} + b_{22}\ln h_{22t-1}$$

另一种是 VARIANCES = VARMA。该选项给出了由 Ling 和 McAleer 提出的条件方差方程,采用如下形式($p=1,q=1$)。

$$h_{iit} = c_{ii} + \sum_j a_{ij}u_{jt-1}^2 + \sum_j b_{ij}h_{jjt-1} \tag{6.12}$$

对于两变量而言,VARMA – GARCH(1,1) 模型可写为

$$h_{11t} = c_{11} + a_{11}u_{1t-1}^2 + a_{12}u_{2t-1}^2 + b_{11}h_{11t-1} + b_{12}h_{22t-1}$$

$$h_{22t} = c_{22} + a_{21}u_{1t-1}^2 + a_{22}u_{2t-1}^2 + b_{21}h_{11t-1} + b_{22}h_{22t-1}$$

由于该模型允许一个变量的冲击影响另一变量的方差(条件方差方程中既包含长期滞后交叉项,又包含短期滞后交叉项),因而是一种非常方便的设定,适用于研究市场间的波动溢出效应。近年来,大量学术文献采用 VARMA – GARCH 形式来设定条件方差方程,以研究市场间的互动关系。

第三种是 VARIANCES = SPILLOVER。该选项给出的条件方差方程形式与 VARIANCES = VARMA 选项类似,即采用如下形式($p=1,q=1$)。

$$h_{iit} = c_{ii} + \sum_j a_{ij}u_{jt-1}^2 + b_i h_{iit-1} \tag{6.13}$$

对于两个变量而言,可写为

$$h_{11t} = c_{11} + a_{11}u_{1t-1}^2 + a_{12}u_{2t-1}^2 + b_1 h_{11t-1}$$

$$h_{22t} = c_{22} + a_{21}u_{1t-1}^2 + a_{22}u_{2t-1}^2 + b_2 h_{22t-1}$$

以上模型与 VARMA – GARCH 模型形式类似,只是不包含另一变量的滞后方差项,只包含另一变量的短期滞后冲击项(条件方差方程中不包含长期滞后交叉项,只包含短期滞后交叉项),因而该模型也可用于研究市场间的波动溢出效应。

用 RATS 估计 DIAG、CCC 和 DCC 三种模型时,在如图 6.9 所示向导框中的 Model Type 选项区分别选择"Diagonal""CC (Constant Correlation)"和"DCC (Dynamic Conditional)"。选这三项时,在 Model Type 选项区下方会出现新增加的 Univariate Models 选项框,用于设定条件方差方程形式,其下拉菜单中的"VARMA""Exponential"和"Spillover"分别对应着上述 VARIANCES 的三个选项内容。

用 RATS 的 GARCH 指令估计 DIAG、CCC 和 DCC 三种模型,若条件方差方程设定为 VARMA – GARCH(1,1) 形式,则对应的 GARCH 指令可分别写为

- garch(p = 1,q = 1,mv = diag,variances = varma,pmethod = simplex,piters = 10) / $
  xjpn xfra xsui

- garch(p = 1,q = 1,mv = cc,variances = varma,pmethod = simplex,piters = 10) / $
  xjpn xfra xsui

- garch(p = 1,q = 1,mv = dcc,variances = varma,pmethod = simplex,piters = 10) / $
  xjpn xfra xsui

6. 肥尾分布问题

如6.1.3节所述,金融时间序列模型随机误差项 u_t 正态分布的假定常常不能成立,为了更精确地拟合时间序列的肥尾分布特征,可在 GARCH 指令中使用 DISTRIB = T 选项,以采用多变量学生 t 分布(Multivariate Student-t Distribution)。注意:多变量 GARCH 模型不采用广义误差 GED 分布,而只采用默认的正态分布和学生 t 分布。与单变量模型一样,对于学生 t 分布,可采用 SHAPE 选项来设定一个固定的自由度;如果不使用该选项的话,可由 RATS 估计出此自由度的值。例如,以下指令为估计一个基于 t 分布的 BEKK 模型,并且由 RATS 估计出自由度的值。

· garch(p = 1, q = 1, mv = bek, distrib = t, pmethod = simplex, piters = 10) / xjpn xfra xsui

7. 均值模型设定问题

与单变量 GARCH 模型一样,多变量 GARCH 模型各均值模型默认为只包含一个常数项,在输出结果中用"MEAN(1),…, MEAN(n)"表示。如果想设定更复杂的均值模型,并且各均值模型中只包含若干共同的回归量(解释变量)的话,则可在 GARCH 指令中使用 REGRESSORS 选项(正如单变量模型),并添加一个由#开头的 supplementary card;如果各均值模型中包含额外的不同的回归量,则需要创建一个 MODEL 变量,通常使用 GROUP,由于模型中包含了被解释变量的信息,就没有必要在 GARCH 指令中再列出了。比如要估计一个三变量的 AR(1) – DCC – MGARCH 模型,即三个变量各自的均值模型采用 AR(1) 过程,而方差方程采用 DCC 形式。则可写 RATS 程序,即

· equation(constant) jpneq xjpn 1
· equation(constant) fraeq xfra 1
· equation(constant) suieq xsui 1
· group ar1 jpneq fraeq suieq
· garch(p = 1, q = 1, model = ar1, mv = dcc, pmethod = simplex, piters = 10)

向量自回归 VAR 模型是分析处理多个变量之间关系的最容易操作的模型之一,因此近年来,越来越多的学术文献在研究市场间信息传递和互动关系时,采用该模型作为多变量 GARCH 模型的均值模型设定。RATS 采用 SYSTEM 定义来建立 VAR 均值模型。比如要估计上述三变量的 VAR(1) – BEKK – MGARCH 模型,即三个变量的均值模型采用滞后一阶的 VAR 形式,而方差方程采用 BEKK 形式。则可写 RATS 程序,即

· system(model = var1)
· variables xjpn xfra xsui
· lags 1
· det constant
· end(system)
· garch(p = 1, q = 1, model = var1, mv = bek, pmethod = simplex, piters = 10)

6.2.3 多变量 GARCH 模型估计相关问题

1. HMATRICES 和 RVECTORS 选项

如 6.1.4 节所述,在单变量 GARCH 模型中,只要使用 HSERIES 和 RESIDS 选项就可以获得模型估计后产生的条件方差(h_t)和残差(u_t)序列,从而进行模型的诊断性检验。而在多变量 GARCH 模型中,由于需要给出协方差矩阵和残差向量的信息,HSERIES 和 RESIDS 选项就不再适用了,相应的选项名则变为 HMATRICES 和 RVECTORS。其中 HMATRICES 选项用于提供方差 – 协方差对称阵序列,RVECTORS 选项产生残差向量序列。此外,还可采用 MVSERIES 选项给出方差 – 协方差矩阵(以对称序列的形式)。

以下指令可生成并保存一个标准的多变量 GARCH 模型的协方差矩阵和残差向量,通过二者可生成标准化残差。

- garch(p = 1, q = 1, pmethod = simplex, piters = 10, $
  hmatrices = hh, rvectors = rd) / xjpn xfra xsui

2. 标准化残差的诊断性检验

对于多变量 GARCH 模型而言,如果其均值模型和方差模型设定正确的话,则每一变量所对应的标准化残差($v_{1t} = u_{1t}/\sqrt{h_{11t}}, v_{2t} = u_{2t}/\sqrt{h_{22t}}, \cdots$)应该通过同一类型的自相关检验,正如在单变量模型中所做的一样,也就是说,每一变量的标准化残差($v_{1t}, v_{2t}, \cdots$)或标准化残差的平方($v_{1t}^2, v_{2t}^2, \cdots$)都不应有序列自相关。若要计算上述三变量 GARCH 模型中每一变量所对应的标准化残差,则指令如下。

- set z1 = rd(t)(1)/sqrt(hh(t)(1,1))
- set z2 = rd(t)(2)/sqrt(hh(t)(2,2))
- set z3 = rd(t)(3)/sqrt(hh(t)(3,3))

其中,**rd** 表示残差向量序列,即 $\mathbf{rd} = (u_{1t} \quad u_{2t} \quad u_{3t})'$;**hh** 表示方差 – 协方差对称阵序列,即 $\mathbf{hh} = \begin{pmatrix} h_{11t} & h_{12t} & h_{13t} \\ h_{12t} & h_{22t} & h_{23t} \\ h_{13t} & h_{23t} & h_{33t} \end{pmatrix}$。在 RATS 指令中,**rd**(t) 或 **rd**(0) 表示 t 时刻的全部残差向量序列;**rd**(t)(1) 表示残差向量的第一个元素 u_{1t},**rd**(t)(2) 表示残差向量的第二个元素 u_{2t},**rd**(t)(3) 表示残差向量的第三个元素 u_{3t};类似地,**hh**(t) 或 **hh**(0) 表示 t 时刻的完整的方差 – 协方差矩阵,**hh**(t)(1,1)、**hh**(t)(2,2)、**hh**(t)(3,3) 分别表示方差 – 协方差矩阵的对角线元素,即残差 u_{1t}、u_{2t}、u_{3t} 所对应的条件方差。

对标准化残差进行诊断性检验,可采用 RATS 的 @BDINDTESTS 程序,即输入

@bdindtests(number = 40) z1
@bdindtests(number = 40) z2
@bdindtests(number = 40) z3

6.2.4 多变量 GARCH 模型估计举例

本节对 RATS 自带的 GARCHMV.PRG 程序文件进行分析,该程序文件采用三变量汇率收益体系(xjpn、xfra 和 xsui)估计以上介绍的各种多变量 GARCH 模型。在 RATS 的 File 菜单中选择 Open,然后在打开的对话框中双击 GARCHMV.PRG 即打开该程序文件。读者可调用该程序自行练习。

首先打开数据文件(RATS 自带),将数据文件中的数据序列读入内存,并定义所估计模型的被解释变量 xjpn、xfra 和 xsui。输入如下指令。

- open data g10xrate.xls
- data(format = xls,org = columns) 1 6237 usxjpn usxfra usxsui
- set xjpn = 100.0 * log(usxjpn/usxjpn{1})
- set xfra = 100.0 * log(usxfra/usxfra{1})
- set xsui = 100.0 * log(usxsui/usxsui{1})

估计 MV 选项内容不同的各种多变量 GARCH 模型,包括:对角线 VECH 模型、BEKK 模型、DIAG 模型、CCC 模型和 DCC 模型。输入如下指令。

- garch(p = 1,q = 1,pmethod = simplex,piters = 10) / xjpn xfra xsui
- garch(p = 1,q = 1,mv = bek,pmethod = simplex,piters = 10) / xjpn xfra xsui
- garch(p = 1,q = 1,mv = diag,pmethod = simplex,piters = 10) / xjpn xfra xsui
- garch(p = 1,q = 1,mv = cc,pmethod = simplex,piters = 10) / xjpn xfra xsui
- garch(p = 1,q = 1,mv = dcc,pmethod = simplex,piters = 10) / xjpn xfra xsui

得到的估计结果如图 6.10 ~ 6.14 所示。

图 6.10 所示的对角线 VECH 模型估计结果显示,整个估计运算经过 118 次迭代后收敛。Mean(1)、Mean(2)、Mean(3) 分别为三变量各自对应的均值模型的常数项估计值;C(1,1)、C(2,1)、C(2,2)、C(3,1)、C(3,2) 和 C(3,3) 分别为三变量各自的条件方差以及条件协方差方程的常系数估计值;A(1,1)、A(2,1)、A(2,2)、A(3,1)、A(3,2) 和 A(3,3) 分别为三变量各自的条件方差方程中滞后残差平方项,即 ARCH 项(自身 ARCH 项)的系数估计值,以及条件协方差方程中滞后残差交叉乘积项的系数估计值;B(1,1)、B(2,1)、B(2,2)、B(3,1)、B(3,2) 和 B(3,3) 分别为三变量各自的条件方差方程中滞后条件方差项,即 GARCH 项(自身 GARCH 项)的系数估计值,以及条件协方差方程中滞后条件协方差项的系数估计值。

图 6.11 为 BEKK 模型估计结果,整个估计运算经过 86 次迭代后收敛。BEKK 模型待估参数量明显多于其他模型,对于三变量 BEKK 模型而言,其条件方差方程中常系数矩阵为三维下三角阵,共包含六个系数:C(1,1)、C(2,1)、C(2,2)、C(3,1)、C(3,2) 和 C(3,3);其条件方差方程中 ARCH 项和 GARCH 项的系数矩阵均为三维方阵,各包含 9 个 ARCH 项(自身 ARCH 项和交叉 ARCH 项)系数估计值,即 A(1,1)、A(1,2)、A(1,3)、A(2,1)、A(2,2)、A(2,3)、A(3,1)、A(3,2)、A(3,3),以及 9 个 GARCH 项(自身 GARCH 项和交叉 GARCH 项)系数估计值,即 B(1,1)、B(1,2)、B(1,3)、B(2,1)、B(2,2)、B(2,3)、B(3,1)、B(3,2)、B(3,3)。

```
MV-GARCH - Estimation by BFGS
Convergence in   118 Iterations. Final criterion was  0.0000000 <=  0.0000100
Usable Observations                  6236
Log Likelihood                 -11835.6548

    Variable                Coeff        Std Error       T-Stat      Signif
    ****************************************************************************
 1. Mean(1)               0.004648907    0.006954958      0.66843   0.50385876
 2. Mean(2)              -0.003503520    0.007221156     -0.48517   0.62755262
 3. Mean(3)              -0.002335864    0.008238481     -0.28353   0.77676988
 4. C(1,1)                0.009018499    0.001168265      7.71957   0.00000000
 5. C(2,1)                0.005700688    0.000775303      7.35286   0.00000000
 6. C(2,2)                0.011509286    0.001316516      8.74223   0.00000000
 7. C(3,1)                0.006014470    0.000801339      7.50552   0.00000000
 8. C(3,2)                0.009936472    0.001184146      8.39126   0.00000000
 9. C(3,3)                0.012767471    0.001520387      8.39751   0.00000000
10. A(1,1)                0.105828548    0.007824453     13.52536   0.00000000
11. A(2,1)                0.093968182    0.006027035     15.59111   0.00000000
12. A(2,2)                0.128138951    0.007574852     16.91636   0.00000000
13. A(3,1)                0.088839507    0.005413841     16.40970   0.00000000
14. A(3,2)                0.113575428    0.006476455     17.53667   0.00000000
15. A(3,3)                0.111456383    0.006555258     17.00259   0.00000000
16. B(1,1)                0.883947819    0.008299392    106.50753   0.00000000
17. B(2,1)                0.890949197    0.006483581    137.41622   0.00000000
18. B(2,2)                0.860858614    0.007527673    114.35919   0.00000000
19. B(3,1)                0.897627824    0.005907504    151.94704   0.00000000
20. B(3,2)                0.874888330    0.006619940    132.15956   0.00000000
21. B(3,3)                0.877524453    0.006675501    131.45446   0.00000000
```

图 6.10 对角线 VECH 模型估计输出结果

```
MV-GARCH, BEKK - Estimation by BFGS
Convergence in    86 Iterations. Final criterion was  0.0000089 <=  0.0000100
Usable Observations                  6236
Log Likelihood                 -11821.7455

    Variable                Coeff        Std Error       T-Stat      Signif
    ****************************************************************************
 1. Mean(1)               0.005278178    0.005538982      0.95291   0.34063318
 2. Mean(2)              -0.002365955    0.004680277     -0.50552   0.61319653
 3. Mean(3)              -0.002512150    0.005599546     -0.44863   0.65369529
 4. C(1,1)                0.082828610    0.005128038     16.15211   0.00000000
 5. C(2,1)                0.029932974    0.007290490      4.10576   0.00004030
 6. C(2,2)                0.055797072    0.005338871     10.45110   0.00000000
 7. C(3,1)                0.037973561    0.008484115      4.47584   0.00000761
 8. C(3,2)               -0.003980601    0.009630021     -0.41335   0.67934777
 9. C(3,3)               -0.058513915    0.006312478     -9.26956   0.00000000
10. A(1,1)                0.359528363    0.011806674     30.45128   0.00000000
11. A(1,2)                0.102641069    0.010359922      9.90751   0.00000000
12. A(1,3)                0.111017839    0.012905851      8.60213   0.00000000
13. A(2,1)                0.038168212    0.015034080      2.53878   0.01112399
14. A(2,2)                0.403488838    0.016829411     23.97522   0.00000000
15. A(2,3)               -0.066145401    0.019006047     -3.48023   0.00050098
16. A(3,1)               -0.047561923    0.010720952     -4.43635   0.00000915
17. A(3,2)               -0.125575391    0.012279061    -10.22679   0.00000000
18. A(3,3)                0.291200259    0.014863511     19.59162   0.00000000
19. B(1,1)                0.935267537    0.003826333    244.42918   0.00000000
20. B(1,2)               -0.026702593    0.003316956     -8.05033   0.00000000
21. B(1,3)               -0.028560414    0.004297537     -6.64576   0.00000000
22. B(2,1)               -0.012473873    0.005840400     -2.13579   0.03269647
23. B(2,2)                0.909755341    0.006538829    139.13124   0.00000000
24. B(2,3)                0.029207543    0.007165437      4.07617   0.00004578
25. B(3,1)                0.016555066    0.004521587      3.66134   0.00025090
26. B(3,2)                0.048819447    0.005541692      8.80948   0.00000000
27. B(3,3)                0.946900833    0.005897439    160.56136   0.00000000
```

图 6.11 BEKK 模型估计输出结果

图 6.12 为 DIAG 模型估计结果，整个估计运算经过 51 次迭代后收敛。限制相关模型（DIAG、CCC 和 DCC）以更多的限制方式来产生协方差，因此 RATS 输出结果中只显示其条件方差方程中的系数。在不指定方差方程具体形式的情况下，RATS 默认的是标准的 GARCH(1,1) 过程。$C(1)$、$C(2)$、$C(3)$ 分别为三变量各自的条件方差方程的常系数估计值；$A(1)$、$A(2)$、$A(3)$ 分别为三变量各自的条件方差方程中 ARCH 项（自身 ARCH 项）的系数估计值；而 $B(1)$、$B(2)$、$B(3)$ 分别为三变量各自的条件方差方程中 GARCH 项（自身 GARCH 项）的系数估计值。

```
MV-GARCH, Diagonal - Estimation by BFGS
Convergence in    51 Iterations. Final criterion was  0.0000015 <=  0.0000100
Usable Observations                  6236
Log Likelihood                 -17729.5813

     Variable              Coeff       Std Error      T-Stat     Signif
     ****************************************************************
 1.  Mean(1)            0.000188472    0.006508615    0.02896   0.97689863
 2.  Mean(2)           -0.001465331    0.006218233   -0.23565   0.81370373
 3.  Mean(3)            0.003450367    0.008464005    0.40765   0.68352930
 4.  C(1)               0.007428696    0.001104952    6.72309   0.00000000
 5.  C(2)               0.008580156    0.001484654    5.77923   0.00000001
 6.  C(3)               0.011100181    0.002092805    5.30396   0.00000011
 7.  A(1)               0.176287817    0.011947984   14.75461   0.00000000
 8.  A(2)               0.112639520    0.009588079   11.74787   0.00000000
 9.  A(3)               0.096942523    0.008460576   11.45815   0.00000000
10.  B(1)               0.837268276    0.009147600   91.52874   0.00000000
11.  B(2)               0.878187139    0.010231707   85.82997   0.00000000
12.  B(3)               0.888771331    0.009964823   89.19088   0.00000000
```

图 6.12　DIAG 模型估计输出结果

图 6.13 为另一种限制相关模型 CCC 模型的估计结果，整个估计运算经过 59 次迭代后收敛。同以上 DIAG 模型一样，在不指定方差方程具体形式的情况下，RATS 默认的是标准的 GARCH(1,1) 过程。C、A、B 分别为三变量各自的条件方差方程中常系数、ARCH 项（自身 ARCH 项）和 GARCH 项（自身 GARCH 项）的系数估计值。CCC 模型限定变量之间的条件相关系数为不随时间变化的常数，RATS 输出结果中给出了三个变量之间的常条件相关系数值，$R(2,1)$ 表示模型中第一个、第二个变量之间的相关系数值，为 0.564；$R(3,1)$ 表示模型中第一个、第三个变量之间的相关系数值，为 0.579；$R(3,2)$ 表示模型中第二个、第三个变量之间的相关系数值，为 0.829。

图 6.14 为第三种限制相关模型 DCC 模型的估计结果，整个估计运算经过 53 次迭代后收敛。同以上 CCC 模型一样，在不指定方差方程具体形式的情况下，RATS 默认的是标准的 GARCH(1,1) 过程。C、A、B 分别为三变量各自的条件方差方程中常系数、ARCH 项（自身 ARCH 项）和 GARCH 项（自身 GARCH 项）的系数估计值。此外，RATS 输出结果中还给出了 DCC 模型自身包含的两个系数的估计值，分别用 DCC(1) 和 DCC(2) 表示，其值分别为 0.053 2 和 0.939 1，二者均非负且和小于 1。

```
MV-GARCH, CC - Estimation by BFGS
Convergence in    59 Iterations. Final criterion was   0.0000000 <=  0.0000100
Usable Observations                    6236
Log Likelihood                -12817.3747

      Variable             Coeff        Std Error       T-Stat       Signif
 ************************************************************************
  1.  Mean(1)          -0.000774111    0.006144926     -0.12598    0.89975117
  2.  Mean(2)          -0.004264654    0.006610875     -0.64510    0.51886451
  3.  Mean(3)           0.003651044    0.007602558      0.48024    0.63105755
  4.  C(1)              0.016829091    0.002082522      8.08111    0.00000000
  5.  C(2)              0.028387940    0.002551767     11.12482    0.00000000
  6.  C(3)              0.032309656    0.002930616     11.02487    0.00000000
  7.  A(1)              0.164135007    0.011158635     14.70924    0.00000000
  8.  A(2)              0.133212168    0.008741898     15.23836    0.00000000
  9.  A(3)              0.112705675    0.007170044     15.71897    0.00000000
 10.  B(1)              0.812627760    0.012093406     67.19594    0.00000000
 11.  B(2)              0.804332844    0.011468656     70.13314    0.00000000
 12.  B(3)              0.831307008    0.010037815     82.81752    0.00000000
 13.  R(2,1)            0.564319380    0.008343514     67.63570    0.00000000
 14.  R(3,1)            0.579294904    0.007834519     73.94135    0.00000000
 15.  R(3,2)            0.828697429    0.003753343    220.78918    0.00000000
```

图 6.13　CCC 模型估计输出结果

```
MV_GARCH, DCC - Estimation by BFGS
Convergence in    53 Iterations. Final criterion was   0.0000015 <=  0.0000100
Usable Observations   6236
Log Likelihood               -11814.44032999

      Variable             Coeff        Std Error       T-Stat       Signif
 ************************************************************************
  1.  Mean(1)           0.003986698    0.006076552      0.65608    0.51177329
  2.  Mean(2)          -0.003134500    0.005629628     -0.55679    0.57767342
  3.  Mean(3)          -0.003073355    0.006560423     -0.46847    0.63944920
  4.  C(1)              0.008500519    0.000969359      8.76922    0.00000000
  5.  C(2)              0.012488256    0.001163719     10.73134    0.00000000
  6.  C(3)              0.016570399    0.001573041     10.53399    0.00000000
  7.  A(1)              0.151681135    0.008278273     18.32280    0.00000000
  8.  A(2)              0.138405465    0.006801786     20.34840    0.00000000
  9.  A(3)              0.123713288    0.005963663     20.74451    0.00000000
 10.  B(1)              0.851988058    0.007143584    119.26619    0.00000000
 11.  B(2)              0.848503066    0.006926787    122.49590    0.00000000
 12.  B(3)              0.857977390    0.006633490    129.34027    0.00000000
 13.  DCC(1)            0.053242570    0.002607294     20.42063    0.00000000
 14.  DCC(2)            0.939057105    0.003108914    302.05310    0.00000000
```

图 6.14　DCC 模型估计输出结果

接下来,估计 VARIANCES 选项内容不同的 CCC 模型。输入如下指令。

· garch(p = 1,q = 1,mv = cc,variances = exp,pmethod = simplex,piters = 10) / xjpn xfra xsui

· garch(p = 1,q = 1,mv = cc,variances = spillover,pmethod = simplex,piters = 10) / $
　　xjpn xfra xsui

· garch(p = 1,q = 1,mv = cc,variances = varma,pmethod = simplex,piters = 10) / $
　　xjpn xfra xsui

得到的估计结果如图 6.15 ~ 6.17 所示。

```
MV-GARCH, CC with E-GARCH Variances - Estimation by BFGS
Convergence in    51 Iterations. Final criterion was  0.0000026 <=  0.0000100
Usable Observations                       6236
Log Likelihood              -12770.4812
```

Variable	Coeff	Std Error	T-Stat	Signif
1. Mean(1)	-0.007353722	0.005637614	-1.30440	0.19209615
2. Mean(2)	-0.013491784	0.005857244	-2.30344	0.02125435
3. Mean(3)	-0.007967177	0.007151802	-1.11401	0.26527502
4. C(1)	-0.387707842	0.015222323	-25.46969	0.00000000
5. C(2)	-0.279668671	0.013709802	-20.39918	0.00000000
6. C(3)	-0.230593281	0.012038990	-19.15387	0.00000000
7. A(1)	0.393624878	0.015369479	25.61081	0.00000000
8. A(2)	0.267768523	0.013003359	20.59226	0.00000000
9. A(3)	0.238723812	0.012118936	19.69841	0.00000000
10. B(1)	0.895885596	0.006495676	137.92031	0.00000000
11. B(2)	0.914563377	0.006323343	144.63289	0.00000000
12. B(3)	0.922782609	0.006261947	147.36353	0.00000000
13. R(2,1)	0.561387397	0.007995980	70.20870	0.00000000
14. R(3,1)	0.574617626	0.008023253	71.61903	0.00000000
15. R(3,2)	0.824712805	0.003841921	214.66159	0.00000000

图 6.15 VARIANCES 选项为 EXP 的 CCC 模型估计输出结果

```
MV-GARCH, CC with Spillover Variances - Estimation by BFGS
Convergence in    55 Iterations. Final criterion was  0.0000049 <=  0.0000100
Usable Observations                       6236
Log Likelihood              -12758.1968
```

Variable	Coeff	Std Error	T-Stat	Signif
1. Mean(1)	-0.000141649	0.006703993	-0.02113	0.98314266
2. Mean(2)	-0.000222170	0.006320256	-0.03515	0.97195844
3. Mean(3)	0.006829221	0.007602630	0.89827	0.36904119
4. C(1)	0.017632576	0.001883714	9.36054	0.00000000
5. C(2)	0.027161451	0.002819242	9.63431	0.00000000
6. C(3)	0.031593079	0.003185957	9.91635	0.00000000
7. A(1,1)	0.167290976	0.011301789	14.80217	0.00000000
8. A(1,2)	0.016947990	0.010502680	1.61368	0.10659634
9. A(1,3)	-0.041555560	0.008694273	-4.77965	0.00000176
10. A(2,1)	-0.054863986	0.007728997	-7.09846	0.00000000
11. A(2,2)	0.162017962	0.014045610	11.53513	0.00000000
12. A(2,3)	-0.006569677	0.008289020	-0.79258	0.42802499
13. A(3,1)	-0.030624692	0.005994633	-5.10869	0.00000032
14. A(3,2)	-0.006211293	0.008693209	-0.71450	0.47491841
15. A(3,3)	0.125432431	0.008627009	14.53950	0.00000000
16. B(1)	0.823048900	0.011378832	72.33158	0.00000000
17. B(2)	0.815595360	0.012407232	65.73548	0.00000000
18. B(3)	0.838631449	0.010786719	77.74667	0.00000000
19. R(2,1)	0.571418364	0.008262731	69.15611	0.00000000
20. R(3,1)	0.584888238	0.007807460	74.91402	0.00000000
21. R(3,2)	0.830999405	0.003849115	215.89364	0.00000000

图 6.16 VARIANCES 选项为 SPILLOVER 的 CCC 模型估计输出结果

图 6.15 为 VARIANCES 选项选择 EXP 的 CCC 模型,即不包含非对称项的三变量 EGARCH 模型的估计结果,整个估计运算经过 51 次迭代后收敛。C、A、B 分别为三变量各自的条件方差(对数)方程中常系数、ARCH 项(自身 ARCH 项)和 GARCH 项(自身 GARCH 项)的系数估计值。R(2,1) 表示模型中第一个、第二个变量之间的常条件相关系数值,为 0.561;R(3,1) 表示模型中第一个、第三个变量之间的相关系数值,为 0.575;

R(3,2) 表示模型中第二个、第三个变量之间的相关系数值,为 0.825。

图 6.16 为 VARIANCES 选项选择 SPILLOVER 的 CCC 模型,整个估计运算经过 55 次迭代后收敛。C、A、B 分别为三变量各自的条件方差方程中常系数、ARCH 项(自身 ARCH 项和交叉 ARCH 项)和 GARCH 项(自身 GARCH 项)的系数估计值。由于该模型设定的条件方差方程中仅包含短期滞后交叉项(交叉 ARCH 项),而不包含长期滞后交叉项(交叉 GARCH 项),因此 ARCH 项系数估计值共有 9 个,其中 A(1,1)、A(2,2) 和 A(3,3) 为三变量各自条件方差方程中自身 ARCH 项的系数估计值,而 A(1,2)、A(1,3)、A(2,1)、A(2,3)、A(3,1)、A(3,2) 为三变量各自条件方差方程中交叉 ARCH 项的系数估计值,通过研究这些交叉 ARCH 项的系数估计值,可判断信息联结的市场间的波动溢出情况; GARCH 项系数估计值共 3 个,即 B(1)、B(2)、B(3) 为三变量各自条件方差方程中自身 GARCH 项的系数估计值。同样,R(2,1) 表示模型中第一个、第二个变量之间的常条件相关系数值,为 0.571;R(3,1) 表示模型中第一个、第三个变量之间的相关系数值,为 0.585;R(3,2) 表示模型中第二个、第三个变量之间的相关系数值,为 0.831。

```
MV-GARCH, CC with VARMA Variances - Estimation by BFGS
Convergence in    115 Iterations. Final criterion was   0.0000000 <=   0.0000100
Usable Observations                      6236
Log Likelihood                       -12626.2839

      Variable                  Coeff        Std Error      T-Stat     Signif
      **********************************************************************
 1.   Mean(1)               -0.003240587    0.006380185    -0.50791   0.61151347
 2.   Mean(2)               -0.005185627    0.005927163    -0.87489   0.38163270
 3.   Mean(3)               -0.000811953    0.007103667    -0.11430   0.90899952
 4.   C(1)                   0.010809644    0.002067928     5.22728   0.00000017
 5.   C(2)                   0.006009660    0.002890850     2.07886   0.03763061
 6.   C(3)                   0.022066814    0.002574485     8.57135   0.00000000
 7.   A(1,1)                 0.172943305    0.012621671    13.70209   0.00000000
 8.   A(1,2)                -0.009960998    0.013932285    -0.71496   0.47463500
 9.   A(1,3)                -0.034030603    0.010591765    -3.21293   0.00131388
10.   A(2,1)                -0.053388656    0.007990784    -6.68128   0.00000000
11.   A(2,2)                 0.246271890    0.015697645    15.68846   0.00000000
12.   A(2,3)                -0.106151973    0.009854694   -10.77172   0.00000000
13.   A(3,1)                 0.004511964    0.004968461     0.90812   0.36381431
14.   A(3,2)                -0.070378313    0.008556518    -8.22511   0.00000000
15.   A(3,3)                 0.134782262    0.008612714    15.64922   0.00000000
16.   B(1,1)                 0.793052772    0.018262822    43.42444   0.00000000
17.   B(1,2)                 0.096901818    0.034082017     2.84319   0.00446637
18.   B(1,3)                -0.004326618    0.033153315    -0.13050   0.89616822
19.   B(2,1)                -0.014993347    0.020762626    -0.72213   0.47021363
20.   B(2,2)                 0.582850670    0.029009238    20.09190   0.00000000
21.   B(2,3)                 0.323591481    0.030762326    10.51908   0.00000000
22.   B(3,1)                -0.044612030    0.014418504    -3.09408   0.00197423
23.   B(3,2)                 0.163765322    0.027425353     5.97131   0.00000000
24.   B(3,3)                 0.779048032    0.023255125    33.50006   0.00000000
25.   R(2,1)                 0.574535425    0.007937424    72.37278   0.00000000
26.   R(3,1)                 0.585473769    0.007712074    75.91652   0.00000000
27.   R(3,2)                 0.836347822    0.003493337   239.41230   0.00000000
```

图 6.17 VARIANCES 选项为 VARMA 的 CCC 模型估计输出结果

图 6.17 为 VARIANCES 选项选择 VARMA 的 CCC 模型,即 VARMA-GARCH(1,1) 模型的估计结果,整个估计运算经过 115 次迭代后收敛。C、A、B 分别为三变量各自的条件方差方程中常系数、ARCH 项(自身 ARCH 项和交叉 ARCH 项)和 GARCH 项(自身

GARCH 项和交叉 GARCH 项)的系数估计值。由于该模型设定的条件方差方程中既包含短期滞后交叉项(交叉 ARCH 项),又包含长期滞后交叉项(交叉 GARCH 项),因此 ARCH 项系数估计值共有 9 个,其中 A(1,1)、A(2,2) 和 A(3,3) 为三变量各自条件方差方程中自身 ARCH 项的系数估计值,而 A(1,2)、A(1,3)、A(2,1)、A(2,3)、A(3,1)、A(3,2) 为三变量各自条件方差方程中交叉 ARCH 项的系数估计值,交叉 ARCH 项的系数估计值反映了信息联结市场间的短期波动溢出现象(Short-term Volatility Spillover);GARCH 项系数估计值也共有 9 个,其中 B(1,1)、B(2,2) 和 B(3,3) 为三变量各自条件方差方程中自身 GARCH 项的系数估计值,而 B(1,2)、B(1,3)、B(2,1)、B(2,3)、B(3,1)、B(3,2) 为三变量各自条件方差方程中交叉 GARCH 项的系数估计值,交叉 GARCH 项的系数估计值反映了信息联结市场间的长期波动溢出现象(long-term volatility spillover)。同样,图 6.17 中的 R(2,1) 表示模型中第一个、第二个变量之间的常条件相关系数值,为 0.574;R(3,1) 表示模型中第一个、第三个变量之间的相关系数值,为 0.585;R(3,2) 表示模型中第二个、第三个变量之间的相关系数值,为 0.836。

如果要估计一个各变量的均值模型采用 AR(1) 过程,而方差方程采用 DCC 形式的 AR(1) – DCC – MGARCH 模型,则输入如下指令。

- equation(constant) jpneq xjpn 1
- equation(constant) fraeq xfra 1
- equation(constant) suieq xsui 1
- group ar1 jpneq fraeq suieq
- garch(p = 1, q = 1, model = ar1, mv = dcc, pmethod = simplex, piters = 10)

得到的估计结果如图 6.18 所示。

```
MV-GARCH, DCC - Estimation by BFGS
Convergence in      45 Iterations. Final criterion was   0.0000075 <=  0.0000100
Usable Observations                    6235
Log Likelihood                      -11810.8881

     Variable                Coeff        Std Error       T-Stat      Signif
    ************************************************************************
 1. Constant              0.004014935    0.004916445     0.81663    0.41413783
 2. XJPN{1}               0.025547968    0.012438732     2.05390    0.03998494
 3. Constant             -0.003109939    0.004007034    -0.77612    0.43767818
 4. XFRA{1}               0.005565832    0.010136806     0.54907    0.58295635
 5. Constant             -0.003046830    0.004674353    -0.65182    0.51451830
 6. XSUI{1}              -0.001873485    0.009596333    -0.19523    0.84521350
 7. C(1)                  0.008298896    0.001098997     7.55133    0.00000000
 8. C(2)                  0.012350547    0.001381711     8.93859    0.00000000
 9. C(3)                  0.016510477    0.001760997     9.37564    0.00000000
10. A(1)                  0.151656967    0.008838997    17.15771    0.00000000
11. A(2)                  0.137415111    0.007780718    17.66098    0.00000000
12. A(3)                  0.123180247    0.006704930    18.37159    0.00000000
13. B(1)                  0.852553992    0.007939572   107.38035    0.00000000
14. B(2)                  0.849626983    0.008353929   101.70388    0.00000000
15. B(3)                  0.858501300    0.007441740   115.36298    0.00000000
16. DCC(1)                0.053197079    0.003083328    17.25313    0.00000000
17. DCC(2)                0.939099116    0.003722204   252.29649    0.00000000
```

图 6.18 三变量的 AR(1) – DCC – MGARCH 模型估计输出结果

从图 6.18 可以看出,整个估计运算经过 45 次迭代后收敛。由于均值方程为 AR(1) 过程,XJPN{1}、XFRA{1}、XSUI{1} 即分别为三个变量各自均值模型中被解释变量自身一阶滞后项的系数估计值,Constant 为均值模型中的常数项估计值。C、A、B 分别为三变量各自的条件方差方程中常系数、ARCH项(自身ARCH项)和GARCH项(自身GARCH项)的系数估计值。DCC(1)和DCC(2)为DCC模型自身包含的两个系数的估计值,分别为0.053 2和0.939 1,二者均非负且和小于1。

估计一个各变量的均值模型设定为VAR(1)模型,而方差方程采用BEKK形式的VAR(1) - BEKK - MGARCH模型,则可写RATS程序为

- system(model = var1)
- variables xjpn xfra xsui
- lags 1
- det constant
- end(system)
- garch(p = 1,q = 1,model = var1,mv = bekk,pmethod = simplex,piters = 10)

得到的估计结果如图6.19、6.20所示。

```
MV-GARCH, BEKK - Estimation by BFGS
Convergence in   104 Iterations. Final criterion was  0.0000099 <=  0.0000100
Usable Observations                      6235
Log Likelihood                      -11809.4143

       Variable             Coeff       Std Error       T-Stat      Signif
       **********************************************************************
 1.    XJPN{1}            0.054056049    0.011213750     4.82051    0.00000143
 2.    XFRA{1}            0.023690483    0.012871511     1.84054    0.06568954
 3.    XSUI{1}           -0.034338735    0.009704767    -3.53834    0.00040266
 4.    Constant           0.006202721    0.005888108     1.05343    0.29214309
 5.    XJPN{1}            0.028503121    0.011302723     2.52179    0.01167586
 6.    XFRA{1}            0.023731606    0.010379920     2.28630    0.02223675
 7.    XSUI{1}           -0.009365233    0.008117479    -1.15371    0.24861825
 8.    Constant          -0.001861405    0.004747224    -0.39210    0.69498139
 9.    XJPN{1}            0.040990382    0.013793998     2.97161    0.00296243
10.    XFRA{1}            0.025038966    0.011877236     2.10815    0.03501823
11.    XSUI{1}           -0.017966448    0.010086844    -1.78118    0.07488365
12.    Constant          -0.001913590    0.005584316    -0.34267    0.73184503
13.    C(1,1)             0.080422624    0.004771327    16.85540    0.00000000
14.    C(2,1)             0.026796709    0.007193061     3.72536    0.00019504
15.    C(2,2)             0.055095981    0.005136979    10.72537    0.00000000
16.    C(3,1)             0.034177507    0.007631116     4.47870    0.00000751
17.    C(3,2)            -0.004061726    0.009926391    -0.40918    0.68240419
18.    C(3,3)            -0.058666222    0.006730747    -8.71615    0.00000000
19.    A(1,1)             0.356742641    0.011232435    31.76004    0.00000000
20.    A(1,2)             0.099021572    0.009408204    10.52502    0.00000000
```

图6.19 三变量的VAR(1) - BEKK - MGARCH模型估计输出结果

从图6.19、6.20可以看出,整个估计运算经过104次迭代后收敛。由于均值方程采用VAR(1)过程,XJPN{1}、XFRA{1}、XSUI{1}分别为三变量各自均值模型中被解释变量自身一阶滞后项以及交叉变量一阶滞后项的系数估计值,其中交叉变量一阶滞后项的系数估计值可以反映信息联结市场间的均值溢出(Mean Spillover)现象,即领先滞后关系(Lead-lag Relationship)和价格发现(Price Discovery)能力。Constant为均值模型中的常数项估计值。对于三变量BEKK模型,C(1,1)、C(2,1)、C(2,2)、C(3,1)、C(3,2)和C(3,3)为三变量各自条件方差方程中的常系数估计值。三变量各自条件方差方程中的ARCH项(自身ARCH项和交叉ARCH项)系数估计值共有9个,其中A(1,1)、A(2,2)和

21. A(1,3)	0.107358276	0.012563906	8.54498	0.00000000
22. A(2,1)	0.033524612	0.015287940	2.19288	0.02831605
23. A(2,2)	0.398497528	0.017834129	22.34466	0.00000000
24. A(2,3)	-0.070341050	0.019582738	-3.59199	0.00032816
25. A(3,1)	-0.047181059	0.010576791	-4.46081	0.00000817
26. A(3,2)	-0.122491671	0.012821517	-9.55360	0.00000000
27. A(3,3)	0.292923972	0.014351009	20.41139	0.00000000
28. B(1,1)	0.936390939	0.003804970	246.09683	0.00000000
29. B(1,2)	-0.025328096	0.003253203	-7.78559	0.00000000
30. B(1,3)	-0.027022447	0.004238363	-6.37568	0.00000000
31. B(2,1)	-0.010662031	0.005859805	-1.81952	0.06883219
32. B(2,2)	0.911891684	0.007050102	129.34447	0.00000000
33. B(2,3)	0.030712507	0.007156885	4.29132	0.00001776
34. B(3,1)	0.016112148	0.004432804	3.63475	0.00027825
35. B(3,2)	0.047480359	0.005657904	8.39186	0.00000000
36. B(3,3)	0.946089424	0.005602397	168.87226	0.00000000

图 6.20 三变量的 VAR(1) – BEKK – MGARCH 模型估计输出结果(续)

A(3,3)为三变量各自条件方差方程中自身 ARCH 项的系数估计值;A(1,2)、A(1,3)、A(2,1)、A(2,3)、A(3,1)、A(3,2)为三变量各自条件方差方程中交叉 ARCH 项的系数估计值。GARCH 项系数估计值也共有9个,其中 B(1,1)、B(2,2)和 B(3,3)为三变量各自条件方差方程中自身 GARCH 项的系数估计值,而 B(1,2)、B(1,3)、B(2,1)、B(2,3)、B(3,1)、B(3,2)为三变量各自条件方差方程中交叉 GARCH 项的系数估计值。

估计一个 VAR(1) – DCC – MGARCH 模型,并进行标准化残差的诊断性检验,则可写 RATS 程序为

- system(model = var1)
- variables xjpn xfra xsui
- lags 1
- det constant
- end(system)
- garch(p = 1,q = 1,model = var1,mv = dcc,pmethod = simplex,piters = 10, hmatrices =hh,rvectors = rd)
- set z1 = rd(t)(1)/sqrt(hh(t)(1,1))
- set z2 = rd(t)(2)/sqrt(hh(t)(2,2))
- set z3 = rd(t)(3)/sqrt(hh(t)(3,3))

  @bdindtests(number = 20) z1
  @bdindtests(number = 20) z2
  @bdindtests(number = 20) z3
  @bdindtests(number = 40) z1
  @bdindtests(number = 40) z2
  @bdindtests(number = 40) z3

得到的估计和诊断结果如图 6.21 ~ 6.24 所示。

```
MV-GARCH, DCC - Estimation by BFGS
Convergence in    68 Iterations. Final criterion was  0.0000018 <=  0.0000100
Usable Observations                    6235
Log Likelihood                      -11802.3381

       Variable              Coeff       Std Error      T-Stat       Signif
************************************************************************************
 1.  XJPN{1}              0.055715194    0.014195631     3.92481    0.00008680
 2.  XFRA{1}              0.021343573    0.015102530     1.41324    0.15758374
 3.  XSUI{1}             -0.031110739    0.011463550    -2.71388    0.00664995
 4.  Constant             0.005134056    0.005862960     0.87568    0.38120590
 5.  XJPN{1}              0.026995034    0.012111899     2.22880    0.02582703
 6.  XFRA{1}              0.018102982    0.019110933     0.94726    0.34350739
 7.  XSUI{1}             -0.013579956    0.014286633    -0.95054    0.34184009
 8.  Constant            -0.002616811    0.005641467    -0.46385    0.64275308
 9.  XJPN{1}              0.037692579    0.014767427     2.55241    0.01069795
10.  XFRA{1}              0.040132111    0.020852459     1.92457    0.05428261
11.  XSUI{1}             -0.044059875    0.017938165    -2.45621    0.01404116
12.  Constant            -0.002411557    0.006669768    -0.36157    0.71767689
13.  C(1)                 0.008121080    0.001128491     7.19640    0.00000000
14.  C(2)                 0.012121015    0.001325731     9.14289    0.00000000
15.  C(3)                 0.016310870    0.001766742     9.23217    0.00000000
16.  A(1)                 0.149683250    0.009002032    16.62772    0.00000000
17.  A(2)                 0.136975925    0.007770861    17.62687    0.00000000
18.  A(3)                 0.122773586    0.006743066    18.20738    0.00000000
19.  B(1)                 0.854374005    0.007623474   112.07148    0.00000000
20.  B(2)                 0.850606041    0.007982493   106.55895    0.00000000
21.  B(3)                 0.859273115    0.007339733   117.07144    0.00000000
22.  DCC(1)               0.053236135    0.003049283    17.45858    0.00000000
23.  DCC(2)               0.939139376    0.003642234   257.84710    0.00000000
```

图 6.21　三变量的 VAR(1) - DCC - MGARCH 模型估计输出结果

```
Independence Tests for Series Z1          Independence Tests for Series Z1
Test           Statistic   P-Value        Test           Statistic   P-Value
Ljung-Box Q(20)  55.074942  0.00004       Ljung-Box Q(40)  68.381604  0.00343
McLeod-Li(20)    44.994354  0.00111       McLeod-Li(40)    53.602519  0.07368
Turning Points    0.650876  0.51513       Turning Points    0.650876  0.51513
Difference Sign  -0.175468  0.86071       Difference Sign  -0.175468  0.86071
Rank Test        -0.584461  0.55891       Rank Test        -0.584461  0.55891
```

图 6.22　第一个变量的标准化残差的诊断性检验结果

```
Independence Tests for Series Z2          Independence Tests for Series Z2
Test           Statistic   P-Value        Test           Statistic   P-Value
Ljung-Box Q(20)  69.913268  0.00000       Ljung-Box Q(40)  93.539473  0.00000
McLeod-Li(20)     4.535505  0.99987       McLeod-Li(40)     8.213101  1.00000
Turning Points    0.050067  0.96007       Turning Points    0.050067  0.96007
Difference Sign  -0.175468  0.86071       Difference Sign  -0.175468  0.86071
Rank Test        -0.397888  0.69071       Rank Test        -0.397888  0.69071
```

图 6.23　第二个变量的标准化残差的诊断性检验结果

从图 6.21 显示的 VAR(1) - DCC - MGARCH 模型估计结果可以看出,整个估计运算经过 68 次迭代后收敛。计算该模型每一个变量所对应的标准化残差($z1$、$z2$、$z3$),并对标准化残差和标准化残差的平方进行诊断性检验,检验结果如图 6.22 ~ 6.24 所示,其中对标准化残差 $z1$、$z2$、$z3$ 进行自相关检验采用 Ljung - Box Q 统计量,滞后阶数分别选取 20 和 40,结果显示 $z1$、$z2$、$z3$ 的 Q 统计量的伴随概率 P 值均小于 0.05,说明应拒绝不存在序列相

```
Independence Tests for Series Z3          Independence Tests for Series Z3
Test             Statistic    P-Value      Test             Statistic    P-Value
Ljung-Box Q(20)  61.797493    0.00000      Ljung-Box Q(40)  78.701443    0.00025
McLeod-Li(20)    15.535817    0.74497      McLeod-Li(40)    33.861708    0.74192
Turning Points   -0.821105    0.41159      Turning Points   -0.821105    0.41159
Difference Sign   0.350936    0.72564      Difference Sign   0.350936    0.72564
Rank Test        -2.054133    0.03996      Rank Test        -2.054133    0.03996
```

图 6.24　第三个变量的标准化残差的诊断性检验结果

关的原假设,即 z1、z2、z3 本身仍存在序列相关,这说明均值模型 VAR(1) 的设定还存在问题,其滞后阶数需要调整。而对标准化残差 z1、z2、z3 的平方进行自相关性检验采用 McLeod - Li 检验,结果显示 McLeod - Li 检验的 Q 统计量的伴随概率 P 值基本上均大于 0.05,说明应接受不存在序列相关的原假设,即 z1、z2、z3 的平方不存在序列相关,这说明方差模型 DCC - MGARCH 的设定正确,已不存在 ARCH 效应。

接下来,计算以上 DCC - MGARCH 模型的动态条件相关系数(Dynamic conditional correlation coefficient),则指令如下。

- set rho12 = hh(t)(1,2)/sqrt(hh(t)(1,1) * hh(t)(2,2))
- set rho13 = hh(t)(1,3)/sqrt(hh(t)(1,1) * hh(t)(3,3))
- set rho23 = hh(t)(2,3)/sqrt(hh(t)(2,2) * hh(t)(3,3))

得到的时变条件相关系数如图 6.25 ~ 6.27 所示。

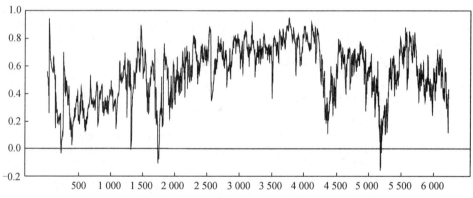

图 6.25　DCC - MGARCH 模型第一、二变量间的时变条件相关系数图

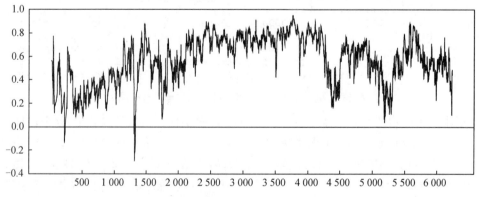

图 6.26　DCC - MGARCH 模型第一、三变量间的时变条件相关系数图

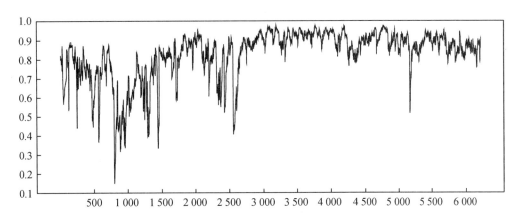

图6.27 DCC – MGARCH 模型第二、三变量间的时变条件相关系数图

图 6.25 ~ 6.27 反映了 DCC 模型中两两变量之间的动态条件相关系数的变化情况，从中可以看出两两变量间的条件相关系数基本上都为正值，并且呈现出明显的递增和递减趋势，第二、三变量间的条件相关系数值明显要大于其他两种情况。显然，前面 CCC 模型估计结果中给出的常条件相关系数不够严密准确，甚至可能会出现严重误导，因此计算动态条件相关系数是十分必要的，它能提供更多的有用信息。这从一方面也说明了利用 DCC 模型得出的结论将更加适当、准确。

参考文献

[1] 张成思. 金融计量学——时间序列分析视角[M]. 北京:中国人民大学出版社,2012.

[2] 李国柱,刘德智. 计量经济学实验教程[M]. 北京:中国经济出版社,2010.

[3] RUEY T. 金融时间序列分析[M]. 3版. 北京:人民邮电出版社,2012.

[4] 恩德斯. 应用计量经济学——时间序列分析[M]. 4版. 杜江,袁景安,译. 北京:机械工业出版社,2017.

[5] 孙敬水,马淑琴. 计量经济学[M]. 4版. 北京:清华大学出版社,2018.

[6] 孙敬水. 计量经济学学习指导与EViews应用指南[M]. 2版. 北京:清华大学出版社,2018.

[7] 刘泽云,孙志军. 计量经济学实验教程[M]. 北京:北京师范大学出版社,2011.

[8] 马慧慧,郭庆然,丁翠翠. EViews统计分析与应用[M]. 3版. 北京:电子工业出版社,2016.

[9] 胡志宁. Stata/EViews计量经济分析[M]. 2版. 北京:中国人民大学出版社,2016.

[10] 王军虎,刘苗. 计量经济学综合实验——基于EViews软件应用[M]. 北京:机械工业出版社,2016.

[11] 冉启康,张振宇,张立柱. 常用数学软件教程[M]. 北京:人民邮电出版社,2008.

[12] 潘省初,周凌瑶. 计量经济分析软件——EViews、SAS简明上机指南[M]. 北京:中国人民大学出版社,2005.

[13] 胡咏梅. 计量经济学基础与STATA应用[M]. 北京:北京师范大学出版社,2010.

[14] 胡利琴. 金融时间序列分析实验教程[M]. 武汉:武汉大学出版社,2012.

[15] 施图德蒙德. 应用计量经济学[M]. 7版. 杜江,李恒,译. 北京:机械工业出版社,2017.

[16] 平狄克,鲁宾菲尔德. 计量经济模型与经济预测[M]. 钱小军,译. 北京:机械工业出版社,2005.

[17] 易丹辉. 数据分析与EViews应用[M]. 2版. 北京:中国人民大学出版社,2014.

[18] 高铁梅,王金明,陈飞,等. 计量经济分析方法与建模——EViews应用及实例[M]. 3版. 北京:清华大学出版社,2017.

[19] 吴喜之,刘苗. 应用时间序列分析——R软件陪同[M]. 北京:机械工业出版社,2014.

[20] 孙敬水. 中级计量经济学[M]. 北京:清华大学出版社,2019.

[21] 张晓峒. 计量经济学基础[M]. 4版. 天津:南开大学出版社,2014.

[22] 周蓓. 计量经济学:理论与实验[M]. 哈尔滨:哈尔滨工业大学出版社,2013.

[23] 刘巍,陈昭. 计量经济学软件:EViews操作简明教程[M]. 广州:暨南大学出版社,2009.